KB043415

삼국지 인재전쟁

왜 위나라가 이기고,
촉나라는 패하고,
오나라는 자멸했는가!

삼국지
인재전쟁

와타나베 요시히로 지음

노만수 옮김

더봄

일러두기

- 원서에 충실하게 번역하였으나, 매끄러운 번역과 독자의 이해를 돕기 위해 진수의 《삼국지》中華書局를 참고해가며 옮긴이가 임의로 보충설명을 한 부분이 있다.
- 괄호( )는 모두 지은이 주 혹은 옮긴이 주이다.
- 필요한 경우 한자를 병기하였다.
- 본문 중 짙게 한 부분은 모두 지은이가 표시한 것이다.
- 본문 속 소제목은 내용에 어긋나지 않는 선에서 옮긴이가 따로 달기도 했다.
- 외래어 표기는 외래어표기법에 따랐다.
- 중국 현대의 인명과 지명은 우리의 한자음대로 표기하였다.

옮긴이의 말

천하의 영웅도
뛰어난 인재를 얻지 못하면
뜻을 제대로 펼칠 수 없다!

진수의 정사正史든 나관중의 소설이든 '삼국지' 팬이라면 그와 관련한 대중 교양 도서 한두 권 이상은 읽어보았으리라. 옮긴이 역시 신문기자일 적에 삼국지 문화유적지 탐방을 열흘가량 다녀보기도 하고, 원전 삼국지에서 가지를 친 여러 책을 탐독하길 즐겼다. 그러나 이 책의 경우에는 특히 학술적인 측면에서 상당한 깊이가 있고 관점도 독특하며, 나아가 세심한 역사적 고증이 바탕이 되어 있다.

삼국지라는 최고의 베스트셀러 동양 고전이 경영학, 용인술, 처세술, 정치학 등의 보고라는 점은 이미 다른 삼국지 2차 해설서에서도 누차 강조하는 부분이다. 위·촉·오의 제갈씨 가문 인재 등용을 두고 "촉은 용을 얻고, 오는 호랑이를 얻고, 위는 개를 얻었다"는 평가가 전해오기도 하듯이, 삼국시대의 인재들이 각자 재능을 발휘하면서 유명한 일화를 숱하게 남긴 것만큼은 사실이다. 이 책은 '변혁기의 인맥·인재 등용·입신출세'라는 원서의 부제가 암시하듯이, 그러한 내용을 집중적이고 심층적으로 파고들었다. 모름지기 "인사人事가 만사萬事"라고 하는 까닭을 삼국지로 증명해 보이고 있다.

저자는 후한 말기부터 위·촉·오, 그리고 서진 시대에 이르기까지 당시의 인사제도나 인맥 구축 기술을 중심으로 각국의 인재 등용 특징을 상세히 풀어나간다. 키워드로 요약하면 위나라는 혁신, 촉나라는 전통, 오나라는 지역, 진나라는 제도화에 서술의 중점을 뒀다. 그렇게 인재 활용과 인사 시스템을 통해 삼국지를 깊이 있게 해석함으로써 '인사가 만사'라는 만고불변의 진리를 깨우쳐 주는 게 이 책의 색다른 매력이다.

지은이에 따르면, 중국 삼국시대는 인사권을 쥐락펴락하고 싶은 군주와 자율성을 유지하고 싶은 명사들 간의 주도권 전쟁 시기였다. 한편으론 체계화된 인재 선발제도가 마련되거나 정착되지 못한 시대적 난맥상이 뚜렷했다는 평가도 있다. 하지만 이 책은 조조, 유비, 손권, 사마의 등이 난세에 살아남기 위해 인재 발굴에 뛰어든 궤적을 상세히 비교해 분석한다.

조조는 '유재시거'唯才是擧를 앞세웠다. 즉, 오로지 능력만을 인사 추천의 기준으로 삼은 것이다. 유교 이념에는 어긋나지만 유능하다면 인간성에 문제가 있어도, 적의 참모일지라도 자기 진영에 등용했다. 조조의 특징은 지지기반인 중국 북부뿐만 아니라 전국에서 인재를 불러들였다는 점이다. 다만 후계자인 조비 등은 유재주의와 유교와의 타협을 모색했다. 모름지기 개혁을 추진하다 중도에 타협·포기하면 체제 약화로 이어지기 마련이다. 위나라가 사마씨의 진나라에 망하게 된 원인 중 하나였다.

유비는 후한의 혼란기에 관우, 장비와 의리로 뭉친 집단의 우두머리였다. 따라서 기반이 가장 약했으나 후한을 이어받는다는 명분과 제갈량을 영입함으로써 명사사회와 연결되고 천하삼분지계를 내세움으로써 촉한을 건국했다. 그러나 국가라는 것은 제갈량 같은 걸출한 인재 혼자만의 능력으로 지켜낼 수는 없다. 유비는 관우의 복수를 위해 오나라를 공격하다 죽음으로써 의리로 일어나 의리로 무너졌다고 하겠다.

오나라는 장강 유역 지방정권의 색채가 강했다. 그리고 손권은 전국 통일이 목적이 아니라 현지 자립을 목표로 한 정권이었다. 화중과 화동, 곧 북방에서도 장소와 같은 명사 엘리트를 초빙했으나 현지 가문 출신의 심복과 장군을 더 중시했다. 적벽대전 이전에 손권에게 조조 항복론을 주창한 쪽은 지역에 자리잡지 못한 북방 출신 명사들이 중심이었다. 반대로 주전론자들은 주유 등 지역 명사였다. 그래서 장소는 명사였지만 문관 최고 엘리트인 승상 자리에 오르지도 못했다.

진나라는 위나라를 전복시키고 천하를 승계하는 데 있어 부담이 없었다. 위가 한을 승계하니 진도 위를 승계하는 것이 자연스럽게 이어질 수 있었던 것이다. 다만 진은 이를 교훈삼아 체계를 공고히 하기 위해 작위체제를 도입하여 신분제를 공고히 하였다. 이로써 아무리 능력 있는 자라 해도 신분의 벽을 넘을 수 없는 그들만의 리그를 형성했다.

흔히들 정치나 기업 경영에서 핵심은 '인재'와 '인사'라고 한다. 삼국지를 문학이라는 틀 안에서 구경하면 재미있는 영웅들의 한판 싸움이나 인정과 의리를 강조하는 무협지 같은 이야기일 뿐이다. 하지만, 이 책처럼 지배계층의 형성 추이와 인재 등용과 인사 시스템, 인간관계 변모 등으로의 측면에서 바라보면 난세의 치열한 세력다툼 속에서 인재가 얼마나 중요한지, 그리고 아무리 출중한 영웅이라 하더라도 뛰어난 인재를 얻지 못하면 천하에 우뚝 설 수 없음을 알게 될 것이다.

"위에 정책이 있으면 아래에는 대책이 있다"上有政策, 下有對策라는 중국 속담이 있다. 이는 위에 국가권력이 있으면 밑에는 인맥에 기반한 대책이 있다는 중국인의 기본 처세를 대변하는 말이다. 이렇듯 인재와 인맥은 '삼국지' 시대라는 아주 먼 옛날부터 형성되어 왔다는 지은이의 통찰이 더욱이 책을 흥미진진하게 만든다.

2023년 여름

노만수

목차

프롤로그

인재人材와 인사人事는
만사萬事의 근본이다

중국인과 '꽌시'關係(관계)를 맺어본 적이 있는 사람들의 공통의 '느낌'이 있다. 중국에서는 '인맥'人脈이 가장 중요하다는 것이다. 물론 어느 나라든 인맥은 요긴하다. 하지만 중국만큼 신통방통하지는 않다. 가령 여행지의 호텔 욕실에서 뜨거운 물이 나오지 않는다고 하자. 객실을 바꾸기 위해서는 어학 실력에 디해 탁월한 교섭력과 인내심이 필요하다. 모든 것이 부족한 나는 번번이 포기해 버리기 일쑤였다. 그때 프런트에 '아는' 사람이 있다면? 상냥하게 방을 바꿔준다.

중국인들은 인맥을 무척 아낀다. 불과 한 번 만나 이야기를 나눈 사람일지라도 대개 잊지 않는다. 나는 그런 깜냥을 부릴 수 없다. 이 때문에, 늘 "○○에서 만났잖아요"라며 일방적으로 기억을 소환당하는 경우가 많다. 부끄럽기 짝이 없다. 초면일 경우에는, 지인을 서로 들먹인다. 이것으로 그 사람의 인적 네트워크를 추론하고, 어떻게 대응을 할지 결정하는 것이다. 말만 조금 섞었을 뿐인데 나를 기억하는 중국인을 만날 때마다 복잡하고 중요한 인적 네트워크 속에서 살아온 중국 역사의 유구함을 느낀다.

내가 연구 대상으로 삼고 있는 위·촉·오 삼국시대에도 복잡다단한 인간관계와 지도자의 용인술이 정치·사회·사상·문학 등 모든 사실과 현상을 고찰할 때 바탕이 된다. 그동안 써온 책 속에 종종 인재 등용과 인재 활용의 광경을 그려 넣은 까닭은 그것을 알지 못하면 삼국시대의 동향을 파악할 수 없기 때문이다.

인간관계는 '중국의 기본'이다. 그리고 인사人事는 만사萬事의 기본이다. 그래서 이 책은 삼국시대를 판에 박은 듯 서술하지 않았다. 우선 여섯 가지로 분류한 '인맥 형성 방식'부터 이야기를 시작하고(1장), 인맥이 발휘되는 주요 장소인 국가의 관료제도 구조를 조명하였다(2장). 그 뒤에 인재들이 위·촉·오 삼국에서 각각 어떻게 발탁되었는지를 살피고, 인맥과 인사人事를 중심으로 삼국시대에 벌어진 군주와 신하의 각축전을 그려나갔다(3~6장). 그 사이 위나라는 '혁신', 촉나라는 '전통', 오나라는 '지역', 진晉나라는 '제도화'에 서술의 중점을 두었다.

훌륭한 지도자는 인재들을 적절하게 발탁하고, 그들로 하여금 제대로 능력을 발휘하게 한다. 중국 삼국 시대의 영웅들도 마찬가지였다. 훌륭한 인재를 얻어 난세를 꿋꿋하게 살아가며 공을 이루고 이름을 떨쳤다. 그러한 이 책의 골자가 전해지면 어찌 행복하지 않겠는가!

제1장 | 인재와 인맥

양양襄陽의 고융중古隆中.
제갈량의 인맥은 이곳을 중심으로 구축되었다.

1

정의情義

영웅들의 결합

무릇 《삼국지》의 영웅들을 이야기하자면, 관우·장비와 같은 호걸이 주군主君 유비를 위해 목숨을 걸고 싸우는 모습이 아련히 떠오른다. 그렇다면 왜 그들은 주군을 위해 목숨을 바치는 것일까? 나관중羅貫中(1330~1400년경, 원나라 말기에서 명나라 초기의 문학가)의 소설 《삼국지연의》三國志演義에서 유비·관우·장비가 맺었다고 하는 도원결의桃園結義에서 그 이유를 살펴보자.

유비·관우·장비는 비록 성姓이 다르나 **형제의 인연을 맺었으니**, 한마음 한뜻으로 힘을 합쳐 서로 괴로운 고비를 도와주고 위급한 처지에 빠진 사람을 구제하며, 위로는 나라에 보답하고 아래로는 백성을 편안하게 하리

라. 같은 해 같은 달 같은 날에 태어나지 못한 것은 어쩔 도리가 없으나, 같은 해 같은 달 같은 날에 함께 죽기를 원하옵니다. 하늘 신과 땅 신께서는 진실로 우리 마음을 굽어 살피소서. 의리를 저버리거나 은혜를 잊는 자가 있거든 하늘과 사람이 함께 죽여주소서.

- 나관중,《삼국지연의》, 모종강毛宗崗 비평, 1회 〈도원결의〉에서

소설《삼국지연의》는 세 사람의 중심에 있는 것은 '형제의 인연'이라고 말한다. 의형제가 된 세 사람은 이후 난세를 끝까지 헤쳐 나간다. 다만 같은 해, 같은 달, 같은 날에 죽을 수는 없었다. 세 사람 중 관우가 당시 동맹 관계였던 손권孫權의 배반으로 맨 먼저 목숨을 잃은 것이다. 유비는 관우를 죽인 오吳나라에 복수를 하기 위해, 제갈량과 조자룡의 반대를 무릅쓰고 무작정 오나라 깊숙이 들어가 전쟁을 벌였다. 그러던 중 장비가 부하에게 암살당하고, 범인은 손권에게 망명한다. 슬퍼하며 화가 잔뜩 난 유비는 이릉대전夷陵大戰에서 한여름의 무더위를 피하기 위해 시원한 숲에 진을 치는 잘못된 전술을 펴다가, 손권의 신하 육손陸遜에게 화공火攻을 당해 크게 패퇴하고 백제성白帝城에서 생애를 마감했다(223). 그래도 유비는 자신의 삶에 만족하지 않았을까? 관우·장비와 함께한 전투를 비롯하여 관우·장비를 위해 싸우다 죽지 않았는가! 전장에서의 전투로 세월을 보낸 유비의 생애를 마감하는 죽음의 형식으로는 참으로 어울린다고 말할 수 있다.

이에 반해 사마씨가 건국한 서진西晉(265~317) 시기에, 삼국시대를 깊이 이해하는 데 꼭 필요한 '정사'正史《삼국지》를 저술한 진수陳壽(233~297)는 세 사람의 관계를 의형제라고 기록하지 않았다. 진수는 관우·장비와 유비의 관계를 "큰 침대에서 같이 잠을 자고, 은애恩愛는 형제와 같았다"라고만 서

술하고 있다. 어디까지나 세 사람을 '군신 관계'로 규정한 진수는 그 '은애'가 '형제와 같았다'라며, '은애'를 형제라는 수식어로 표현한 것이다. 그리고 유비와 조운趙雲(조자룡) 사이도 "큰 침대에서 같이 잤다"라며, 관우·장비와 같은 관계였음을 전하는 기록이 남아 있다. 유비가 제갈량을 맞이하기 이전부터 따랐던 신하와 유비 사이에는 '의형제'라는 표현이 가능할 정도로 강력한 '의리'義理에 의한 결속이 있었다는 점을 엿볼 수 있다. 《삼국지》 영웅들은 군주와 의리로 의기투합함으로써 서로를 위해 목숨을 걸고 격렬한 싸움을 펼쳤다.

의리와 인덕

유비는 전한前漢(기원전 202~기원후 8) 경제景帝(유계劉啓)의 아들 중산정왕中山靖王 유승劉勝의 후예였다고 전해진다. 한나라 황실의 자손이기에 '황숙'皇叔이라고 칭하긴 했지만, 유비는 짚신을 삼고 돗자리를 짜서 시장에 파는 일로 생계를 잇는 사회 하층부 출신이었다. 원소나 조조처럼 가문의 세도가 높았던 것도 아니고, 손권처럼 선대(손견과 손책)의 유산을 이어받은 경제력도 없었던 유비는 관우·장비·조자룡 등을 이끌고 그 탁월한 무력을 밑천 삼아 군웅 세력으로 성장해갔다. 집단의 핵심이 되어야 할 일족·가신, 즉 뒤에 서술한 인맥 형성법인 '지연·혈연'이나 '문생·고리'門生故吏(문하생과 관리로 추천받은 부하)로 결속된 이들이 없었던 유비는 타고난 카리스마 기질을 발휘하면서 관우·장비 등과 의리로 굳게 맺어져 그들의 충성심을 바탕으로 난세를 헤쳐 나갔다.

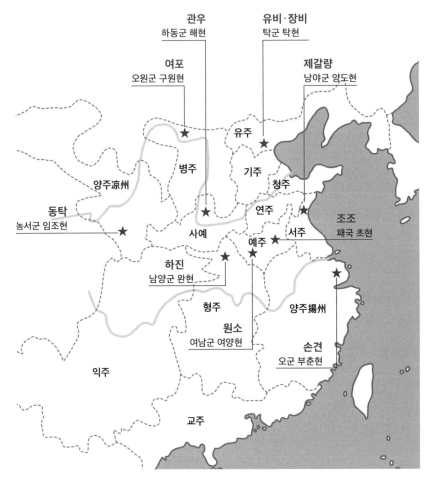

후한 시대의 주(州)와 영웅들의 출생지

관우
하동군 해현

유비·장비
탁군 탁현

여포
오원군 구원현

제갈량
낭야군 양도현

유주

병주

기주

양주涼州

청주

동탁
농서군 임조현

연주

사예

조조
패국 초현

서주

예주

하진
남양군 완현

형주

양주揚州

원소
여남군 여양현

손견
오군 부춘현

익주

교주

　　게다가 유비는 이상으로 삼았던 '한漢나라 건국자' 유방劉邦과 달리, 또 《삼국지연의》가 창조한 '착한 성인군자' 이미지와도 달라서 전투에 서투르지 않았다. 유비는 전투능력이 뛰어나고, 전술 역량도 남달랐다. 덕분에 유비는 공손찬公孫瓚 → 여포呂布 → 도겸陶謙 → 조조曹操 → 원소袁紹 → 유표劉表라는 군웅들 사이에서 '용병대장'의 역할을 톡톡히 해내며 작은 세력이

나마 꾸준히 유지할 수 있었다. 물론 각각의 군웅을 섬기는 와중에도 유비의 카리스마 기질이 발휘되었다는 것은 두말할 필요조차 없다. 동양에서는 이렇게 누구에게나 스며드는 사람의 속성을 '덕德'이라고 형용한다.

공자孔子는 《논어》論語〈위정〉爲政 편에서 이렇게 말하였다.

"덕으로 정치를 하는 것은, 비유컨대 북극성은 제자리에 있고 뭇 별들이 그를 받들며 따르는 형세와 같다."

북극성처럼 중심에 있는 것만으로 다른 모든 별을 자신 쪽으로 운행하게 한다고 묘사된, 그런 '덕'을 유비는 갖추고 있었다.

이 때문에 소설 《삼국지연의》에서 유비는 의리와 인덕仁德의 상징으로 자리잡았다. 형주荊州로 남하하는 조조에게 쫓겨 번성樊城에서 줄행랑을 칠 때, 유비를 경애하는 신야新野·번성의 백성들은 노인을 부축하고 어린아이를 이끌며, 부족한 배를 기다렸다가 강을 건너 유비의 뒤를 따랐다. 고달픈 여정이었다. 강 양쪽 기슭에서 "아이고", "아이고" 곡소리가 이어지는 모습을 본 유비는 눈물을 뚝뚝 흘리며 "백성들의 이 고생도 모조리 나 한 사람 때문이구나. 아− 미안하구나, 미안하구나."라고 한탄하고는 돌연 한수漢水에 몸을 던져 자결하려고 했다. 이에 백성들은 더욱 감동하여 유현덕劉玄德을 좋아하고 존경하며 가까이 좇고자 하였다.

하지만 진수가 쓴 정통역사서 《삼국지》에는 이런 서술이 없다. 물론 유비가 전투하는 데 걸림돌이 되는 백성들을 거느리고 후퇴한 것은 사실이다. 조조의 군대와 벌인 장판 전투의 난전 중에 조자룡이 단기필마로 겹겹이 둘러싼 조조의 군사와 맞붙어 수많은 적군을 물리치고 행방불명된 유비의 아내와 아들 유선劉禪을 구해왔지만, 백성도 신하도 처자와도 떨어져 있는 상황에서 유비가 조자룡에게 자신의 식솔을 책임지라는 명령을 내리지 않았던 것도 사실이다. 이 점이 적수공권赤手空拳, 즉 맨손과 맨주먹으로 떨쳐 일어나 짚신 장사치에서 촉나라 황제로까지 승천한 유비의 '덕'을 엿볼 수 있는 부분이다. 모름지기 천성적으로 인덕을 지닌 유비였기에 많은 신하와 의리로 결속될 수 있었던 것이다.

충성심의 유래

유비의 고향은 유주幽州 탁군 탁현涿縣이다. 그는 동향인 노식盧植에게서 학문을 배웠다. 이때 동문 연장자로서 '형님'으로 모신 공손찬公孫瓚(?~199)의 집단에서도 의리에 의한 결속 관계가 있었다. 이때 주목할 것은 공손찬은 유비와 달리 지배지역 내의 명사名士(후한 말기부터 삼국시대 사이에 명성을 존립기반으로 삼아 지도층이 된 지식인들)를 의도적으로 억압했다는 사실이다.

어머니가 천하고 낮은 관료 가문 출신인 공손찬은 그 이유를 다음처럼 진술하고 있다.

> 공손찬은 유주의 내정과 외교를 장악하자, **고관의 자제로 재능 있는 자**를 억압해 곤궁하게 만들었다. 어떤 사람이 그 까닭을 물었다. 공손찬이 대답하길, "지금 고관집의 자제나 뛰어난 자를 발탁해 부귀하게 해줘도, 모두 당연하게 여기며 고마워하지 않기 때문"이라고 말했다.
> - 《삼국지》〈공손찬전〉'배송지 주'裴松之注에 인용된 《영웅기》英雄記

공손찬은 "고관집의 자제나 뛰어난 자", 즉 명사를 높은 벼슬아치에 앉혀주어도, 그것을 그들의 사회적 권위에 의한 당연한 결과라고 생각할 뿐, 감사하며 충성심을 품지 않는다고 했다. 그래서 공손찬은 점쟁이 유위대劉緯臺·비단 장사꾼 이이자李移子·상인 낙하당樂何當을 중용하며, 이들과 '형제의 의'를 맹세했다. 맏형은 공손찬이고, 서로의 자식들을 혼인시켰다. 사농공상士農工商이라고 했듯이, 유교는 명사를 존중하고 상인을 멸시한다. 그러나 공손찬은 명사와 대척점에 위치한 상인 등 사회적으로 낮은 계층이지만 힘, 특히 경제력을 가진 자들과 '의리'로 결속해 '형제의 맹세'를 따르는 그들의 충성심을 집단의 핵심으로 삼았다.

그리하여 장사꾼들의 막대한 경제력을 이용해 군사력을 강화하였다. 값비싼 백마로 통일된 기병 집단 '백마의종'白馬義從을 편성하고, 이를 최고의 정예부대로 삼았다. 덕분에 공손찬은 군웅들 가운데 가장 세력이 컸던 원소를 여러 차례 격파했다. 공손찬의 이런 집단 구성은 군신 간에 '형제와 같은 인의'가 있던 유비와 비슷하다. 유비 또한 서주徐州의 상인 미축麋竺 집안과 혼인 관계를 맺고, 그 재력으로 집단의 생계를 유지했다. 덧붙여 미축이 예전에 모셨고, 유비에게 서주목徐州牧을 물려준 도겸陶謙도 공손찬과 마찬가지로 명사를 억압했다. 유비 집단 또한 형주에서 '명사' 제갈량을 맞이하기 전까지는 명사를 집단의 핵심으로 두지 않았다. 예컨대 '명사' 진군陳羣(순욱荀彧의 사위. 훗날 조조를 섬김)은 일시적으로 유비의 부하가 되긴 했으나 진심으로 따르지는 않았다.

그동안 예법을 바탕으로 유지되어 오던 '유교 국가'가 붕괴하기 시작한 후한 말기에 상인세력은 이렇게 사회의 주요 무대로 부상하기 시작했다.

초기의 유비 집단이나 공손찬 정권은 상인을 존중함으로써 유교를 가치 기준으로 삼는 명사에게 저항하는 동시에 경제력을 손에 넣었다. 두 집단에서 공통적으로 보이는 의리에 의한 결합은 유교가 여전히 국가 종교였음에도 불구하고 이전보다 높은 평가를 받았다. 그들이 상인을 존중하고 의리를 중시한 것은 그들의 출신 계층이 명사보다 낮았다는 점과 명사가 군주 권력에 자율성을 가졌기 때문이었다.

유비와 공손찬은 일찍이 책상을 나란히 하고, 노식에게서 유교를 배웠으나 두 사람이 명사를 대하는 방식은 달랐다. 공손찬은 처음에는 유우劉虞(황실 후손. 유주목일 때 이민족에 대한 유화책을 펼쳐 공손찬과 갈등함), 이어서 원소라는 대표적인 명사와 대결했는데 반면에 유비는 제갈량 등 유교를 실용적으로 활용하려는 명사를 초빙했다.

한때 유주 지역의 군벌로 세력을 크게 떨치던 공손찬은 후한 말기의 대표적 명사 세력인 원소에게 무너졌다. 후한 시기 명사들의 사회적 영향력이 얼마나 막강했는지 이해할 수 있다.

2

학벌學閥

무엇을 위해 공부하는가?

유비와 관우·장비가 군사를 이끌고 봉기한 까닭은 무엇 때문일까? 광화光和 7년(184), 후한 말기에 '황건적黃巾賊의 난'이 일어났기 때문이다. 이 난을 평정하도록 진압을 명받은 인물은 북중랑장北中郎將 노식이었다. 그는 정현鄭玄·채옹蔡邕과 함께 후한 말기 3대 유학자로 꼽혔는데, 유학자가 군사를 인솔해 황건적의 반란을 평정할 수 있으리라 여긴 까닭은 유비·공손찬을 비롯해 무력에 뛰어난 문생門生(문하생)이 있었기 때문이었다.

문생이란 유교를 배우기 위해 스승이 연 사숙私塾에 입문한 제자를 일컫는다. 수도 낙양洛陽에는 태학太學이라는 국립대학이 있었다. 본격적으로 공부를 하고, 아언雅言이라 불리는 표준어를 익히기 위해서는 낙양의 태학으로 유학을 가는 게 필수였다. 다만 아무런 기초도 없이 무턱대고 유학을 갈 수는 없었기에 후한 말기 지식인층은 '지학'志學, 곧 15세가 되면 군郡이나 현縣의 지방관이 설치한 학교에 들어가거나, 노식처럼 유명한 학자가 여는 사숙에서 기초를 공부했다. 유교를 배우는 동시에 '학연'이라는 인맥을 쌓기 위한 과정이었다.

유비가 열다섯 살 때 어머니는 배움을 익히도록 유학을 떠나보냈다. 유비는 같은 일족인 유덕연劉德然, 요서군遼西郡 출신의 공손찬과 함께 일찍이 구강九江 태수를 지낸 바 있고, 같은 탁군 출신인 노식의 **문생**이 되었다. 유덕연의 아버지 유원기劉元起는 늘 유비에게 학비를 대주고 아들 덕연과 똑같이 대우했다. 원기의 아내가 여쭈었다.
"각각 따로 일가一家를 이루는데, 어찌 늘 이와 같을 수 있습니까?"
유원기가 대답했다.
"우리 종중宗中에 있는 이 아이는 보통 사람이 아니오."
공손찬과 유비는 서로 우정을 쌓았다. 공손찬이 연장자이므로 유비는 그를 형으로 대했다. 유비는 독서를 그다지 좋아하지 않고, 투견이나 경마 같은 내기 놀음, 음악과 아름다운 옷을 좋아했다."
- 《삼국지》〈선주전〉先主傳

훗날 '황숙'皇叔, 즉 한나라 종실의 후예라고 대접받던 유비는, 기실 돗자리를 짜고 짚신을 팔아 생계를 잇던 사회 하층부 출신이었다. 유학자 노식 밑에서 공부를 하는 비용은 백부 유원기에게 의존했다. 큰아버지의 대답 가운데 "보통 사람이 아니오"라고 번역한 말의 원문은 "비상인"非常人이다. 이는 《삼국지》를 저술한 진수가 조조를 평가한 "보통 사람이 아니고 세상을 초월한 걸물"非常之人, 超世之傑이라는 표현과 거의 같은 의미일 터인데, 유비에 대한 진수의 높은 평가를 엿볼 수 있다. 보통 사람이라면 노식 밑에서 독서(경전 독해)나 했을 것이다. 그런데 유비는 공손찬을 '형님'이라고 흠모하고 따르며, 도박과 음악에 빠져 자신의 용모에나 신경을 썼다.

이러한 유비의 처세는 난세에 필요한 것은 순수한 학자와의 교류가 아니라는 것을 보여준 것일까? 아니면 천성이 그러하기에 큰아버지가 유비를 전도유망하다고 본 것일까? 말수가 적고, 남에게 자신을 낮추고, 희로애락을 안색에 드러내지 않는다는 말을 들었던 유비는 곧잘 천하의 호걸들과 어울렸고, 젊은이들은 다투어 유비에게 다가갔다. 그 점을 높이 평가한 중산국中山國 출신의 대상大商인 장세평張世平과 소쌍蘇雙은 황건적의 난 때 유비에게 많은 재물을 건네주었다. 유비는 그것을 밑천으로 삼아 인마를 모으고 군사를 일으켰다. 유비를 형님으로 모신 관우와 장비가 거병에 동참한 것은 당연지사였다.

힘벌의 연결고리

유비는 옛 스승 노식이 '황건적 두목' 장각과 광종廣宗에서 맞붙는다는 소식을 듣고 휘하의 5백여 군사를 이끌고 출전해 사자처럼 맹렬한 기세로 싸워, 혁혁하지는 않으나 작지 않은 전공을 세웠다. 물론 스승의 후원이 없었다면, 군사 장비가 열악한 향용鄕勇(의병)을 이끈 유비의 군공은 보잘것없을 수도 있었다. 하지만 당시의 스승과 문생은 따르고 밀어주고, 이끌어주는 공생관계를 평생 이어갔다.

유비는 난을 평정한 노식의 추천을 받아 큰 은상을 받을 예정이었다. 그러나, 스승 노식이 환관의 참언으로 실각하는 바람에 이렇다 할 벼슬을 얻지 못하게 되었다. 반면에 손견은 별군사마로 부임했다. 황건적의 난 이후, 유비가 제수 받은 관직은 안희현安喜縣의 위尉(경찰서장)에 불과했다. 그토록 낮은 직책으로는 도당徒黨(무리)을 부양할 수 없었다. 게다가 유비는 군郡의 독우督郵(감찰관)가 현에 감독을 나왔을 때 뇌물을 주지 않았다. 독우는 일부러 사납게 굴며 유비를 만나주지 않았다. 유비는 숙소로 냅다 쳐들어가 독우를 묶고 몽둥이로 200대를 때렸다. 이어 인수印綬를 풀어 독우의 목에 걸고 말뚝에 묶어 둔 채 벼슬을 버리고 도망갔다. 한직으로 내몰린 원한을 독우에게 풀었던 것이다. 소설《삼국지연의》에서는, 독우를 바깥으로 질질 끌고 나와 말 매는 기둥에 묶고는 버들가지를 꺾어 매질한 것을 장비의 소행으로 묘사하고 있다.

실제 역사에 따르면 유비 역시 강한 완력을 지니고 있었으며 용병으로 여러 차례 싸웠지만, 결과적으로 '노식의 문생' 공손찬에게 몸을 의탁하였다. '노식 학벌'이라는 점이 잠시나마 유비의 생존을 보장해 주었다고 할 수 있다.

공손찬은 유비를 별부사마別部司馬(별동부대 대장)로 삼고 청주자사青州刺史(자사는 주의 감찰관) 전해田楷와 함께, 기주목冀州牧(주목은 주의 지배자, 자사보다 강한 권력을 지님) 원소와 싸우게 하였다. 종종 전공을 세운 유비는 평원국平原國의 국상國相이 되었다. 나름 큰 출세였다. 당시에 국國은 명목상 황제의 자식을 국왕으로 모시는데, 군과 같은 급의 행정 단위이며, 그 행정장관을 국상이라고 불렀다. 평시라면 군국郡國은 30만 명 정도의 인구규모였다. 이로써 유비는 제법 버젓한 군웅이 되었던 셈이다.

학벌과 인맥 형성

평원상이 된 유비에게 도움을 청한 자가 있었다. 황건적에게 공격을 받던 북해상北海相 공융孔融(153~208. 조조의 형주 정벌을 비판하다 처형됨)이었다. 유비는 "공북해孔北海 정도의 인물이 천하에 유비가 있다는 것을 어찌 알고 계셨을까"라고 기뻐하며, 즉시 병사 3천을 파견해 공융을 도왔다. 당시 유비가 어느 정도의 병력을 보유하고 있었는지 알 수 있는 대목이다.

유비가 '공북해 정도의 인물'이라고 공융을 존중한 까닭은 공융이 공자의 20세손으로, 그의 유년 시절에, 당인黨人(후한 말기 환관에게 저항하다 정치 활동을 금지당한 지식인. 명사의 원류)의 지도자인 이응李膺에게 높은 평가를 받은 '전국적 명사'였기 때문이다. 그렇다면 왜 공융은 유비와 교유했던 것일까?

이보다 앞서, 공융은 북해상이 되자 학교를 세우고 유교를 장려했다. 한나라에는 향거리선鄕擧里選이라는 관료 등용제도가 있어 군수郡守(태수太守. 군의 행정장관)와 국상은 효렴과孝廉科로 불리는 상거常擧(매년 정례 능용)와 현량과賢良科·방정과方正科·직언과直言科 등 제거制擧(국사가 다난할 때 행하는 임시 등용)에 인재를 추천할 권한이 있었다.

북해상인 공융은 현량과에 정현鄭玄·팽구彭璆·병원邴原 등을 추천하였다. 이 중 정현은 한나라 때부터 남송의 주자朱子가 나올 때까지 '중국 유학자의 정점'이자 '한대 유학의 집대성자'로 존경받는 학자였다. 마흔넷에 '당고의 화'로 인해 금고 14년에 처해지자, 저술에 전념하며 후한 말기까지의 유교 경전을 《주례》周禮 중심으로 체계화하였다. 정현은 당시 가장 인물평가가 높았던 마융馬融의 사숙에서 공부하고 있었다. 외척인 마융은 교만하여 여자를 뒤에 세워놓고 강의하고, 직접 문생을 가르치는 일도 드물었다. 이 때문에 정현은 마융의 수제자에게 학문을 배웠다. 그가 바로 노식이었다. 노식과 정현은 동문이면서 스승과 제자 사이였던 셈이다.

공융은 정현을 존중하여 출생지인 북해국 고밀현高密縣에 '통덕문'通德門을 세우고 그곳을 '정공향'鄭公鄕이라고 명명하였다. 그럴 정도였으니 정현의 동문 스승인 노식의 문하생으로 '유비가 있음'을 알고 있었다고 해도 이상할 게 없다. 공융과 유비는 '노식 학벌'이라는 인맥을 형성하고 있었던 셈이다. 훗날 제갈량은 유비가 정현으로부터 은사恩赦(특별사면) 남발을 훈계하는 가르침을 받았다고 술회한 바 있다. 유비도 제갈량에게 정현으로부터 가르침을 받았던 때를 이야기했을 것이다. 정현은 이후 원소에게 군사軍師로 초빙됐고, 유비도 원소 진영에 잠시 몸담았기 때문에 직접 배웠을 가능성도 있다. 설령 만난 적이 없었을지라도 유비는 정현의 학벌에 속해 있었다.

유비가 원소에게 구원을 청할 때 정현에게 편지를 써 달라고 했다는 허구를 나관중이 소설 《삼국지연의》에 넣은 것은 크게 무리가 없는 설정인 셈이다. 또 《삼국지연의》는 황건적을 토벌하기 위해 거병한 직후, 환관의 참언으로 체포된 노식을 유비가 구하러 간다는 설정을 하고 있다. 그것도 꼭 틀린 것만은 아니다. 스승과의 사이에 문생이라는 관계를 맺었기 때문이다. 후한에서는 스승이 세상을 하직한 후 남은 처자를 돌보는 것은 물론이거니와 스승이 관직을 파면당하면 항의하기 위해 사임하는 문생도 있었다. 어째서 그토록 강력한 '사적 결속력'을 갖게 된 것일까?

그것은 유비나 조조처럼 '비상인'非常人이 아닌 경우 문생은 스승의 인맥에 의해, 즉 학벌의 도움을 받고 세상에 출사하는 경우가 많았기 때문이다. 스승이 향거리선에서 추천권을 가지고 있는 국상과 군수, 나아가 삼공三公(태위太尉·사도司徒·사공司空, 조정 행정의 최고 책임자)이나 장군(사정四征장군 이상)의 자리에 오르면, 그는 적극적으로 자기의 문생을 추천했고, 또 자신의 휘하에 벽소辟召(막료로 등용)했다. 이런 인사가 행해질 경우, 문생은 스승과 고리故吏라는 특별한 관계로 맺어져 그 결속력이 평생 이어졌다.

3

문생고리 門生故吏

원소·원술 가문의 기반

위魏나라의 기초를 닦은 조조의 최대 라이벌 원소袁紹(?~202)는 일족을 거느리며 큰 세력 기반을 갖추고 있었다. 그 세력의 거대함은, 후한 말기 천하를 쥐락펴락했던 동탁董卓(?~192)이 "이원아二袁兒(원소와 원술)를 죽이면 천하를 얻는다"(《후한기》後漢紀 〈헌제기〉獻帝紀)고 술회한 부분에서 단적으로 드러난다. 동탁도 무서워한 원씨 가문을 지탱한 지지대는 '문생과 고리'였다. 원소를 중심으로 문생고리門生故吏에 대해 살펴보도록 하자.

원소는 동탁의 황제 폐립에 반대하며 조정을 떠났다. 이에 동탁이 원소를 죽이려 하자 시중侍中 주필周珌과 성문교위城門校尉 오경伍瓊은 다음처럼 원소를 두둔하였다.

황제 폐립은 국가의 중대사입니다. 보통 사람이 끼어드는 일이 아니옵니다. 원소는 세상사의 근본을 이해하지 못하고, 몹시 두려워서 도망간 것뿐입니다. 딴마음을 품고 있을 리가 없습니다. 지금 갑자기 현상금을 내걸고 쫓는다면, 정세에 반드시 이변이 일어나지 않겠습니까? 원씨는 4대에 걸쳐 은혜를 베푼 **문생·고리**가 천하에 큰 세력으로 퍼져 있습니다. 만약 호걸을 자기편으로 삼아 휘하에 군사를 모으고, 영웅이 이를 기회로 떨쳐 일어난다면, 산동山東은 공(동탁)의 보유가 아니게 될 것이옵니다. 원소를 사면해 군수로 임명하는 것만큼 기막힌 수는 없습니다. 원소는 죄를 면한 것을 기뻐하고, 분명 근심도 사라질 것이옵니다.

- 《후한서》後漢書 〈원소전〉

동탁은 이에 따라 원소를 발해渤海 태수로 임명하였다. 원씨의 문생·고리가 들고일어날까 봐 두려웠기 때문이다. '고리'故吏란 관리로 추천한 부하를 가리키는 말이다. '원래의 부하'인 셈이다. 관리로 추천해준 상사는 '고군'故君이라 한다. '영원한 상사' 또는 '주군'主君이라 할 수 있다. 삼공이나 장군 등 막부를 연 자가 막부의 속관으로 추천한 자는 비록 다른 관직으로 옮기더라도, 고군에 대해 주종관계와도 같은 예속성을 가졌다.

또는 군수나 국상에게 향거리선으로 추천을 받은 자도 군수나 국상을 고군, 자기 자신을 고리로 여겼다. 물론 부하로 추천하고, 향거리선으로 추천하는 자는 문생인 경우가 많다. 그러할 경우 '문생이자 고리'라는, 이중의 은혜를 입게 된다. 예속성이 더더욱 강력해지는 것이다.

4대 삼공을 지낸 명사의 최고봉

원씨는 원안袁安, 안安의 아들 원폐袁敞, 안의 손자 원탕袁湯, 탕의 아들 원봉袁逢·원외袁隗라는 5명의 삼공三公을 배출하였다. 때문에 '여남汝南 원씨袁氏'는 '사세삼공'四世三公으로 불린다. 혹은 같은 '사세삼공'인 '홍농弘農 양씨楊氏'와 구분하기 위해 4대에 걸쳐 5명의 '공'公을 배출했다 하여 '사세오공'이라고도 한다.

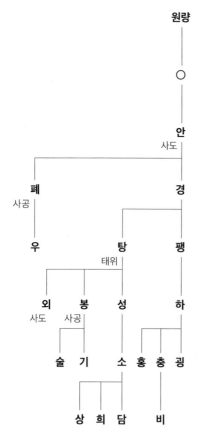

원씨(袁氏) 가계도(家系圖). ○은 흠명(欠名)

이들 중 네 번째로 삼공이 된 원봉이 원소와 원술袁術의 아버지이다(원소는 양자로, 원성袁成의 뒤를 이었다). 따라서 '이원'二袁 무렵에는 많은 고리가 원씨를 고군으로 따르고 있었다. 또한 원씨는 맹씨역孟氏易(전한前漢의 맹희孟喜가 시작한 주역 학파)을 가학家學으로 삼고 대대로 문하생을 가르쳤다. 따라서 4대에 걸쳐 형성된 거대한 규모의 문생·고리를 동탁이 두려워할 만도 했다. 문생도 고리도, 스승이나 고군이 위기에 처하면 목숨을 걸고 지키는 것이 미덕이요, 출세의 수단이었다. 문생·고리의 보은은 높이 평가받고, 삼공부三公府(삼공이 연 막부) 등지로 추천받아 임관되는 경우도 많았다. 이 때문에 원소도, 원술도 세력을 확대하기 위해 적극적으로 문생·고리 관계를 이용했다.

190년, 제후들이 발해태수 원소를 맹주로 세우고 반反동탁 연합군을 결성하자 동탁은 도성인 낙양을 불태워 초토화시키고 장안長安으로 천도를 감행했다. 동탁이 장안으로 천도를 하고 난 뒤 동탁 토벌 연맹도 흐지부지되자, 군웅들은 각자의 근거지를 공고히 다지려고 분투하였다. 동탁의 주력은 기병이었으므로 그 시점에 가장 유용한 주는 북방의 기주冀州였다. 낙양의 북쪽 기주에는 수도 방위를 위해 '기주강노'冀州强弩라 부르는, 기병에 대항할 수 있는 최강의 강노强弩(석궁) 부대가 배치되어 있었기 때문이다.

기주를 영유했던 한복韓馥은 원씨의 고리였다. 물론 그것만으로 기주를 원소에게 넘겨준 것은 아니었다. 원소의 군사인 봉기逢紀가 한복을 위협하기 위해 공손찬에게 기주를 침공하라는 책략을 세우고, 이어 원소의 외조카 고간高幹과 순욱荀彧의 동생 순심荀諶에게 기주를 양보하도록 한복을 설득했다. 결국 한복은 기주를 원소에게 양보하기로 했다.

한복은 "나는 원씨의 **고리**이며, 또한 재능도 본초本初(원소의 자字)에 미치지 못한다. 덕을 재어 (지배자의 지위를) 양보하는 것은 옛사람도 귀하게 여겼다. 제군들은 무엇을 걱정하는가"라고 말하였다. ……아들을 파견하여 기주목 인수印綬(도장과 관인의 끈)를 보내 원소에게 넘겨주었다.

- 《후한서》〈원소전〉

이렇게 한나라의 13개 주 가운데 가장 유용한 기주를 '고리' 한복에게서 거의 갈취하다시피 한 원소는 그곳을 발판으로 병주并州·청주青州를 연거푸 영유하고, 유비가 형님으로 섬기던 공손찬을 멸망시킴으로써 유주幽州를 손에 넣고 하북河北 지방을 통일해 나갔다.

한 번 부하는 영원한 부하

한편 원소를 '첩의 자식'이라고 멸시하며 심하게 견제했던 '무능력자' 원술도 그 세력 확대에 문생·고리 관계를 이용했다. 그러나 강동 출신인 손견孫堅과는 엄밀하게는 고군과 고리의 관계가 아니었다.

그러나 동탁을 타도하기 위해 오군吳郡에서 진군하던 중 협력을 거부한 형주자사荊州刺史 왕예王叡를 죽이고, 군대를 움직일 생각이 전혀 없는 손견과 회견하고 그를 행파노장군行破虜將軍(행行은 대행)·영예주자사領豫州刺史(영領은 겸임)로 삼도록 조정에 상주하였다. 동탁과 싸우기 위한 군량과 무기를 보급한 원술은 손견에게 '고군'과 다를 바 없었다. 손견이 최후까지 거점을 갖지 못한 까닭도 있고, 맏아들 손책이 원술의 군대를 빌려 강동江東을 평정했기 때문에 손씨 집단은 원술의 사병처럼 취급되었다. 고리가 지닌 고군에 대한 예속성이 손견과 원술의 관계에도 적용되었다.

이처럼 '문생·고리 관계'를 이용해 세력을 확대해 간 원소와 원술에 맞서, 조조도 적극적으로 문생·고리 관계를 확충해 나갔다. 예주豫州를 기반으로 한 조조는 순욱의 계책대로 헌제獻帝를 옹립하고 대장군에 임명되었다. 그때 원소의 직위는 태위였다. 자기의 자리가 조조 아래인 것에 화가 난 원소는 조조의 대장군 임관을 거부했다. 세력이 약했던 조조는 대장군의 지위를 원소에게 넘기고, 자신은 삼공 중에서도 태위·사도보다 격식이 떨어지는 사공을 맡았다. 그래도 사공은 막부를 열 수 있었다. 그래서 조조는 사공부에 유력자들을 줄줄이 추천하며 자신의 고리를 늘려나갔다.

이처럼 문생·고리 관계는 지배-예속으로 묶인 인맥을 형성하는 수단이었다. 그러나 인맥이 항상 '종'縱으로, 즉 주군에게 유리한 '지배-예속 관계'만 있는 것은 아니었다. '횡'橫으로 연결되는 '수평적 관계'인 지연地緣이 있었다.

4

지연地緣

발음의 차이와 인맥 형성

중국에서 지연地緣의 중요성이 높은 까닭은 한자라는 표의문자 사용에
한 원인이 있다. 지금도 장강長江(양자강) 남쪽은 300킬로미터마다 사용하는
언어가 다르며, 중국 전체로 볼 때 10대 방언권이 형성되어 있다. 그 차이
가 영어와 독어 이상이라고 한다. 그 정도로 음흡이 다르면 알파벳과 같은
표음문자에서는 어휘 자체가 변한다. 언어는 민족을 구성하는 큰 요소이
기 때문에 한자가 표의문자가 아니었다면 삼국시대부터 분열된 중국이 다
시 통일되는 날이 오지 않았을지도 모른다. 이처럼 본래 방언권 별로 영토
가 나뉘어도 될 정도로 발음이 다름에도 불구하고, 하나의 통일국가로 이
어져 온 중국에서는 '발음'을 같이 하는 자들의 유대가 강할 수밖에 없고

당연히 지연의 중요성이 높다.

한나라에는 이미 지역별 언어의 차이를 정리한 양웅揚雄(기원전 53~기원후 18)의 《방언》方言이라는 책이 있었다. 현재의 북경 근처에서 태어난 유비와 절강성浙江省 항주杭州 근처에서 태어난 손권孫權은 말이 통하지 않았다. 인맥은 구구절절한 속 이야기를 할 수 없는 사이에서는 형성되지 않는다. 이 때문에 중국에서는 '지연'이 인맥을 맺는 데 중요한 의미를 갖고 있는 것이다. 순욱과 제갈량을 중심으로 지연과 학문을 검토해보자.

명성을 낳는 고장 '여남과 영천'

조조가 헌제獻帝(재위 189~220)를 맞이함으로써 후한 최후의 수도가 된 허현許縣은 영천군潁川郡에 속한다. 그러나 조조가 명성을 쌓은 장소는 여남군汝南郡에 있었다. 조조를 '난세의 간웅'으로 평가한 자가 여남군의 명사인 허소許劭였기 때문이다. 허소의 인물평가를 받은 조조는 하옹何顒을 중심으로 한 명사 집단에 속했다.

하옹은 젊은 시절의 조조를 자못 칭찬하며 이렇게 말했다.

"한나라 종실이 이제 망하려 하는데 애석하게 우리는 이미 늙었구려. 훗날 천하를 안정시킬 자는 필경 이 청년이다!"

조조의 할아버지인 환관 조등曹騰이 높이 평가해줘서, "삼공이 될 수 있었던 것은 조상시曹常侍(조등) 덕분"이라며 그 은혜를 공언했던 종승種暠의 아들 종집種輯과 하옹은 매우 가까운 사이였다. 조조도 조부의 인맥을 활용했기에 명사로 세상에 알려지게 된 것이다. 애초에 여남군의 허감許勘에게 조조를 소개한 교현橋玄도 종승의 추천을 받은 고리였다. 조등의 인맥은 조조 대두의 큰 기반이 되었던 셈이다.

하옹 자신은 형주 남양군南陽郡 출신이기는 하나, '당고의 금'黨錮之禁('당고의 옥'이라고도 한다) 때 여남군으로 피신했는데, 많은 선비들이 그를 따라 '여남 명사 사회'에서 큰 명성을 얻었다. 조조는 그 하옹에게 '기재'奇才라는 평가를 받고, 그 집단에서 순욱·원소·허유許攸 등과 교우하였다. 다만 그들 중에서 원소만 하옹으로부터 '벗'友으로서 동격의 대우를 받고 있었다. 왜냐하면 원소는 여남군을 대표하는 명문 '여남 원씨' 출신이기 때문이다. '사세삼공'인 '여남 원씨' 문생·고리들의 세력이 크기에 이를 꺼린 하옹조차 연소자인 원소를 동격으로 다루다 보니. 조조가 여남군에서 원소보다 더 큰 힘을 갖기는 힘들었던 셈이다.

이후 조조는 연주자사兗州刺史 유대가 죽자 연주 백성들을 설득해 조조에게 귀부하도록 한 진궁陳宮의 영접을 받고 연주를 기반으로 삼게 되었다. 193년, 조조는 응소를 낭야로 보내 부친 조숭曹嵩을 연주로 모셔오게 하였다. 조숭 일행이 서주를 지나자 서주목 도겸은 조조와 좋은 관계를 맺기 위해 도위都尉 장개張闓에게 특명을 내려 호송토록 했다. 그러나 장개는 재물을 빼앗으려고 조숭의 전 가족을 몰살하였다. 크게 격노한 조조는 서주를 정벌하면서 도겸을 대파하고 양민학살을 자행하였다. 이를 비판하는 연주 명사들의 '장로'長老 변양邊讓을 죽인 사건을 계기로 진궁은 조조를 배신하고, 조조가 서주를 공략하는 틈을 타 여포呂布에게 연주를 집어삼키도록 하였다.

그런 와중에 조조는 근거지를 예주 영천군에서 찾았다. 영천군은 이웃한 여남군과 더불어 옛 당인의 중심지이자 순욱의 고향이었다. 순욱의 조

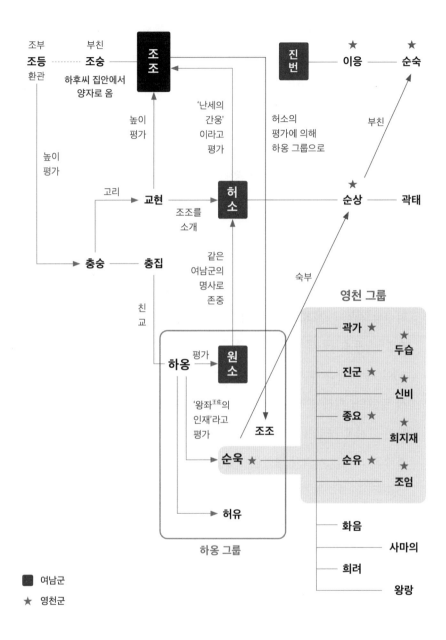

조조를 둘러싼 인간관계와 지연

부 순숙荀淑은 진번陳蕃·이응李膺이라는 당인의 중심인물들과 교우하였고, 숙부인 순상荀爽도 당대의 명사인 허소許劭(150~195))·곽태郭泰(128~169)와 교우 관계를 맺었다. '영천 순씨荀氏'는 후한 말기 '명사 본류' 중의 한 줄기였던 것이다. 영천군에서 순욱의 영향력은 자못 컸다. 조조는 순욱의 지연地緣으로 영천군을 안정적 거점으로 삼을 수 있었다

그리고 순욱은 조조의 지배를 안정시키기 위해 많은 명사를 조조 집단에 가입시켰다.

(순욱이) 앞뒤로 추천한 자는 일세를 풍미한 뛰어나고 대단한 인재였다. **동향** 사람으로는 순유荀攸·종요鍾繇·진군陳羣, 사해四海(중국 전역) 내에서는 사마선왕司馬宣王(사마의), 또 당세에 명성이 높았던 희려郗慮·화음華歆·왕랑王朗·순열荀悅·두습杜襲·신비辛毗·조엄趙儼 등을 초청해 오게 하고, 훗날 경상卿相(대신)이 된 사람은 무려 10여 명에 달했다. 선비를 평가하는 기준은 단일하지 않았다. 희지재戲志才·곽가郭嘉 등은 세속적 흠이 있고, 두기杜畿는 우월감이 강하고 꾸밈이 없었지만, 모두 지략과 책략이 뛰어나다는 점에서 추천하고, 그리고 제각각 명성을 얻었다.

- 《삼국지》〈순욱전〉의 '배송지 주'에 인용된 《욱별전》彧別傳

순욱이 추천한 인물 가운데 동향으로 명기되어 있는 순유·종요·진군 이외에 순열·두습·신비·조엄도, 희지재·곽가도 모두 영천군 출신이다. 이들을 '영천 집단'이라고 부르자. 그러니 순욱은 자신의 지연을 중심으로 인재를 추천한 것이다. 이후 조조가 국가의 중추를 장악함에 따라 영천 집단은 상대적으로 약해졌지만 헌제를 맞이한 초기의 조조를 뒷받침한 것은

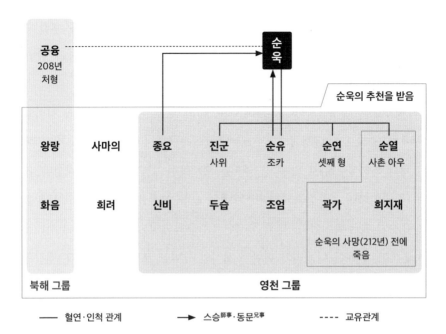

공융 208년 처형						순욱		

순욱의 추천을 받음

왕랑	사마의	종요	진군 사위	순유 조카	순연 셋째 형	순열 사촌 아우
화음	희려	신비	두습	조엄	곽가	희지재

순욱의 사망(212년) 전에
죽음

북해 그룹 | 영천 그룹

──── 혈연·인척 관계　　　───▶ 스승師事·동문兄事　　　---- 교유관계

순욱과 조위 정권의 명사들

순욱을 중심으로 한 '영천군의 지연 집단'이었다.

덧붙여 영천군은 '전국 칠웅'戰國七雄(전국시대 일곱 나라, 즉 연燕·위魏·제齊·조趙·진秦·초楚·한韓)으로 치면 한韓나라에 속한다. 한비자韓非子 등 법가를 배출한 지역이다. '영천 순씨'는 한비자와 관계있는 순자荀子의 후손이라고 전해진다. 순욱과 진군 등이 법과 형벌을 중시하는 조조의 맹정猛政을 지지하고, 진군이 〈신율新律 18편〉이라는 조위曹魏의 형법 제정에 관여한 것은 한나라의 맥을 이은 영천군의 지역성이 반영된 것으로 보인다.

지역과 학문

이 같은 지연은 그 지역의 학문과 연관이 있는 경우도 많았다. 후한 말기 익주益州에는 《삼국지》의 저자 진수陳壽도 계승한 촉학蜀學이 남아 있고, 형주荊州에는 제갈량이 닦은 '형주학'이 있었다.

형주학은 형주목荊州牧 유표劉表(142~208)의 보호 아래 송충宋忠과 사마휘司馬徽를 중심으로 탄생했다. 《주례》周禮, 《의례》儀禮, 《예기》禮記라는 '삼례'三禮 중에서 특히 《주례》로 많은 경서經書를 체계화한 '한대 유교의 집대성자' 정현과 대비하여, 《춘추좌씨전》春秋左氏傳과 《역경》易經을 중심에 놓고 대항한 신유교가 형주학이었다. 특히 중시된 《춘추좌씨전》은 전란의 춘추시대를 서술하고, 난세를 다스리기 위한 구체적인 규범을 포함하고 있었다. 제갈량도 자신의 행동 규범을 《춘추좌씨전》에서 대거 따랐다.

또 형주학은 인간 중심의 합리성으로 경전을 해석하였다. 구체적으로는 정현의 경전 해석에서 큰 역할을 하던 위서緯書(화복·길흉·상서·예언을 기록한 시위詩緯·역위易緯·서위書緯·예위禮緯·낙위樂緯·춘추위春秋緯·효경위孝経緯 등 칠위七緯)의 '종교성'에 의문을 던졌다. 이윽고 형주학을 계승한 조위의 왕숙王肅도 위서를 비판했다. 이에 반해 익주에 남아 있던 촉학은 위서를 중시하고 예언을 존중하는 신비로운 유교였다.

사마휘가 자신들을 '준걸'이라 칭하며, 고담준론이나 일삼는 일반 유학자들과 구별한 것처럼, 형주학은 경학의 습득만을 목적으로 삼지 않았다. 훈고학訓詁學(경전을 해석하는 학문)을 닦으면서도, 난세를 다스리기 위한 실천을 중시하였다. 제갈량은 자신을 관중管仲·악의樂毅에 비유하며 천하, 즉 국가를 경륜하려는 뜻을 품고 있었다. 그런 점에서 제갈량은 '사마휘의 친구' 방덕공龐德公으로부터 '와룡'臥龍이라는 인물평가를 받았다. 그리하여 원래 고향 서주 낭야군琅邪郡에서 형주의 양양襄陽으로 터를 옮겨 '형주 명사'가

됨으로써 형주에 지연을 얻었다.

　이후 유비로부터 삼고초려三顧草廬의 예를 받은 제갈량은 '형주 명사'로서 익주에 촉나라를 건립한 후에도 장완蔣琬·비의費禕를 비롯한 형주 명사들을 자신의 세력 기반으로 발탁해 나갔다. 지연이 삼국시대의 인맥 형성에 큰 역할을 하였다는 것을 알 수 있다.

5

혈연血緣

피는 물보다 진하다!

제갈량은 양양군에서 인물평가를 받고, 형주 명사가 됨과 동시에 혼인 관계를 맺어나갔다. 면남沔南 명사 황승언黃承彦의 딸을 아내로 맞이했는데, 그 언니는 방덕공의 아들 방산민龐山民에게 시집을 갔다. 황승언은 양양 명사 채모蔡瑁의 윗누이를 아내로 맞았고, 채모의 손아래 누이는 유표에게 시집을 갔다. 곧 제갈량은 형주목 유표와 혈연관계인 셈이다. '형주 명사'로 살아남기 위해 인맥을 '혈연'으로 구축했음을 알 수 있다.

혈연은 이렇듯 지연과 함께 인맥 형성의 중요한 수단이었다. 혈연이 지연보다 더 강력한 것은 '피는 물보다 진하다'라는 속담처럼 동서고금을 막론하고 공통적이다. 삼국시대 다음 시기인 서진西晉 때 구축된 중국 귀족제

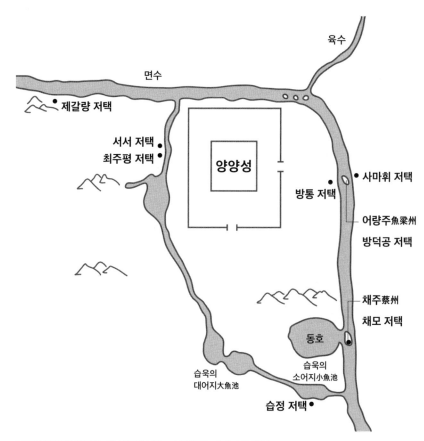

양양성(襄陽城) 주변도. 양수경(楊守敬) <수경주도>(水經注圖)에서.

에서 귀족은 자신의 가격家格(가문의 격식)에 어울리는 집안끼리 폐쇄적인 혼인 관계를 맺었다. 서민 출신인데 무력으로 제왕에 오른 자는 왕희지 등 귀족으로부터 "가격이 맞지 않는다"며 혼인을 거절당하기도 했다. 이러한 귀족 가문은 가령 '낭야琅邪 왕씨'(낭야군 출신의 왕씨)처럼 군郡을 단위로 형성되었다. 이를 '군망'郡望이라 하였다. 후한 말기에는 이미 '여남 원씨'나 '홍농 양씨'처럼 군망으로 불리는 사세삼공의 명문가가 출현했다.

후한 말기 호족이 군망으로 나타난 것처럼 군을 단위로 하여 대부분 네 개의 유력한 집안이 서로 혼인 관계를 맺고 있었다. '혈연과 지연의 융합'이었다. 예를 들어보자. 손견孫堅(156~192)의 출신지인 오군吳郡에서는 '오吳의 사성四姓'으로 총칭되는 육陸·고顧·장張·주朱라는 네 개의 호족 가문이 서로 혼인 관계를 맺고 막강한 힘을 휘두르고 있었다.

그중에서도 필두 격인 육씨의 당주當主였던 육강陸康은 후한 말기에 여강태수廬江太守가 되었다. 무력에만 의지해 대두한 손견은 육강의 조카를 구해준 적이 있었다. 그런 연유로 아버지의 뒤를 이은 손책孫策(175~200)은 곧바로 육강을 찾아갔다. 그러나 육강은 부하에게 응대하게 하며 면회를 거절했다. 오군에서 사성의 필두인 육씨와 약소호족이었던 손씨와의 사이에는 이토록 가문의 차이가 컸던 것이다.

이런 대우에 분개한 손책은 훗날 의탁하고 있던 원술의 명을 받고 육강을 공격했을 때 육씨 일족을 학살했다. 이로 인해 손씨와 '오군 사성'은 결정적 대립 관계가 되었다. 손책이 자신의 본거지에서 암살된 배경이다.

군郡을 대표하는 호족을 적으로 돌리는 불상사는 그 군의 호족사회 전체를 적으로 돌리는 것과 마찬가지였다. 심지어는 '오군 사성'이 이웃 군인 '회계會稽 사성'과 혼인 관계였던 것처럼 군을 뛰어넘어 혈연관계를 맺은 호족도 많았다. 호족에게 혈연은 인맥을 안정적으로 확장시키는 수단이었다.

혈연에게만 대군 지휘를 맡긴 조조

혈연을 중시하는 것은 조조 집단에서도 마찬가지였다. 조조는 원래 여포의 수하 장수였으나 여포가 죽자 귀순한 장료張遼를 제외하고는 만 명이 넘는 별동대를 조씨·하후씨 이외의 장군에게는 지휘를 맡기지 않았다. 여기서 장료에 대한 조조의 강한 믿음을 엿볼 수 있다. 그러나 그것 이상으로 조씨라는 일족, 조등의 양자로 들어간 아버지 조숭의 본가인 하후씨 종족宗族(조상이 공통이라고 생각하는 혈연 집단)에 대한 조조의 두터운 신뢰가 있었다.

그중에서도 조인曹仁과 하후돈夏侯惇은 조조에게 없어서는 안 될 피붙이였다. 조조의 종제從弟인 조인은 거병 이후 줄곧 조조를 따랐다. 이윽고 전략·전술적으로 중요한 지역을 맡는 방면군方面軍 사령관을 역임한다. 조인은 싸울 때 조조의 군령을 항상 수중에 두고, 일일이 확인해 명령을 준수했다고 한다. 또 조인은 방어전에 압도적으로 강했다. 관우가 번성樊城을 공격할 때에도 서황徐晃의 도움으로 번성이 해방될 때까지 이곳을 지켜냈다. 덧붙여 적벽대전에서 대패했을 때 강릉江陵에 머물며, 추격해오는 오나라의 총사령관 주유周瑜(175~210)에 맞서 싸운 인물도 조인이었다.

하후돈은 조조의 사촌 동생으로, 거병 때부터 따라다니다가 조조가 행분무장군行奮武將軍이 되자 사마司馬(군사 담당)가 되어 조조와는 별도로 백마白馬에 주둔하였다. 이후 하후돈은 늘 조조의 본거지를 지켰다. 조조의 서주徐州 정벌 때 진궁陳宮과 장막張邈이 여포를 끌어들여 반란을 일으키자 하후돈은 조조의 가족을 구출하기 위해 견성鄄城으로 향한다. 그러나 도중에 여포와 맞닥뜨려 인질이 되고 말았다. 그럼에도 순욱·정욱程昱과 함께 견성·범현範縣·동아현東阿縣 세 지역을 사수하고 조조가 돌아오기만을 기다렸다.

덧붙이자면, 하후돈은 이 전투에서 왼쪽 눈을 잃어 '맹하후'盲夏侯라고 불렸다. 이 때문에 《삼국지연의》는 '척안隻眼(애꾸눈)의 맹장'으로 하후돈을 묘사한다. 하후돈은 이후에도 진류陳留 태수와 제음濟陰 태수를 역임했고, 후방의 수비를 튼튼히 지켰다. 가뭄이 들거나 메뚜기떼가 창궐하는 해에는 스스로 흙을 날라 강을 막고 둑을 쌓았다. 조조가 하북의 원씨를 평정하는 동안에도 하후돈은 뒷수습을 맡았다. 이런 하후돈을 조조는 군의 중진으로 존중했을 뿐만 아니라 같은 수레에 태워 특별히 친애하는 정을 드러냈으며, 침실에까지 자유롭게 드나들게 했다. 혈연에 대한 조조의 신뢰를 엿볼 수 있다.

이처럼 혈연은 목숨을 맡길 수 있을 정도로 압도적인 신뢰 관계의 기반이었다. 따라서 종족은 전란의 와중에도 혈육이 끊기지 않도록 사력을 다했다. 제갈씨諸葛氏의 사례를 살펴보자.

제갈공명 집안의 탁월한 종족 유지법

제갈량의 형인 제갈근諸葛瑾은 낙양洛陽으로 유학을 갔다. 이후 제갈량이 동생 균均과 함께 형주로 가서 동란을 피한 것과는 달리 후모後母(아버지의 후실)를 데리고 양주揚州로 떠났다. 전란으로 형제가 공멸하는 최악의 변고를 막으려 한 것이다. 손책이 사망한 후, 오나라 대권을 잡은 손권이 명사를 존중하자 제갈근은 손권을 섬겼다. 그 후 제갈량이 유비의 사신으로 오나라에 왔을 때 손권은 제갈근에게 제갈량이 자신을 섬기도록 설득하라고 했다. 그런데 제갈근은 오히려 "내가 주군을 배신하지 않는 것처럼 아우 또한 유비를 배신하지 말라"고 말했다. 손권은 이 말을 전해 듣고 감명을 받

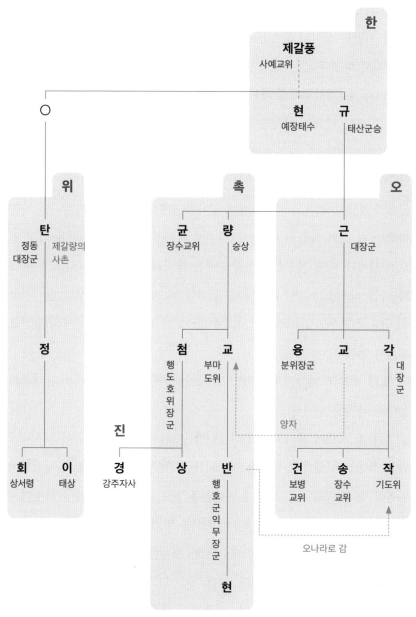

한

제갈풍
사예교위

현 규
예장태수 태산군승

위 촉 오

탄 균 량 근
정동 제갈량의 장수교위 승상 대장군
대장군 사촌

정

첨 교 융 교 각
행 부마 분위장군 대장군
도 도위
호
위 양자
장
군

진

회 이 경 상 반 건 송 작
상서령 태상 강주자사 행 행 보병 장수 기도위
호 호 교위 교위
군 군
익 오나라로 감
무
장
군

현

제갈씨 가계도

아 제갈근을 절대적으로 신뢰하게 되었다. 그런데, 제갈씨에게 있어서 그것은 한 곳만을 섬기지 않으면서 위험을 분산하기 위한 고도의 '일족 생존전략'이기도 하였다.

제갈근은 제갈량에게 아이가 생기지 않자 차남 교喬를 입양 보냈다. 제갈량은 교를 아끼고, 북벌을 감행하던 중 "교는 본래 성도成都(촉나라 수도)로 돌아가야만 하는데, 모두와 함께 영예도 굴욕도 똑같이 나누기 위해 여러 장수의 자제들과 함께 사곡斜谷에서 식량을 운송하고 있다"는 편지를 제갈근에게 보냈다. 이윽고 제갈량에게 친아들 첨瞻이 태어나고, 제갈근의 자손이 끊기자 교의 아들인 반攀은 오나라로 돌아가 제갈근의 집안을 다시 일으켜 세웠다. 이때 제갈반의 아들 현顯은 촉나라에 남았다. 그리고 첨과 그의 아들 상尚이 촉한蜀漢과 명운을 함께한 뒤, 현은 상의 동생인 경京과 함께 하동군河東郡으로 이주하여 서진西晉을 섬기고, 제갈근·제갈량의 혈통을 후세에 전했다.

또한 제갈근·제갈량의 족제族弟인 제갈탄諸葛誕은 고향인 서주 낭야군에 남아 위나라를 섬겼다.

남북조 시대에 송나라의 유의경劉義慶(403~444)이 후한부터 동진 시대에 걸쳐 사대부의 일화를 편찬한 《세설신어》世說新語에 따르면, 젊은 제갈탄이 임관할 때 "유비의 촉나라는 용(제갈량)을 얻고, 손권의 오나라는 호랑이(제갈근)를 얻었으며, 조조의 위나라는 개狗를 얻었다"고 하였다. 훗날 사마씨가 조위를 찬탈하려고 하자, 이에 저항한 제갈탄을 실제의 삶 이상으로 나쁘게 쓴 사료가 많이 남아 있다.

다만 사마씨에게 반란을 일으켰음에도 불구하고 제갈탄의 자손은 서진을 섬겼다. 그리고 317년 사마예司馬睿가 건업建業을 도읍지로 삼고 서진을 재건한 동진東晉에서는, 마찬가지로 《세설신어》에, 초대 재상 왕도王導(276~337)를 상대로 '제갈씨와 왕씨 사이에 어느 집안이 위인지'를 언쟁한 일화가 남아 있다. 이렇듯 제갈씨는 왕씨와 함께 난세의 삼국시대에 살아남아 낭야군을 대표하는 귀족이 되었다. 그것은 제갈씨 일족이 위·촉·오 삼국을 제각각 섬기며, 어느 나라가 멸망해도 후손이 번창하는 데 탈이 없도록 한 제갈씨 가문의 탁월한 생존전략 덕분이었다고 해도 지나친 말이 아닐 것이다.

인물평가人物評價

인사人事와 평가

인물을 평가한다. 그리고 발탁한다. 이것이야말로 인사人事의 중심이다. 그러나 그것은 종종 군주의 손아귀를 벗어나 인맥을 쌓는 수단으로 전락하고 만다.

가령 당나라 때 관료 등용제도는 과거科擧로 불리는 시험제도였다. 시험이라면 평가가 객관적으로 실시되었을 거라고 생각할 것이다. 그런데 당나라의 과거는 시험관이 누구인지 공표되어 비리가 가능했다. 물론 해답자의 이름은 숨겨진다.

더욱이 가장 중시했던 진사과進士科는 시작詩作 중심의 문학 시험이었다. 작풍이 드러나기 마련이다. 그래서 시험관은 자신이 가르친 학생의 답안이 어느 것인지 알아낼 수 있었다고 한다. 따라서 합격자는 직접 가르침을 받지 않은 시험관일지라도 스승으로 존숭하며, 문생이라 칭하였다. 한나라 때부터 이어진 문생에 의한 인맥 형성은 군주의 인사권 장악을 위해 마련된 과거시험제도 속에서도 끈질기게 살아남았다.

이러한 사태에 즈음하여 '과거의 객관성'을 높이는 방향으로 진보해가지 않는 것이 군주독재 제도의 흥미로운 부분이다. 송나라 시대에 이르러서는 전시殿試라는, 즉 궁중에서 치르는 최종시험을 증설하여 황제 스스로가 시험관이 되었다. 군주의 주관으로 평가하는 시험으로 개편한 것이다.

물론 공부를 싫어하는 황제도 많아 신하에게 채점을 대신하게 하고 순위를 적당히 매기는 경우도 있었다. 그래도 신하를 평가하는 자는 황제이다. 이로써 과거 합격자는 모두 황제의 문생이 되었고, 황제에게 절대적인 복종을 다짐하기에 이르렀다. 송나라 이후 국가가 멸망해 갈 때 그래도 국가를 위해 애쓴 충신 중에는 과거의 장원壯元(일등), 혹은 방안榜眼(이등), 탐화探花(3등) 출신이 많았다. 몽골족의 원나라에 남송이 멸망하자 순국한 '충신재상' 문천상文天祥(1236~1283)이 대표적이다. 이처럼 송대 이후 과거를 통해 신하를 평가하는 절차는 황제가 주최하는 시험으로 수렴되어 갔다.

경제적 이익에서 문화 자본으로

이에 반해 후한 말기 유행한 인물평가는 국가나 황제와는 별개의 장소에서 이루어지며, 사회적으로 큰 영향력을 행사한 것이 특징이다. 이는 환관의 전제專制 정치에 맞선 '당인'이 시작한 것이었다.

환관은 자신들의 정치 개입에 반발하는 유교의 관료를 '당인'黨人(패거리)으로 규정하며 조정 정치에서 배제하는 '당고黨錮의 화禍'를 일으켰다. '당고'란 환관 편에 서지 않는 사대부의 관직을 빼앗고 벼슬길을 막은 것을 말한다. 후한 환제桓帝(재위 147~167)의 재위 초기에 외척 양기가 조정의 권력을 장악했는데 환관 선초 등이 음모를 꾸며 양기를 죽였다. 이로부터 환관이 권력을 전횡하며 독재정치를 흉포하게 펼쳤다. 환관 정치를 극구 반대하던 사예교위 이응과 태학생 200여 명을 체포하였다가 나중에 석방하였으나, 삼공의 막부에 그들의 이름을 적어 종신금고형에 처하고 평생토록 벼슬길을 막았다. 이를 '제1차 당고의 화'(166)라고 부른다.

《후한서》〈당고열전〉에는 다음과 같이 기록되어 있다.

"환제 때에 환관들이 대권을 독차지하여 이응과 두밀 같은 명사들을 체포하였고, 영제靈帝 때는 환관 조절의 무리가 이응, 범방 등 백여 명을 죽였고, 각 주와 군에서 죽거나 좌천되고, 자손들까지 벼슬을 할 수 없는 폐족이 되거나, 감옥에 갇힌 자가 육칠백여 명이나 되었다."

이렇듯 후한의 정치 무대에서 배척당한 당인은 환관에 대한 비판을 계속해 나갔다. 점차 그것은 환관을 지지하는 황제와 후한 자체에 대한 비판으로 수위가 높아져 갔다. 그렇다면 당인의 인물평가는 어떻게 명사와 연결되는 것일까?

그동안 호족은 향리사회에서 가졌던 대토지 소유 등의 경제력과 일족이나 수하가 거느린 군사력에서 나아가 향거리선으로 후한의 관료에 취임하는 정치적 힘도 키웠다. 그런데 향거리선이 환관의 청탁에 의해 폐쇄적인 인재추천 제도로 변질되고, 후한의 권위도 약화되자, 지역 유지들은 무엇을 기반으로 향리사회에서 세력을 유지하면 좋을지 갈피를 못 잡게 되었다. 그러던 중에 유행한 것이 환관을 비판한 당인들의 인물평가였다. '제1차 당고의 화' 이후 태학에서 '삼군三君·팔준八俊' 이하의, 이른바 '명사'의 순위가 형성되었다. 그리고 이것이 '삼공三公·구경九卿' 이하의 정치적 서열로 표현되며 후한의 황제 권력과 대치하게 되었다는 의미에서 명사 계층 형성의 중요한 계기가 되었다.

게다가 대규모 탄압사건이 된 '당고의 화'가 재차 일어났다. 169년 권력을 독점한 환관들이 두무와 진번, 이응 등 100여 명을 죽이고 700여 명을 종신금고형에 처한 '제2차 당고의 화'가 그것이다. 영제는 환관 장양과 조충을 특별히 총애하여 훗날 황건적의 난을 초래했다. 역사는 환제와 함께 이 두 황제를 '환령'桓靈이라 칭하며 대표적 혼군昏君으로 깎아내린다.

'제2차 당고의 화' 이후에는 후한의 관료보다는 '당인'으로 규정되는 것이 더 낫다고 생각하게 되었다. 예컨대 이응은 태학생 수령인 곽태 등과 교류하며 환관의 권력 전횡을 비판하다 죽임을 당한 대신이다. 아들이 이응의 문하생이었던 경의景毅는 스스로 이응과의 관련성을 토로하며, 시어사侍御史라는 후한의 벼슬을 사임하고 '의로움'을 칭송받았다. 경의는 후한 관료로서의 지위가 낳는 경제적 이익을 포기하고, '의로움'이라고 평가받는 '문화 자본'을 선택한 것이다. 그렇게 하는 편이 사회에서 명사로서의 탁월함을 얻을 수 있다고 판단했기 때문이다.

이렇게 차츰차츰 후한의 관료이기보다는 '여론의 인물평가'라는 문화 자본cultural capital(프랑스의 사회학자 피에르 부르디외의 개념. 남보다 탁월하려면 경제력을 문화로 전환할 필요가 있다는 사고방식)을 중시하는 계층이 형성되어 갔다. 당시 여론의 지지를 받아 이름이 알려진 인사士를 '명사'名士라고 불렀다.

명사들의 지위는 벼슬과 달랐고, 일족의 군망群望에 의해 고관에 취임하는 것이 아니라, 순전히 개인이 얻은 명성으로 규정되었다. 명사가 되기 위해서는 '명성'으로 그 위치가 표현되는 호족·명사들 사이에서 여론의 지지를 얻을 필요가 있었다. 이를 위한 지름길은 대표적인 명사로부터 '인물 품평'을 얻어 인정받는 것이었다.

명사끼리의 '자율적 질서' 형성

인물비평의 중심은 당인 이응에게 좋은 평가를 받은, 후한 말기의 학자 곽태와 조조를 높게 평가한 허소였다. 허소는 매월 초하룻날(월단月旦)마다 인물비평 모임을 가진 '월단평'으로 유명한데,《삼국지연의》에서는 조조를 "난세에는 간웅奸雄, 치세에는 능신能臣"이라는 평을 남겼다고 했다. 곽태는 전국을 돌며 인물평가를 했는데, 그의 수레에는 인물비평을 요구하는 호족들이 내민 명함이 수북이 쌓였다고 한다. 곽태 덕분에 명성을 존립기반으로 삼는 명사들이 전국적인 지배층으로 형성되어 갔다.

천하가 난세일 때는 적들의 공격으로부터 방어와 운반이 어려운 대토지보다는 일신의 몸에 깃드는 명성이 유지하기도, 이동하기도 쉽다. 서주 낭야군에서 대토지를 소유하고 있던 제갈량이 경제 자본과 무관한, 다시 말해 고향에서 멀리 떨어진 형주 양양군에서 탁월한 지위를 얻고 혈연, 지연을 바탕으로 인맥을 넓힐 수 있었던 까닭은 형주학을 중심으로 한 문화를 자신의 존립기반으로 삼았기 때문이다.

또한 명사의 명성은 황제 권력에 대해 자율성을 지니고 있었다. 명성을 정하는 자는 곽태·허소를 필두로 한 명사들로서, 그 내용은 황제의 권력에 좌우되지 않았다. 오히려 향거리선을 통해 후한이 이룬 관료 질서가 흔들리면서 새로운 명사들의 자율적 질서가 촉진되었다.

명사의 존립기반은 대토지 소유도, 벼슬도 아닌 명사 상호 간에 형성되는 명성이었다. 즉 인맥이야말로 명사의 기반인 것이다.

따라서 명사는 향리사회의 대토지 소유와 같은 경제 자본을 직접적인 존립기반으로 삼지 않는다. 물론 '낭야의 제갈씨' 등이 군망으로 불리는 것처럼 향리와의 관계를 유지하거나 일족이 향리에서 호족인 경우도 많다. 그러나 명사로서의 명성은 향리사회와의 직접적인 이해관계를 기반으로 한 것이 아니었다. 그런 의미에서 명사는 향리와의 관계를 추상화시켰다고 할 수 있다. 따라서 명사는 호족 간 토지문제 등의 이해를 조정하는 '제3자' 역할을 담당할 수 있었다. 혹은 향리의 위기를 지도자로서 회피하는 경우도 있었다.

그래서 호족들은 스스로도 명사가 되기 위해 명사들을 지지하고 그 명성을 존중했다. 따라서 군주는 광대한 영역을 지배하기 위해 호족의 지지를 받으며 지역에서 인맥을 선ㄴ히 쌓은 명사들의 협력이 필요하게 되었다. 더욱이 명사는 인맥을 이용해 정보를 취하고 정세를 분석했다. '삼국 제일의 병법가' 조조 역시 전투에서 승리하기 위해서는 정보를 움켜쥔 명사의 협조가 필수적이었다.

명사는 지역을 뛰어넘는 폭넓은 교우 관계와 연락망, 즉 인맥에 기초한 인물평가와 정보의 확보로 군주 권력에 대해 자율성을 유지할 수 있었다. 그렇지만 계층으로서의 독립성을 가질 만큼의 결속력은 없었고, 지연과 혈연 등 분산된 인맥별로 여러 집단으로 분리되어 있었다.

게다가 명사의 존립기반인 인물평가는 주관적인 가치 기준에 기초하기 때문에 자의성과 분열성의 한계를 지니고 있었다. 이 때문에 명사는 관료로 취임하여 '사회적 지배자'로서 지위를 안정시킬 필요도 있었다. 그러나 후한의 관료가 되는 것은 오히려 명성을 떨어뜨릴 위험성이 컸다. 그래서 명사는 자신의 이상을 실현할 수 있는 국가, 자신이 주체적으로 형성한 새로운 국가에서 관료가 되는 동시에 이상으로 삼는 정책을 실현하고자 하는 포부를 가지게 되었다.

황건적의 난이 일어나고, 동탁의 전횡을 거쳐 군웅할거가 시작되자, 명사는 자신의 포부를 실현하기 위해 군웅의 막료가 되어 정권 수립에 주체적으로 관여했다. 한편 군웅의 입장에서도 군사력만으로는 지배지역을 안정적으로 통치하기 어렵기 때문에 사회적 권위를 가진 명사들과 다양한 관계를 맺었다.

명사 인맥의 중심지는 두 명의 당인 지도자를 배출한 곳이었다. 진번陳蕃(?~168, 후한 환제 때 태부太傅의 녹상서사錄尙書事. 대장군 두무와 함께 환관 세력을 제거하려다 처형당함)을 배출한 여남군(허소가 중심), 이응을 배출한 영천군潁川郡(곽태가 중심)이다. 이 중 여남군을 기반으로 한 원소가 먼저 패권을 잡고, 이윽고 여남군에서 영천군으로 기반을 옮긴 조조가 관도대전官渡大戰(200~204)에서 원소를 타도하고 천하 제패의 전기를 마련했다.

제2장

국가 시스템과 출세의 사다리

《후한서》〈백관지〉.
삼국시대의 기본이 된 후한의 관제를 전해주는
《후한서》 화각본이다.

1

관청과 관리

후한 말기의 관료제도

삼국시대가 '전란의 시대'라고는 하지만, 무조건 전쟁에서 이기면 그만인 것은 아니었다. 국가의 시스템(구조)을 모르면 통치가 원활하지 않았다. 개인적으로는 삼국 제일의 무예 실력을 지녔으면서도 《삼국지》에 무용담을 남기는 데 그친 여포呂布(?~198)는 국가의 구조를 이해하지 못했다. 옹졸하고 사나운 성격에 완력만 셌던 여포가 국가 시스템에 무지했던 것은, 관료제 중심의 국가 구조가 복잡하기 그지없었기 때문이다. 그러나 이를 제대로 파악하지 않으면 무장에서 군웅으로, 그리고 국가의 군주로 올라설수 없었다.

송나라 범엽範曄(398~445)이 저술한 《후한서》〈군국지〉郡國志에 따르면, 후한의 순제順帝(재위 125~144) 때 인구는 49,150,220명이었다. 약 5천만 명의 백성을 황제 혼자서 통치할 수는 없는 노릇이다. 이 때문에 한나라 황제는 진시황 때 완성된 중앙집권적 관료제도와 군현제郡縣制를 이용해 대륙을 다스렸다.

다만 군현제는 전한과 후한, 그리고 삼국시대에도 황제의 직할지로 관료(후한 말기에는 군수 혹은 태수)를 파견해 직접 통치하는 군郡, 그 아래에 현縣이 설치된 것 외에, 주로 황자皇子들에게 땅을 나누어주고 다스리게 한 국國(국 아래에도 현을 설치)을 두었으므로 군국제郡國制라고 부르는 것이 정확하다. 그러나 전한의 무제武帝(재위 기원전 141~기원전 87)가 국國에 상相을 파견하여 직접 통치하도록 한 이후 군국제는 사실상 군현제로 운용되었다.

후한의 8대 황제인 순제 시기에 군·국은 모두 합해서 105개, 그 아래 약 1500개의 현이 존재하였다. 인구가 약 5천만 명이므로, 하나의 현에서 3만 명 정도를 지배했고, 14개 현 위에 하나의 군·국이 세워졌다는 계산이 나온다. 또한 군·국 위의 13개 주州는 단순 계산하면 약 8개의 군·국을 관할했다. 주는 본래 군수를 감찰하기 위해 자사刺史를 둔 지역의 단위였다(다만 수도권인 사예는 사예교위司隸校尉가 관할). 후한 말기에는 훗날 익주益州를 지배하던 유언劉焉의 상주를 계기로 주목州牧이 주를 행정단위로 지배하게 되었다. 손씨 가문을 제외한 후한 말기 군웅의 대부분은 주목이 됨으로써 군웅으로 할거할 수 있었다.

후한 말기의 군웅 가운데 주목과 자사라는 칭호가 혼재되어 있는 이유는 이러한 지방행정 제도의 변경에 기인했다. 즉 기주목 원소나 연주목 조조처럼, 주목에 취임한 자는 그 주를 실질적으로 지배할 수 있었다. 이에 반해 조조가 서주를 정벌하려고 하자, 서주목 도겸陶謙을 구원하러 온 유비가 도겸으로부터 예주자사로 추천되었어도, 그것은 '자사'刺史라는 명칭에서 드러나듯이, 예주를 실질적으로 지배할 수 있었던 것은 아니다. 유비는 곧 예주목이 되지만, 그것은 헌제를 옹립하고 예주를 지배하고 있던 조조에게 후대를 받음으로써 주목이라고 칭할 수 있었던 덕분이다. 이러한 차이는 주목은 2천석石, 자사는 6백석이라는 질석秩石(봉급)의 차이로 표현되어 있다. 한나라 관료제도의 기본은 질석제秩石制에 있었다.

질석제와 신분

질석제로 불리는 한나라 시기 관료의 봉급체계는 질석의 많고 적음에 따라 표현되며, 그 지위에 따라 지급되는 곡물과 전錢이 달랐다. 원칙적으로는 반반이었다. 삼공의 질석이 1만석(실제로는 월 350석이며, 연봉으로는 4천 200석)이고, 구경은 2천석(월봉 180석), 군태수郡太守는 2천석(월봉 120석)이었는데, 이러한 순서로 10여 가지 종류로 등급이 구분되어 있었다.

또한 질석제는 여興(거마車馬·종자從者)와 복복服(의관衣冠·인수印綬), 제사나 의전 대우, 인물 상호 간의 예의범절 등으로 표현되는 예법 서열을 겸비함으로써 관료의 지위를 복합적으로 규정했다. 가령 질석이 낮더라도 상서尙書(황제의 신변에서 조령과 문서를 관장)나 참군사參軍事(군사 참모)와 같은 중요한 직무를 맡은 관직은 상위 관료에게 배례하지 않았다. 그런 특별한 예에 따라 질석제에 반영되지 않는 관직 중요도에 대응하고 있었던 것이다. 물론 장기적으로 보면 상서의 지위는 봉급과 함께 올라가, 당나라 때에는 삼성三省(중서성中書省·문하성門下省·상서성尙書省)의 핵심이 되었다.

※		질석	후한의 주요 관직
사士	경卿	만석	상공(태부), 삼공(태위·사도·사공), 대장군·표기장군·거기장군·위장군
		이천석 이상	구경(태상·광록훈·위위·태복·정위·대홍려·종정·대사농·소부), 집금오, 태자태부, 전·후·좌·우 장군
	대부 大夫	이천석	대장추, 태자소부, 장작대장, 군태수·국상, 주목, 하남윤, 도료장군
		이천석 상당	시중, 중상시, 광록대부, 사예교위, 중랑장, 교위, 도위
		천석	어사중승, 상서령, 태중대부, 중산대부, 간의대부, 장사, 사마, 현령
		천석 상당	승(구경 소관), 알자복야, 사마(위위 소관)
		육백석	박사좨주, 의랑, 영, 상서, 주자사
		육백석 상당	중랑(중랑장 소관), 호분좌복야·우복야, 호분우폐장·좌폐장, 태자세마
	사士	사백석	현장(중현)
		사백석 상당	시랑(중랑장 소관), 동·서조연(삼공 소관)
		삼백석	현장(소현)
		삼백석 상당	우림랑, 낭중(중랑장 소관), 연(상공·삼공 소관)
		이백석	태자사인, 낭중(왕국 소관), 현승
		이백석 상당	절종호분
서庶	서庶	백석	영사(상공·삼공 소관), 종사(주), 독우(군), 유질(향)
		백석 상당	속(상공·삼공 소관)

후한의 질석제

질석제는 크게 네 단계로 나뉘었다. 첫 번째가 삼공·구경 등 1만석·2천석의 관직이었다. 이것이 주나라 봉건제도의 세습적 가신단인 경卿—대부大夫—사士의 '경'에 해당한다. 두 번째가 군태수·국상國相의 별명이 된 '2천석'부터 6백석까지의 관직이다. 이것은 주나라 제도로 말하면, '대부'에 해당해 형벌의 대상이 되지 않는다. 세 번째로, 4백석에서 2백석까지의 관직이다. 주나라 제도로 말하자면 '사'에 해당한다. 그리고 여기까지가 큰 의미로서의 '사士'이자 칙임관勅任官(황제의 명을 받는 벼슬아치)이다.

이에 반해 네 번째로 1백석 이하는 '서'庶인데, 설령 영사令史(삼공부에서 문서 관리)나 독우督郵(지방 감찰관)로서 지배층의 일부를 구성하더라도 '소리小吏(하급관리)'라고 불렸다. 황건적의 난 때 세운 공적으로 안희현安喜縣의 위尉(2백석, 칙임관)가 되었던 유비가 독우에게 뇌물을 요구받고, 그 수모를 견디지 못해 독우를 매질한 연유가 여기에 있다. 당시 유비는 독우보다 질석도 위였을 뿐만 아니라 황제의 명을 받은 칙임관이었기 때문이다.

'10만 명에서 15명'의 세계로 진입해야!

삼공·구경을 정점으로 한 '후한 관료제도'의 특징은 각각의 관부官府가 후대에 비해 '자율성'을 가졌다는 점이다.

관부의 자율성은 관장官長(수령)이 거느린 속리屬吏(하급관리)에 대한 편성권·인사권을 장악한 데서 가장 잘 드러난다. 《한구의》漢舊儀에 따르면, 전한 말기의 구제도 아래에서 6백석 이상의 관료는 상서가 후보를 추천하면 승상이 선정하고, 4백석부터 2백석까지의 관료는 승상이 직접, 중앙(중도관

中都官)의 1백석 이하 속리는 대홍려大鴻臚가, 지방(군국)의 1백석 이하의 속리는 태수·국상이 각각 인사를 담당했다.

군국의 인사는 후한 말기에도 똑같았다. 그러므로 군과 현의 관리는 4백석부터 2백석까지의 승丞(차관)·위尉(무관) 등의 '장리長吏(칙임관, 즉 황제 채용직)'와 군현의 조曹(각 부국部局)의 장長인 연사掾史(아전) 등 질석 1백석 이하의 '소리'小吏가 명확히 구별되었다.

지방 관부를 구성하는 관원 가운데 관장(태수·국상·현령·현장)과 장리는 황제의 명을 받아 파견되는 칙임관이었다. 이 때문에 관장은 장리에 대한 인사권이 없었다. 장리는 황제 직속의 관직인 것이다. 반면에 1백석 이하의 소리는 관장이 임명하였다. 소리는 칙임관이 아니라 지방에서 채용하는 '리吏(하급관리)'인 것이다. 이처럼 '관'官과 '리'吏는 임명권자가 확연히 다르고, 그 격차가 매우 컸다. 흔히 과거를 관리 등용제도라고 부르는데, 그것은 타당하지 않다. 과거는 '관'료官僚 등용제도이지, 서'리'胥吏와는 무관하였다.

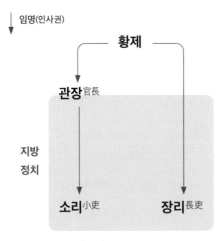

장리(長吏, 칙임관)와 소리(小吏)

기록을 보면, 후한의 수도였던 낙양현洛陽縣에는 낙양 현령이 관장으로 부임하였는데, 그 수하의 하급관리가 모두 796명이었다고 한다. 이 중 장리는 13명이고, 나머지 783명은 소리였다. 소리가 실제로 98%에 달했다. 또한 낙양현을 포함하고 있는 하남군河南郡은 하남윤

河南尹(윤尹은 수도권에 사용하는 특별한 명칭. 여기서는 하남 태수와 같은 뜻)이 통치했다. 그 수하의 관리는 모두 927명인데, 이 중 장리가 12명이고, 나머지 915명, 즉 약 99%가 소리였다.

그리고 당나라 두우杜佑의 《통전》通典에 의하면, 후한의 총 관리는 15만 2986명이다. 그중 장리로 볼 수 있는 '내외 문무관원'은 7567명이었고, 나머지 14만 5419명, 즉 약 95%는 소리였다. 중앙 관부는 지방 관부보다 소리의 비율이 적었기 때문에 후한 전체에서 소리의 비율은 군현에 비해 다소 낮다. 그럼에도 역사에 이름을 남기기 위해서 약 5천만 명의 인구 중 0.015%에 불과한 '장리' 7567명 안에 들어가는 것이 출세의 대전제였다. 그렇다면 그러한 '관'官 혹은 '리'吏가 되기 위해서는 어떤 조건이 필요했을까?

출세의 필요조건

당시 한나라의 관리가 되기 위해서는 적지 않은 재산이 필요했다. 2백석 이상의 장리라면 자산 4만 전(한나라 초기는 10만 전)이, 1백석 이하의 소리라면 필요한 물품을 스스로 준비할 수 있는 재산이 필요했다고 한다. 그러므로 '빈주먹으로 잔다리 밟듯 출세하다'라는 시쳇말은 비유일 뿐이었다. 재산이 없으면 리吏, 즉 아전과 같은 낮은 벼슬아치도 될 수 없었다.

이러한 재산 자격이 존재한 까닭은 첫째, 관리라는 신분을 예법 질서로 표현하기 위해 거마·의관을 직접 준비해야하기 때문이다. 특히 6백석 이상은 '대부'大夫이므로 거마가 필수였다. 대부가 반드시 갖추어야 할 거마, 특히 말을 구하기 어려운 남쪽에서는 더 많은 재력이 요구되었다.

둘째, 재산을 지키는 군사가 있어야 했는데, 이들은 한나라 시대의 주력정예병으로서 여러 가지 측면에서 관리에 버금가는 대우를 받았다. 한나라의 최정예 기병을 배출했던 서북西北 6군六郡(양주涼州의 농서군隴西郡·천수군天水郡·안정군安定郡·북지군北地郡, 병주幷州의 상군上郡·서하군西河郡)의 자제('양가자')들을 특별히 낭관郎官(우림랑羽林郎, 황제를 호위하는 금군)으로 등용한 것을 보면 군사적 능력이 필요했음을 알 수 있다.

가령 동탁은 환제桓帝 말년에 '6군 양가자'에 선정되어 우림랑이 되었다. 우림중랑장羽林中郎將(우림군의 지휘관)이 이끄는 우림기羽林騎는 전한의 무제武帝(재위 기원전 141~기원전 87) 때에 건장궁建章宮을 지키게 한 '건장영기'建章營騎를 기원으로 한 황제의 친위대이다. 물론 이토록 무력으로만 특화할 필요는 없지만, 한나라 관리들에게는 군사를 감당할 경제 능력이 요구되었다.

관리에게 필요한 세 번째의, 그리고 가장 중요한 자격은 식자識字 능력이었다. 한나라의 문서 행정은 고도의 문서 작성 능력이 필요했다. 은殷나라의 갑골문자가 특수한 기능을 가진 지식전문가 집단에 의해 점유되었던 것에 반해, 한대의 예서隸書는 죄수도 쓸 수 있을 만큼 간단한 문자였다는 속설이 있다.

진秦나라 때 정막程邈이라는 '낮은 벼슬아치小吏'가 죄를 얻어 옥중에 있을 때 예서를 만들어 바침으로써 진시황에게 용서를 받았다고 한다. 오늘날에는 어려운 전서篆書 대신에 전국시대부터 사용되었던 필기체가 진나라 시대에 업무효율을 높이기 위해 공문서에서도 사용한 것이 '예서'라고 알려진다. 문자가 간략할수록, 많은 문장을 써서 문서 행정을 담당하던 소리에게는 식자능력이 반드시 필요하였다.

가령 《논어》에 사용되는 한자의 종류는 1520자이다. 호족이 아니면 생계를 잇기 위해 노동을 하면서 재력과 식자능력을 갖추기가 쉽지 않다. 유비의 초기 책사로 활약하다, 조조가 모친을 인질로 잡아 어쩔 수 없이 조조에게 귀순한 서서徐庶와 같은 '단가'單家(호족 세력을 갖지 않는 가문) 출신이 제갈량이나 방통과 함께 사마휘의 문하에서 중히 여겨지려면 천부적인 재능 외에 심대한 노력도 필요했다.

그렇다면 그들이 제1장에서 보았던 것처럼, 인맥을 이용하면서 출세를 꿈꿨던 후한 국가는 어떤 국가조직을 구축하고 있었을까? 중앙정부부터 간략하게 정리해보자. 설명을 위해 시대를 조금 거슬러 올라간다.

삼공과 승상

월권의 해로움과 권력 분립

중국에서 처음으로 중앙집권적 관료제도를 바탕으로 대륙을 지배한 진시황秦始皇(기원전 259~기원전 210)은 후한 삼공의 전신이 된 승상丞相(행정)·태위太尉(군사)·어사대부禦史大夫(감찰)라는 세 관료를 정점으로, 그 아래에 경卿을 두었다. 중앙집권적 관료제도에서 동등한 권력을 나누어 준 이유는 권력집중을 막기 위해서였다. 그 배경에는 법가法家 사상이 자리 잡고 있다.

진시황은 한비자의 법치주의를 진秦나라의 통치원리로 삼았다. 진시황에게 이토록 사상적 영향을 크게 미친 한비자의 주장을 들어보자.

옛날에 한韓나라 소후昭候가 술에 취해 선잠에 떨어졌다. 이때 전관典冠(군주의 관모를 관리하는 벼슬아치)이 군주가 추워하는 모습을 보고 군주의 몸에 옷을 덮어 주었다. 군주가 잠에서 깨어난 뒤, 흡족해하며 좌우의 신하들에게 물었다.

"누가 옷을 덮어 주었는가?"

신하들은 대답했다.

"전관이 했사옵니다."

군주는 이 일로 전의典衣(군주의 옷을 관리하는 벼슬아치)와 전관 모두를 처벌했다. 전의를 처벌한 까닭은 자신의 임무를 다하지 못했기 때문이고, 전관에게 죄를 물은 까닭은 자신의 직분을 넘어서 분별없는 짓을 했기 때문이었다. 추위를 싫어하지 않는 게 아니다. **'침관侵官의 해'**, 즉 타인의 직무를 침해하는 해로움이 '추위의 해로움'보다 더 심하다고 판단했던 모양이다.

뛰어난 군주가 신하를 거느리는 방법은 신하에게 직무의 테두리를 넘어서 공을 세우지 못하게 하는 것과 진술한 의견이 실제 일에 들어맞지 않으면 받아들이지 않는 것이다. 월권행위는 사형에 처하고, 게을러서 하는 일이 실제에 들어맞지 않으면 형벌로 다스려야 한다. 그래야 신하들이 제수 받은 벼슬자리에 따라서 그 직분을 다하고, 또 진술한 그 말이 실제로 한 일과 들어맞는다면 신하들은 패거리를 짜 서로 돕는 짓을 하지 않을 것이다.

- 《한비자》韓非子 〈이병〉二柄

요즘 식으로 말하면, '행정관료'는 엄격히 구분되어야 한다는 주장이다. 직무의 구분으로 인한 비효율보다 월권으로 말미암은 권력집중을 피해야만 중앙, 즉 군주에게 권력이 집중된다. 진시황은 이를 위해 세 명의 관료를 최고위에 나란히 올려놓고, 권력을 황제에게만 집중시키려고 했던 것이다.

이런 사고방식은 중앙 관료에게만 적용되는 게 아니다. 지방통치제도인 군현제에서도 군에는 수守(행정), 위尉(군사), 감監(감찰)이라는 세 직위가 병렬 관계였기에, 공적인 장소 밖에서 수와 위가 이야기를 나누는 것만으로도 감의 탄핵을 받았다. 그래도 행정·군사·감찰 중에서는 행정이 강한 권한을 가졌다. 이 때문에 군 아래에 설치된 현의 영令(행정)은 군郡의 수守에 속하지 않고 황제에 직속되어 있었다. 한나라의 관장官長이 '장리'를 파면할 수 없는 것도 이 때문이다.

그래도 진시황의 신하 중에서 승상 이사의 세력이 날로 확대되어 갔다. 설령 완전히 병렬적인 관계의 관직에 취임했다 하더라도 벼슬을 제수 받은 자의 실력에 따라 휘두를 수 있는 권력은 똑같을 수가 없었다. 진시황이 병사하고, 2세 황제로 즉위한 호해胡亥(기원전 230~207)는 이사를 두려워한 나머지 환관 조고趙高를 시켜 이사를 참살한다. 그러나 조정에서 최고의 실력자를 죽이는 것은 황제 개인의 권력 강화에는 바람직할지 몰라도 국력을 심하게 갉아먹는다. 이사를 살해한 조고는 전권을 장악하고 황제마저 핍박해 자살하게 함으로써 진나라는 언덕길을 급전직하로 굴러가듯 멸망했다.

소하의 고사, 곽광의 고사, 주공의 고사

한고조 유방이 항우를 꺾고 건국한 전한前漢(기원전 202~기원후 8)에서 삼공에 임명되었던 소하蕭何(승상, 행정 담당), 주발周勃(태위, 군사 담당), 주가周苛와 주창周昌(어사대부, 감찰 담당) 중에서는 소하의 권력이 압도적으로 컸다.

유방이 한나라를 세운 후, 소하는 숙청을 두려워해 뇌물을 받아 자신의 명성을 떨어뜨려가며 필사적으로 유방의 체면을 세워주었다. 소하와 함께 '한의 삼걸'이라고 칭송받던 세 사람 중 장량張良(군사 전략 담당)은 은퇴하고 신선 수행에 힘써 숙청을 면했으나 한신韓信(장군)은 숙청되었다. 토사구팽의 전형이었다. 신하들이 황제를 능가하는 명성이나 권력을 갖는 것은 그만큼 위험했다. 유비가 죽고 제갈량을 경계할 생각도 하지 않았던 촉한의 후주後主 유선劉禪의 관용, 무능함이 어느 정도인지 잘 이해할 수 있을 것이다.

소하가 이처럼 스스로 명예를 더럽히자 유방은 소하에게 수례殊禮(특별대우)를 베풀고 그 공적을 기렸다. 찬배불명贊拜不名(황제를 배알할 때 이름을 말하지 않음), 입조불추入朝不趨(조정으로 들어갈 때 종종걸음을 하지 않음), 검리상전劍履上殿(검을 차고 신발을 신은 채 황제를 알현)의 은전을 베푼 것이다.

건안建安 17년(212), 조조 역시 이러한 '수례'를 헌제로부터 받았다. 적벽에서의 패전으로 실추된 위명을 관중關中 평정으로 회복한 이듬해였다. 그때 이미 조조는 승상이었다. 삼공은 폐지되고, 승상인 조조 한 사람에게 권력이 집중되어 있었다. 중앙집권적인 관료제도를 고안한 법가와 이를 시행한 진시황이 가장 싫어했던, 한 명의 신하에게 권력이 집중된 것이다. 이처럼 한 나라의 권력을 홀로 장악한 신하는 조조 이전에 오직 세 사람뿐이었다. 전한前漢의 곽광霍光(?~기원전 68)과 왕망王莽(기원전 45~기원후 25), 그리고 후한 말기의 동탁이다.

전한 중기에 외척으로서 권력을 거머쥔 곽광은 소제昭帝(재위 기원전 87~기원전 74)가 사망한 뒤 무제의 손자 창읍왕昌邑王 유하劉賀를 황제로 옹립하였다. 그러나 유하는 황음무도하고 어리석다는 이유로 27일 만에 곽광에게 쫓겨났다. 그리고 곽광은 유순劉詢을 황제로 내세우는데, 그는 곧 곽광이 딸을 시집보낸 선제宣帝이다. 곽광은 이렇게 황제를 폐립하면서 한나라를 지킨 공적을 세웠다는 것을 빌미로 소하를 뛰어넘는 특별대우를 받았다.

곽광은 '소하의 고사故事'에 더해, 장례 때에 온량거輼輬車(황제 전용 마차)를 하사받고, 앞뒤로 우보고취羽葆鼓吹(천자의 군악대)가 행진하고, 호분虎賁(천자의 친위 무사)이 호위하는, 이른바 '곽광의 고사'를 받았다. 동탁이 소제少帝를 폐하고 홍농왕弘農王으로 쫓아낸 뒤 헌제를 옹립한 일은 비난의 대상이었지만, 그 선례가 된 곽광은 소하를 뛰어넘는 '곽광의 고사'를 받고 전제권력 확립에 성공한 것이다. 다만 곽광은 '소하의 고사'보다 더 높은 대우를 받음으로써 스스로 황제에 오르겠다는 야심은 거두었다.

이에 반해 전한 말 외척으로 대두한 왕망은 유교로 국가 제도를 정립하고, 유교의 경의로부터 도출된 통치제도와 세계관, 지배의 정통성을 지닌 '고전古典 중국'을 형성함으로써 한나라의 실권을 장악했다. 왕망은 '소하·곽광의 고사'에 머무르지 않고 전한 찬탈을 전제로 내세우고, 나아가 '주공周公의 고사'(여기서는 어린 황제를 대신하여 전권을 얻는다는 뜻)를 받기에 이른다.

왕망은 맏딸을 평제의 황후로 삼을 때 '구석九錫'을 받았다. 구석은 천자가 큰 공을 세운 제후에게 주는 아홉 가지 예물이다. (1)거마車馬(천자가 하늘에 제사를 지낼 때 타는 황금수레인 대로大輅)·융로戎輅(천자가 전쟁터에 나갈 때 타는 수레)를 각각 1대, (2)의복(왕의 의복과 붉은 신발), (3)악칙樂則(왕의 악기), (4)주호朱戶(붉은 칠을 한 대문), (5)납폐納陛(외부에서 보이지 않는 섬돌 계단), (6)호분虎賁(근위병 300명), (7)부월斧鉞(도끼, 병권의 상징), (8)궁시弓矢(붉은 활과 검은 화살), (9)거창규찬秬鬯圭瓚(울금초라는 향초로 만든 제사용 술과 종묘의 제기) 등이다. 한마디로 황제와 같은 의례를 행하는 수레, 초특급 대우였다.

구석을 받은 왕망은 평제의 붕어로 마침내 거섭居攝(섭정)을 하면서 천조踐祚(황제로 즉위)를 하기에 이른다. 이를 결정한 것은 왕망의 고모인 원태황태후元太皇太後의 조서였다.

생각하니 듣던 바에 따르면, 하늘이 많은 백성을 낳았건만 (이들은) 서로를 다스릴 수가 없고, 이 때문에 (하늘은) 군주를 세워 그들을 통치하게 했다고 하니라. ……
안한공安漢公 왕망은 3대(성제·애제·평제)에 걸쳐 보정輔政하며, (그 사이에) 자꾸 (곡영穀永이 말하는 세 가지) 재난을 당하면서도, 한실漢室을 안녕하게 하며 (그 덕을) 빛나게 하였다. 이리하여 다른 풍속을 같게 하고, 제례작악制禮作樂(경전을 바탕으로 예악을 정비)하기에 이르니, 주공周公과 서로 다른 시기에 살면서도 부절符節을 맞추었노라. …… 안한공이 거섭천조居攝踐祚(황제의 대행으로 천자의 자리에 오름)하는 것을 '주공의 고사故事'처럼 하라.
- 《한서》漢書 〈왕망전〉

거섭천조居攝踐祚를 명한 원태황태후의 조서는 "천하를 '공'公적인 것으로 본다"는, 천하 해석에서부터 시작된다. 천하는 '천자의 집家'이 아니라 하늘이 백성을 통치하기 위해 마련한 '공적인 것'이며, 군주에게 덕이 없는 경우에는 군주를 교체해야만 한다는 이 생각은 유교의 경의經義(경서의 뜻. 구체적으로는《예기》〈예운〉禮運편)에 근거하고 있다. 천하를 파악하는 이런 사고방식에 따라 왕망의 거섭천조가 실현된 것이다. 그 전거를 '주공의 고사'에서 찾았다. 참고로, 주공周公 희단姬旦은 기원전 1041년에 상商(은殷나라)을 멸망시키고 주周나라를 건국한 무왕武王의 동생이다. 무왕이 붕어하자 섭정으로 성왕成王을 보좌하였다. 성왕이 장성하자 정권을 돌려주고 7년간의 섭정을 마무리했다.

왕망의 '제례작악'制禮作樂은 주공과 다른 세상에 살지만, 부절符節(군사를 지휘할 수 있는 천자의 증표)을 맞추는 것이고, 왕망은 '주공의 고사'에 따라 '거섭(섭정)'한 채로 '천조(황제 계승)'해야 한다고 생각했던 것이다.

조조는 이를 본보기로 '역성혁명'인 '한위漢魏 혁명'을 준비했고, 조비曹조(187~226)도 "천하를 '공'적인 것으로 삼는" 유교의 천하 개념에 입각해, 한나라의 마지막 황제인 헌제獻帝가 자발적으로 선양을 하는 방식으로 위나라 초대 황제(문제文帝)로 즉위했다. 한편 그전에 순욱을 제거한 뒤 '위공'魏公이 된 조조는 헌제에게 딸을 시집보내고 '구석'을 받았다. 법가나 진시황이 한 명의 신하에게 권력을 집중시키는 것을 왜 그렇게 싫어했는지 역사가 증명하는 셈이다. 결국 권력을 가진 신하는 자신에게 권력을 집중시키기 마련이다. 그래서 삼공을 대신해 설치된 것이 승상丞相이다.

승상 조조에게로 권력을 집중시킨 까닭

전한 시기에 승상은 태위·어사대부와 병립하는 '삼공'의 하나였지만,

행정권을 장악하고 있었다. 또한 초대 승상이 된 소하의 명망이 높았던 것을 이유로 태위·어사대부에 비해 특출한 권위를 가지고 있었다. 그래서 전한의 애제哀帝는 승상을 대사도大司徒로 개명하였다. 기원후 23년에 왕망의 신나라를 멸망시키고 후한後漢(동한, 25~220)을 건국한 광무제光武帝(유수劉秀)도 대사도를 계승하고, 나아가 '대大'자를 생략한 '사도'로서 태위·사도·사공의 순위로 '삼공'을 병립시켰다. 승상이라는 관직명을 쓰지 않고, 또 그 순위를 낮춤으로써 전권을 쥔 신하의 출현을 막으려고 한 것이다.

후한 말기에 전권을 장악했던 동탁은 상국相國이 되어 '소하의 고사'를 받았다. 상국은 소하가 승상에 오른 후 더욱 권위를 높이고자 얻은 직명이다. 동탁에게는 한나라의 고사故事에 정통한 채옹蔡邕이 브레인으로 보좌하고 있었다. 채옹은 유비의 스승인 노식, 한나라 시대 최고의 선비인 정현과 함께 후한 말기를 대표하는 3대 선비였다. 채옹은 동탁으로 하여금 한나라를 멸망시키게 할 생각은 추호도 없었다. 오히려 동탁에게 소하와 같은 권력을 동등하게 부여함으로써 그 권력욕을 억제하려고 했던 것이다.

초평初平 2년(191) 6월, 지진이 발생했다. (그 원인을) 동탁은 채옹에게 물었다. 채옹이 대답했다.

"지진이 발생하는 까닭은 음기가 왕성해져서 양기를 침범하고, 신하가 제도를 초월해 행세하고 있기 때문이옵니다. 이전 봄의 교천郊天(황제가 천신에게 지내는 제사)에 공(동탁)은 거가車駕(황제)를 선도하는 데 있어서 황금꽃 장식과 꽃잎 흙받기가 있는 청개거靑蓋車(푸른 덮개가 있는 수레)를 탔습니다만, 뭇 사람은 호응하지 않았습니다."

동탁은 그래서 다시 조개거皂蓋車(검은 덮개가 있는 수레)를 타게 되었다.

채옹은 군주의 정치적 잘잘못이 자연계의 길흉을 가져온다고 주장하는 학설인 천인상관설天人相關説을 바탕으로, 지진이라는 재앙을 폭정에 대한 하늘의 경고로 해석해, 동탁에게 황제가 타야 할 청개거에 오른 전횡을 멈추고자 간언했다. 이렇게 채옹은 한나라를 멸망시킬 정통성을 동탁에게 부여하지 않았다. 갖가지 횡포로 악명이 높았던 동탁도 공公과 열후列侯가 타는 조개거를 타야만 했다. 조정의 법령·의식·풍속 등에 관한 채옹의 지식이 없으면 붕괴 직전인 한나라 조정을 바로 세울 수 없다는 점을 동탁도 이해하고 있었던 것이다.

그런데 동탁을 죽이도록 여포를 꼬드긴 왕윤王允은 동탁의 죽음을 유교의 예에 의거하여 곡읍을 한 채옹을 용서하지 않았다. 채옹을 죽인 왕윤의 협량으로 민심이 이반하고, 동탁의 옛 부하들에게 여포마저 패하자 왕윤은 피살된다. 이렇게 하여 《삼국지》의 군웅할거가 본격화되었다.

마침내 이를 수습한 조조는 왕망의 패착을 교훈 삼아 '삼공'으로 나누어진 신하의 권력을 '승상'이라는 이름으로 한데 모아 '한위 혁명'을 착실하게 준비해 나갔다. 한나라의 헌제는 이미 조씨 가문의 야심을 멈추게 할 수 없었고, 인사권마저 상실한 상태였다.

3

구경과 상서 그리고 환관

내조와 외조의 분리

한나라의 삼공은 최종적으로 조조가 폐지했지만, 이미 그 이전에 명목만 남아 있을 뿐이었다.

한나라의 황제는 삼공과 구경이 조직하여 정책을 논의하는 '집의'集議를 바탕으로 정치를 펼쳤다. 삼공·구경으로 구성된 정식 정부를 '외조'外朝라고 한다.

그런데 삼공·구경의 집의에서 결정되는 국가의 정식방침에 반해 황제는 좀 더 자신의 의사를 직접적으로 정책에 반영하고자 했다. 이러한 목적을 위해 전한 시대부터 '황제의 비서관'격인 일군의 관료들이 삼공·구경과는 별개로 점차 권력을 키워가고 있었다. 그것이 바로 '내조'內朝관이라 칭해

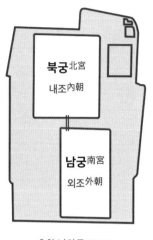

후한 낙양궁(洛陽宮)

지는 상서尙書·시중侍中·중상시 中常侍 등의 관직이다.

황제는 내조를 대표하는 상서 등을 이용하여 자신의 의지를 외조에 강력히 침투시키려 하였다.

덧붙여서 내조·외조라고 부르는 까닭은 후한의 낙양궁 洛陽宮이 두 개의 궁전과 여러 개의 정전正殿(임금이 조참을 받고,

정령을 반포하고, 외국 사신을 맞이하던 궁전)을 거느린 '양궁제'兩宮制를 택한 데 따른 것이다.

'후한의 중앙관제'에서 알 수 있듯이, 후한의 상서대尙書臺는 명목적으로는 소부少府(구경의 하나로 황제가 쓰는 경비를 담당)에 속하지만, 실질적으로는 이미 독립된 조직이 되어 실제 정무 기관으로서 오조五曹의 상서尙書를 갖게 되어 있었다. 그래서 후한의 최고 권력자는 상서대 장악이 필수였고, '녹상서사'錄尙書事라는 '상서대 최고 책임자'의 직함을 가진 자가 삼공을 대신하여 '최고 권력자'가 되었다. 어린 황제를 대신해 정무를 맡은 외척은 대장군으로서 군사력을 장악함과 동시에 녹상서사를 겸임하고 정무를 총람하였다.

그리하여 본래는 구경의 하나인 소부의 속관에 불과하였던 상서령尙書令(상서대의 장관)은 전한의 무제 때부터 차츰차츰 세력을 키워갔다. 상서는 곧 수당시대에는 삼성三省(중서성·문하성·상서성)의 하나로서 육부六部(이부·호부·예

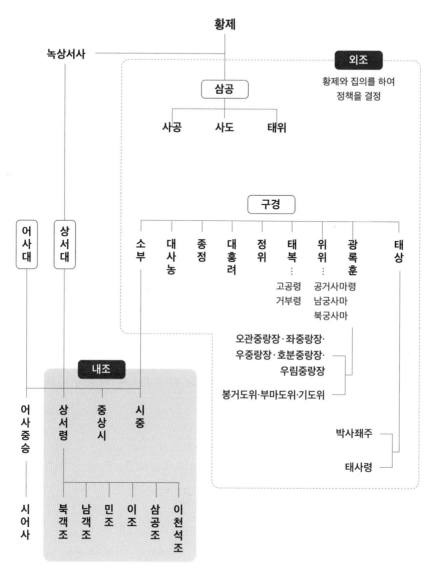

황제

외조
황제와 집의를 하여
정책을 결정

녹상서사

삼공

사공　사도　태위

구경

어사대　상서대

소부　대사농　종정　대홍려　정위　태복　위위　광록훈　태상

⋮　　⋮
고공령　공거사마령
거부령　남궁사마
　　　　북궁사마

오관중랑장·좌중랑장·
우중랑장·호분중랑장·
우림중랑장

봉거도위·부마도위·기도위

박사좨주

태사령

내조

어사중승

상서령　중상시　시중

시어사

북객조　남객조　민조　이조　삼공조　이천석조

후한의 중앙관제

부·병부·형부·공부)를 갖춰 정무의 중심적인 집행기관으로서 그 지위를 확립했다.

후한 말기부터 삼국시대는 광무제가 시행한 상서의 확충에 따라, 상서성이 이러한 위상을 확립해 가는 시기였다. 한나라의 구경은 이렇게 해서 육부 상서에게 그 직무를 빼앗겼다.

후한의 관료제도를 기본적으로 승계한 촉한에서도 제갈량은 승상과 함께 녹상서사를 겸임함으로써 자신의 막부인 승상부丞相府와 정식 정부인 상서대를 모두 장악하고 있었다. 촉한에서는 이미 삼공·구경이 실권을 잃고 명목만 남은 실정이었다.

이에 반해 조위曹魏에서는 시중부侍中府·상서성尚書省·중서성中書省이 자립하고, 권력을 일원화하기 위해 내조·외조의 구별을 없앴다. 그리고 후한과 마찬가지로 낙양에 수도를 두면서 명제明帝 조예曹叡의 개조에 따라 '양궁제·복수전전제'에서 '일궁제一宮制·일전전제一前殿制'로 궁궐의 구조를 바꾸었다. 이리하여 형태상으로 내·외조의 구별을 없앤 조위에 의해 한나라의 중앙관제가 변한 것이다.

왜 환관이 권력을 가질 수 있었을까?

한편 내조관內朝官 중 중상시中常侍(환관의 우두머리)는 전한 때에는 일반 사인士人(벼슬하지 않은 선비)도 임관하였으나, 후한이 되자 환관 실력자가 맡게 되었다. 후한 시기에 환관의 권력 신장은 상서와 마찬가지로 환관이 중상시라는 내조관에 올라, '황제의 비서관'이 된 덕분이었다. 후한에서는 내조관 가운데 상서·시중·중상시만이 정식 관직으로 설치되었다. 따라서 상서가 점차 조직을 정비하고 정식 정부로서의 성격을 강화하자 '황제 비서관'으로서의 역할은 환관이 취임하는 중상시에게 집중되었다.

외척이 '녹상서사'를 가관加官(본관 앞에 추가하는 관직명) 받고 상서를 장악하고 있었기 때문에 외척 타도를 노리는 황제는 더욱더 환관에게 기댈 수밖에 없었다. 더구나 어린 황제가 많아 황제의 모친인 황태후가 '임조'臨朝(조정에 임해 정치를 집행)하는 경우가 많았던 후한에서는 남성 기능을 갖지 못한 환관은 황태후가 정치 상담을 할 상대로 적격이었다. 그리하여 황제와 황태후의 비서관으로 환관이 대두한 것이다.

다만 중상시에게는 인사권이 없었으므로 삼공이나 지방 장관에게 청탁을 함으로써 자신의 권력을 확장했다. 가령 환관 이윤李閏으로부터 청탁을 받은 대장군 경보耿寶는 이윤이 "황제가 중히 여기시는 것"이라고 했기에 그 청탁을 따라야만 한다고 주장했다.(《후한서》〈양진전〉楊震傳) 이 경우는 후한 안제安帝(재위 106~125) 때인데, 유호劉祜가 13세의 어린 나이로 즉위하자 모후母後가 수렴청정하고 외삼촌 등즐鄧騭은 대장군이 되어 병권을 장악하였다. 훗날 등태후가 사망하자 안제는 환관과 연합하여 외척인 등씨 일가를 축출하였다.

이렇게 환관은 '황제 권력의 연장'으로 인식되어 갔다. 유학자인 관료들이 유교에서 숭상하는 효(자식을 낳아 조상 제사를 끊이지 않게 하는 것)와는 거리가 먼 환관의 청탁을 들어준 이유는 '황제의 비서관' 환관이 '황제 권력의 연장'으로서 권력을 행사했기 때문이다. 즉 환관은 황제 권력을 인맥의 근원으로 삼아 정치를 농단했던 것이다.

황제 권력의 연장인 환관의 무서움

안제를 이은 순제順帝(재위 125~144) 때에 권력을 잡고 외척 양익梁翼과 협력하여 환제桓帝(재위 146~168)를 옹립한 환관, 그 사람이 바로 '조조의 할아버지' 조등曹騰이다. 조등 사후에 즉위한 영제靈帝(재위 168~189)는 두 차례에 걸친 '당고의 화'를 통해 환관에게 극렬히 저항하던 유교적 관료를 후한의 조정 정치에서 추방했다. 그리고 영제는 항상 "장상시張常侍(장양張讓)는 나의 아버지, 조상시趙常侍(조충趙忠)는 나의 어머니"라고 칭하였다.(《후한서》〈장양전張讓傳〉) 이 말은 장양 등의 환관 무리가 독자적인 정치 기구를 통해 권력을 장악한 게 아니라, 황제의 부·모나 진배없는 '황제 권력의 연장'이었음을 뚜렷이 보여주고 있다.

중국 역사상 환관의 정치 농단으로 쇠퇴한 왕조로는 후한 외에 당나라와 명나라가 있다. 이 가운데 당나라 때 이미 환관은 신책군神策軍 등 독자적인 군사력, 추밀원樞密院 등 환관을 위한 권력기구, 환관을 환관의 양자로 삼아 권력을 온존하는 제도 등을 완성했다. 이러한 당나라 환관의 권력 구조와 비교할 때 후한의 환관은 황제 권력에 전적으로 의존하는 초기형태를 유지하고 있었다.

그래도 환관은 촉한을 배반한 맹달孟達의 아버지 맹타孟佗가 환관 장양에게 뇌물을 바치고 양주자사涼州刺史가 될 정도로 큰 권력이 있었다. 이 때문에 원소는 외척 하진何進과 함께 십상시로 대표되는 환관들을 몰살시킬 계획까지 세웠던 것이다. 이를 들은 조조는 환관에 관한 다음과 같은 견해를 내보이며 반대했다고 한다.

태조太祖(조조)는 (원소의 환관 주멸 계획을) 듣고, 이에 웃으며 "환관이라고 하는 자는 고금에 두어야 할 것들이다. 단 **때로는 군주가 부당한 권력을 주었기 때문에** 이러한 사태가 발생하게 되었다. 그들의 죄를 심판한 후에는 원흉을 주살해야 하고, (그것에는) 옥사쟁이 한 명이 있으면 충분할 것이다. 왜 바깥의 대규모 무리의 우두머리(동탁)를 부를 필요가 있을 것인가? 환관을 모조리 주멸하려 한다면 계획은 반드시 드러나리라. 나는 그러한 실수가 눈에 보인다"고 말했다.

- 《삼국지》〈무제기〉武帝紀의 '배송지 주'에 인용된 《위서》魏書

조조는 환관이란 예로부터 필요한 관직이라고 생각하고 있었다. 다만 후한의 군주가 여기에 권력과 은총을 지나치게 베푼 탓에 이 지경에 이르렀을 뿐이라고 인식하고 있다. 조조는 후한의 환관이 때로 '군주에게 부당한 권력을 부여받은' 황제 권력의 연장임을 간파하고 있었던 것이다.

연이어 어린 황제가 등극한 후한에서는 외척을 타도하기 위해 황제는 자기 권력의 연장인 환관이 필요했다. 말하자면 후한의 환관은 황제가 중앙집권적 관료제도를 유지하기 위한 필요악이었다. 환관은 내조의 상서와 군사력을 겸비한 외척을 타도한다는 그럴듯한 임무를 맡았던 셈이다.

환관의 손자인 조조가 사실상 건립한 위나라에서는 황제의 새로운 비서관으로 환관을 대신한 중서中書가 대두하고, 당나라의 중서성으로 발전해 갔다. '환관의 손자' 조조는 황제 권력의 연장으로서 환관의 무서움을 잘 알고 있었을 것이다.

군부와 도독

후한부터 삼국시대까지, 장군이 증가한 이유는?

외척이 대장군에 오르면서 장악한 군사력은 '후한의 건국자' 광무제光武帝에 의해 일시적으로 억제되었다. 장군은 임기응변의 군사행동을 취하기 위해 군대 내에서의 처형을 군주에게 알리지 않는 생살여탈권 등 막강한 권한을 갖고 있었기 때문이다. 광무제는 장군과 같은 위험한 벼슬은 '상설'하지 않기로 결단했다. 황건적의 난을 평정하고자 파견된 노식盧植(북중랑장北中郎將)·황보숭皇甫嵩(좌중랑장左中郎將)이 장군이 아니라는 점은 광무제의 군축이 꽤 오랫동안 지켜지고 있었다는 것을 단적으로 말해준다.

광무제는 중국 역사상 예외적으로 공신을 숙청하지 않았다. 그 대신 공신의 위험성을 제거하기 위해 대담한 군비축소를 단행했다. 대장

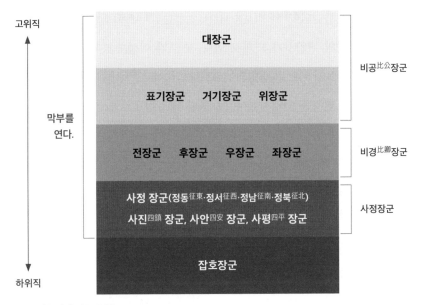

고위직

막부를
연다.

하위직

대장군		
표기장군	거기장군	위장군
전장군	후장군	우장군	좌장군

사정 장군(정동征東·정서征西·정남征南·정북征北)
사진四鎭 장군, 사안四安 장군, 사평四平 장군

잡호장군

비공比公장군

비경比卿장군

사정장군

중국 삼국시대 장군 호칭

군大將軍·표기장군驃騎將軍·거기장군車騎將軍·위장군衛將軍, 그리고 비경장군比卿將軍(구경에 준하는 장군) 이외의 장군을 비상설로 한 것은 바로 그 때문이다. 그러나 이민족 침입이나 반란 등 군사력이 필요한 비상국면이 없을 리만무했다.

이어서 후한의 2대 황제인 명제明帝(재위 57~75) 때에는 항복해 온 남흉노南匈奴를 감시하기 위해 '행도료장군사'行度遼將軍事를 두고, 오원군 만백현에 상주시켰다. 오원군은 여포의 출신지이다. '행○○사'行○○事는 도료장군度遼將軍이 정식 관직이 아니라 어디까지나 임시라는 것을 나타내는, 즉 '대행'이라는 뜻을 갖는다.

그러나, 안제安帝(재위 106~125) 원초元初 원년(114)에는 변방에 불안 요소가 많았기 때문에 정식으로 도료장군이 설치되어, 사흉노중랑장使匈奴中郎將

(흉노 담당)·**호오환교위**護烏桓校尉(오환 담당)·**호강교위**護羌校尉(강족 담당) 등을 두고 이민족 대책의 책임자가 되게 하였다. 조조가 이상으로 삼은 교현橋玄은 환제 말기에 도료장군으로 임명되어 고구려의 백고伯固(신대왕新大王) 등을 공격해 무찌르고 변경을 안정시켰다. 그 무렵 내부적으로는 '당고의 화'를 둘러싸고 환관과 유교적 관료가 대립하면서 혼란이 극심했다.

또한 사방의 외적을 정벌하는 역할을 맡은 사정장군四征將軍도 점차 중요성이 높아갔다. 사정장군은 광무제의 공신인 풍이馮異가 정서대장군征西大將軍, 잠팽岑彭이 정남대장군征南大將軍이 된 것을 기원으로 한다.

그 후 광무제의 군비축소에 따라 폐지되었으나, 대외전쟁이 겹치면서 정동征東·정서征西·정남征南·정북征北 장군이라는 협의의 사정장군 외에, 사진四鎮장군(진동鎮東·진서鎮西·진남鎮南·진북鎮北), 사안四安장군, 사평四平장군 등 총 16개의 장군 직함을 총칭하는 광의의 '사정장군'의 중요성이 높아졌다. 특히 후한의 주전장이 서쪽 강족羌族과의 전쟁이었기 때문에 정서장군은 한나라 장군으로서는 선망의 대상이었다. 조조는 젊은 시절 정서장군을 동경했다.

게다가 후한 말기부터 삼국시대를 통틀어 장군의 명칭이 남발되었다. 전쟁에서 전공을 세운다면, 그에 따른 관직과 작위를 상으로 내려주기 위해, 장군 아래의 중랑장·교위·도위 등으로는 감당할 수 없게 되었기 때문이다. 이렇게 장군의 명칭은 전통적인 것에만 한정되지 않고 필요에 따라 다양한 군호가 부여됐다. 이것들은 잡호장군雜號將軍으로 총칭되었으며, 그 지위도 낮았다. 무엇보다도 사정장군 이상과 잡호장군이 다른 점은 전자가 '개부'開府할 권한을 갖고 있다는 점이다.

조조와 제갈량의 군부, 공통점과 차이

자신의 관청을 열고 속관을 두는 것을 개부開府(부府는 관청이라는 뜻)라고 부르지만, 부를 열 수 있는 권한은 장군만 가진 것이 아니었다. 삼공三公·상공上公(황제를 보좌하는 태사·태부·태보)을 비롯해, 자신의 부를 가진 고위 관료들이 있었다.

예를 들면 삼공의 필두인 태위는 태위부太尉府를 열고, 부관인 장사長史(1천석) 아래로 많은 속관을 거느리며 정무를 처리하였다. 이에 반해 비공比公·비경比卿·사정四征 장군이 여는 장군부將軍府는 군대와 함께 전장으로 이동했다. 작전을 세우고, 임기응변의 군사행동을 취하기 위해서였다. 한곳에 고정된 관청이 아니라 전쟁터의 장군 장막에 설치된 부이므로, 이를 '막부'幕府라고 불렀다.

개부 권한은 장군이 많은 속관을 거느리면서 막강한 권력을 누리게 해주었다. 남북조 시대에는 실권을 쥔 장군이 '패부'覇府로 불리는 거대한 군부를 운영하였고, 이것이 다음 국가를 건설할 때 준비기관이 되었다. 이때 태위부 등 삼공부와 군부의 차이점으로 '군사'軍師(제갈량처럼 최고 군사참모) 관官의 존재를 들 수 있다.

조조의 군부에서는 군사軍師 – 군사좨주軍師祭酒(책사들의 우두머리) – 군모연軍謀掾(사공·승상부의 군정 참의參議)이라는 군사집단이 제도적으로 발달했다. 조조는 군사 순유荀攸를 돕는 여러 군사좨주와 군모연을 두고 일종의 참모본부를 수립하도록 했다. 순유 등 군사 참모집단은 군사행동을 기획하고, 조위가 건국을 할 때 '기존 그대로' 새 정부의 핵심을 구성했다.

한편 촉한에서는 전권을 장악한 제갈량이 정무를 수행하기 위해 승상부丞相府를 열었다. 그때 위연魏延이 맡았던 정식 관직명은 사지절使持節 · 전군사前軍師 · 정서대장군征西大將軍 · 영량주자사領涼州刺史 · 남정후南鄭侯이다. 이 관직명은 위연이 ①절節(독督)로 사지절使持節 ②행관行官으로 전군사前軍師, ③군호軍號는 정서대장군, ④영관領官으로 영량주領涼州자사, ⑤봉작으로 남정후였음을 나타낸다. 위연의 본래 관직은 ③군호가 정서대장군인데, 여기에 군대의 지휘권을 나타내는 ①절(독)인 사지절과, 승상부에서의 지위를 나타내는 ②행관인 전군사가 가관된 것이다.

제갈량의 승상부는 속관에게 군사軍師 등 지위의 서열을 나타내는 ②행관行官을 부여함으로써 단순히 '정치 행정'만 하는 게 아니라 군사의 중추기관으로서 북벌을 감행할 수 있었으며, 두 가지 성격을 겸비함으로써 촉한의 전권을 장악할 수 있었다. 이러한 군부는 전란의 시기였던 삼국시대나 위진남북조 시대의 특징이었다.

촉한에서도 조조의 군부와 마찬가지로, '전군사' 같은 군사호軍師號가 승상부에서의 지위를 나타냈다. 그러나 이러한 군사제도는 삼국시대를 정점으로 쇠퇴했다. 애초에 군사는 군사장군軍師將軍이 된 제갈량이 유비에게 삼고초려로 초빙되었던 것처럼, 문자 그대로 '군대의 스승'으로서 존중받고 군주에 대해 독립적인 지위를 가졌다. 또 조조의 군사軍師 집단이 차기에 집권의 기반이 됐듯이 정규군 제도 밖에 설치된 사설직 군사는 군주에게 위험한 존재이기도 했다. 이 때문에 점차 군사라는 관직이 없어진 것이다.

그와 달리 후세에도 계승되어 간 것은 도독都督이다.

오나라 대도독 주유와 위나라 대도독 사마의, 그 결정적 차이

'도독'하면,《삼국지》팬들은 오나라 수군 대도독 주유를 떠올릴 것이다. 군무를 관장하는 최고사령관의 이미지일 텐데, 원래 도독이란 군정이 민정으로부터 독립하기 시작한 후한 말기에 생겨난 관직명이다.

사정장군 이상의 방면군方面軍 사령관은 그 방면군에 배속되는 잡호장군보다 상위의 존재이다. 또한 출정한 지역에 대한 행정권을 갖는다는 것을 보여주기 위해 도독이라고 하는 경우가 많았다.

삼국의 군주, 가령 조조도 처음에는 약소군벌의 우두머리로서 군사를 이끌고 전쟁터를 누볐다. 그럴 경우, 군대는 모두 조조가 장악하고 있어 방면군사령관을 둘 필요가 없었다. 그러나 하북 지방 전체를 평정하고 전선이 점차 확대되면서 방면군사령관이 필요하게 되었다. 그래서 '사정장군' 이상의 ③군호를 가진 자가 '사지절'이라고 하는 ①절에 따라 군대 사령권을 갖고, ②'도독' 호를 받고 해당 지역에 대한 군정권을 장악하는 것이다. 막강한 군사력을 지닌 장군이 도독이라는 칭호를 얻고 지방을 지배하는 것은 한나라의 지방행정이 와해되었다는 것을 분명하게 보여준다. 그와 동시에 장군이 도독을 맡는 것은 지방에서의 할거를 가능하게 하고, 진시황제가 지향한 중앙집권적 관료제도를 흔들며 신하들의 권력이 커졌다.

따라서 군주는 장군에게 막강한 권력이 집중되지 않도록 장군을 방면군사령관으로 파견할 때 호군護軍이나 감군監軍 같은 '감시관'을 대동하도록 하였다. 위나라 대장군 사마의司馬懿의 군대에 정촉호군征蜀護軍 진랑秦朗이 따라간 경우가 그 예이다. 위나라 명제明帝 조예는 대도독 사마의에게 촉한과의 전쟁에 대한 전권을 위임하는 한편, 조조의 총애를 받고 양자처럼 자란 '준準 종실' 진랑을 호군으로 대동시킴으로써 사마의의 전횡을 제어하려고 했던 것이다. 그렇게 경계했음에도 불구하고 결국 조위는 사마씨의 찬탈로 멸망했다. 장군이라는 존재가 얼마나 위험한지, 그럼에도 불구하고 장군에게 대권을 맡겨야 했던 전란시대 군주의 어려움을 이해할 수 있다.

명사들과 지방질서

호족을 이용한 한나라의 관대한 지방정치

일단 지방정치는 어떻게 행해졌을까? 지방 제도에 눈을 돌려보자.

한나라 지방통치의 요체는 군郡이었다. 향거리선鄕擧裏選에서 해마다 정례적으로 등용하는 효렴과孝廉科가 군을 단위로 행해졌다. 군의 행정장관인 태수太守는 원칙적으로 해당 군의 출신자는 선임하지 않았다. 이를 '본관지회피제'本貫地回避制라고 한다. 태수의 권력이 워낙 막강하기 때문에 출신지의 호족과 유착하는 것을 막기 위한 제도였다. 권력을 중앙에 집중시키기 위한 궁리 중 하나로, 가능하면 먼 곳의 출신자를 태수로 삼았다.

다만 그렇게 되면 방언밖에 하지 못하는 경우, 대화가 통하지 않을 염려가 있었다. 이 때문에 태수를 비롯해 지방의 장리長吏(고을 수령)가 되기 전에 중앙의 낭관郎官(황제 친위대)을 경험하게 하여 공통어인 아언雅言을 익히게 했다. 그래도 현지 지방에서 채용하는 소리小吏(아전)와 말이 통하지 않는 경우가 많았겠지만 한자가 표의문자인 덕분에 문서로 의사를 소통할 수 있었다. 그러나 그런 관계에서는 태수와 속리屬吏(하급관리) 사이에 신뢰가 조성되지 못해 지방통치가 원활하게 진행되지 못할 우려도 있었다. 그래서 후한의 3대 황제 장제章帝(재위 75~88) 시기부터 적극적으로 추진한 것이 '관치'寬治(너그러운 정치)였다.

관치는 관대하고 어진 태도로 속리를 따르게 하는 것이 특징이다. 가령 속리가 잘못을 저지르더라도 포편蒲鞭(부들 회초리, 맞아도 아프지 않음)으로 쳐서 수치심을 느끼게 하는 데 그치고, 속리가 법을 위반해도 그 잘못을 논하는 것에 그치고, 만약 속리가 직무에 능하면 주효酒肴(술과 안주)로 대접하는 것이 관치의 전형이다.

속리는 대부분 군의 호족 출신이었다. 군내에 대토지를 소유하고, 일족과 가신을 조직해 군사력을 가지는 호족과의 협력을 통해서, 의사소통이 어려운 타군 출신의 태수가 안정적으로 군을 지배하게 한 것이다.

호족 또한 태수에게 관치를 요구했다. 형주목 유표의 스승인 왕창王暢은 순제 때부터 환제 때에 걸쳐 제상齊相·사예교위司隸校尉·어양魚陽 태수를 역임하였는데, 그 정치가 엄격하기로 유명하였다. 광무제의 향리鄕裏(고향)로 특별대접을 받고 황실과 관련된 호족들이 득세하던 남양군南陽郡의 태수가 되자 횡포한 호족에게 왕창은 더욱 엄격한 정치를 펼쳤다.

이에 대해 공조功曹 장창張敞은 유교 경전인 《상서》尙書〈요전〉堯典의 '오교재관五教在寬(다섯 가르침의 요체는 관용)'을 인용하며, 형벌을 삼가기를 요구했다.《후한서》〈왕창전〉) 공조는 군郡 속리의 첫 번째이자 군을 대표하는 호족이

맡아 호족들의 이해를 대변했다. 왕창은 이를 계기로 관용적인 통치로 전환하였고, 남양군은 안정되었다. 이처럼 공조를 정점으로 군부에 세력을 둔 지방 호족들의 사회적 규제력을 존중하고 이를 이용하는 지배 또한 관치였다.

향거리선의 효렴과는 유교의 덕목인 '청淸, 렴廉, 인仁, 효孝'를 실천하여 명성이 높은 자를 추천했다. 가령 백성들이 국가의 과중한 세금에 시달리고 있을 때 그 조세의 일부를 호족이 부담하면 그는 백성의 고통을 구제하는 '인'의 덕목에 기초해서 자신의 재산을 기부하는 '청'의 덕목을 체현한 것이 된다. 태수는 그 호족을 향거리선에 추천함으로써 다른 호족들도 이러한 방향으로 유도함과 동시에 세금을 빠짐없이 거두고 백성들도 위무하였다. 이것이 관치가 펼쳐지는 구체적인 형상이다.

지방 인재의 출세방법

호족은 군수의 관치에 협력하여 중앙 관료로 진출하는 것을 목표로 삼았다. 군수와 국상國相은 효렴과나 현량과·방정과·직언과라는 제거制擧, 즉 향거리선에 인재를 추천할 수 있었다. 가령 원소의 고향인 여남군의 상거常擧(매년 정례 등용)는 다음과 같이 이루어졌다.

여남의 옛 풍속인 시월 향연 때에는 백 리 안의 현이 쇠고기와 술을 내어 군부郡府에서 먹고 마셨다. 예가 끝나자 여남 태수 구양흡歐陽歙이 교령敎令을 내렸다.

"서부독우西部督郵 요연縣延은 본디 **충정**忠貞하고 **공정**한 성격으로 간족奸族을 격파하고 **관치**를 행하고 있다. 지금 **여러 선비와 함께 요연의 공적을 논하고, 이를 조당에서 표창하고 싶다.** 태수는 그 기쁨을 축하하고 쇠고기와 술로 덕을 함양하노라!"

주부主薄는 교령을 복창하였고, 호조는 요연을 불러 하사품을 내렸다. 공조功曹 질운郅惲은 얼굴빛을 바꾸고 말했다.

"사정司正은 벌칙 잔을 들고 주군主君(구양흡)의 죄를 하늘에 고한다. 요연은 본래 탐욕스럽고 악독해 밖으로는 방정해도 안으로는 유약하며, 붕당을 맺어 악행을 저지르고, 주군을 속여 남에게 해를 가하고, 다다른 곳곳마다 황폐하고 혼란스럽게 해 원한과 나쁜 일이 함께 불거지고 있다. 명부明府(구양흡)는 악을 선으로 삼고, 고굉지신股肱之臣(주부와 호조)은 올바름을 굽혔다. 여기에는 주군도 없고 신하도 없다. 질운은 감히 두 번 절하고 벌칙 잔을 받들라."

구양흡은 놀라서, 아무런 말도 잇지 못하였다.

- 《후한서》〈질운전〉郅惲傳

여남태수 구양흡은 군청의 향연 자리에서 향거리선을 위한 향론 형성을 시도하였다. 염두에 두었던 요연을 소개하면서 '여러 선비'와 함께 그 덕을 조당에 밝힌 것이다. 이 사례의 경우, 공조 질운에 의해 그 부당함이 규탄 받은 예외적인 전개를 보인다. 그래서 사료에 남겨진 것이지만, 일반적으로 대상자는 이렇게 해서 효孝·청淸 등의 명성을 부여받고 효렴과에 찰거察擧되었다. 찰거제察擧制는 기원전 134년 한나라 무제 때에 확립된 관리 선발제도이다. 자사·군수 등 지방 장관이 관할 구역 내에서 살펴본 인재를 골라 상급자나 중앙에 추천한 뒤 시험을 거쳐 관직에 임명한다. 이 사례도 궁극적으로는 태수 구양흡의 의향대로 요연이 찰거되었다.

주목할 것은 도리에 어긋나는 무도한 언행을 일삼는 요연에게도 '충정', '공정' 등의 수식어가 붙고, 태수가 여러 유학자들과 함께 덕을 공공연하게 밝힌 사실이다. 향거리선에는 유교적 덕목이 필수조건이었던 셈이다. 그리하여 후한은 향거리선으로 호족들을 유교로 유도하고, 그들을 지배층으로 끌어안음으로써 관치를 실현해 나갔다.

앞에서 말한 환관에 의한 청탁은 이것을 파괴하는 행동이었다. 후한의 통치가 환관에 의해 붕괴한 이유였다. 군의 태수가 환관의 청탁으로 관련자를 '찰거'하면 호족은 향거리선에 관여할 수 없게 된다.

그에 대해 호족들은 어떻게 대응했을까?

향리 질서의 유지자

환관의 청탁이 횡행하는 상황에서, 호족은 향리에서 두 가지 존재 형태를 취했다. 환관과 협력하여 향리에서 대토지 소유를 추진하는 '탁류濁流 호족'과 유교 이념의 체현자가 되어 호족이 본래 가진 영주화領主化(장원莊園 확대) 경향을 부정하고 빈민들을 구제하면서 향리를 지키려는 '청류淸流 호족'이 그것이다. 특히 후한 말기 때 청류 호족은 주체적으로 조위曹魏를 수립하고, 귀족이 되었다.

실재는 어땠을까? 한때 맹정을 펼치던 왕창王暢(위나라 정치가·장군)이 호족들에 의해 관치로 전환한 형주 남양군의 사례를 들어보자.

남양군의 번릉^{樊陵}(?~189)이 이응^{李膺}의 문하인이 되고 싶다고 청하러 왔으나, 이응은 사절했다. 번릉은 나중에 **환관에게 아첨해 관직이 태위^{太尉}까지 이르고**, 뜻이 있는 자가 부끄러워하는 존재가 되었다.

- 《후한서》〈이응전〉

남양군 출신의 번릉은 '당인^{黨人} 지도자' 이응의 문하생이 되려고 했지만, 거절당하자 환관에게 아첨하여 188년에 태위에 이르렀다고 한다. '탁류 호족', 즉 남양군에서 영주화 경향에 따라 대토지 소유를 진전시킨 존재가 된 것이다. 참고로, 그는 십상시 등 환관 무리가 189년 대장군 하진을 기습적으로 죽인 후, 반^反환관파 원소와 양윤이 군사들을 이끌고 궁궐을 공격했을 때 환관들과 함께 살해당했다.

이에 반해 그의 조부 번영^{樊英}은 다음처럼 전해지고 있다.

번영은 젊은 시절에 삼보^{三輔}에게 학업을 받고, '경씨역'^{京氏易}을 배우고, 아울러 오경^{五經}에 통달했다. ……

주와 군은 몇 번씩이나 예를 다해 초청하였지만 응하지 않고, 삼공·구경이 현량, 방정, 유도^{有道}에 찰거했지만 모두 나아가지 않았다. 번영은 《역》의 장구^{章句} 해석에 뛰어났는데, 그것을 세간에서는 '번씨학'^{樊氏學}이라고 부른다. 또한 도참^{圖讖}(예언서)과 위서^{緯書}를 가르쳤다. 영천군의 **진식^{陳寔}은 젊을 적에 번영을 좇아 공부하였다.** …… 손자 번릉은 영제 때에 **환관에게 아첨하고 알랑거려 사도^{司徒}가 되었다.**

- 《후한서》〈번영전〉

번릉의 조부 번영은 진군陳羣의 조부인 진식陳寔을 문하생으로 삼고, '번씨학'을 창설한 유학자이다. 전형적인 '청류 호족'으로, 유교 이념에 따라 영주화 경향을 부정하고 백성의 희망이 되어 향리사회를 안정적으로 유지했다. 그것이 손자 번릉 때에는 환관에게 아첨하는 신세로 전락한 것이다. 이런 사료들을 바탕으로, 번영 때에는 '청류 호족'이었던 번씨가 손자 번릉 때 '탁류 호족'으로 변질했다고 해석할 수 있다.

　　그러나 당초에 번릉이 '이응의 문하생'으로 입문을 시도했듯이, 번릉에게 유교적 교양이 전무했다고는 생각하기 어렵다. 그러면 번릉에게 있어서, 유교적 교양을 살려 이응의 제자가 되어 반反환관적 태도를 취하는 것이나, 반대로 유교 이념을 어기고 환관에게 아첨하는 것이나 똑같이 벼슬을 얻기 위한 하나의 수단이었다고 볼 수 있다. 향리사회의 경제적 이해관계가 번릉의 행동을 규정하였다고 보기는 어렵다.

　　반환관 태도로 당인들 사이에서 명성을 얻을 것인지, 아니면 환관의 비위를 맞춰 권력을 잡을 것인지, 번릉의 선택지 가운데 역사의 주류가 된 것은 전자이다. 이 때문에 번릉은 《후한서》에 비판적으로 그려졌다. 다시 말해 《후한서》의 저자 범엽範曄 등과 같은 귀족의 원류가 된 자들은 향리사회의 대토지 소유와는 일단 분리된 자리에서 명성을 자신의 존립기반으로 삼은 명사였다. 이것이 이 책의 관점이다.

　　환관에 의해 붕괴된 후한 말기 향리사회의 질서는 '명성'을 존립기반으로 삼은 '명사'들에 의해 유지된 것이다. 그것은 번릉의 선택과 달리, 호족들 중에 명사를 지지하는 이들이 많았기 때문이다. 번릉의 조부 번영에게 배운 진식에 관해 《후한서》는 다음과 같은 일화를 전해주고 있다.

진식陳寔은 자字가 중궁仲弓으로, 영천군 허현 사람이다. 호족 출신이 아니다. 어린 시절부터 놀이를 할 적에도 친구의 신망을 한몸에 받았다. 청년이 되어 현의 벼슬아치가 되고 항상 잡역에 종사하고, 나중에 도정都亭의 보좌가 되었다. 그럼에도 뜻을 품은 채 학문을 좋아하고, 앉을 때나 일어설 때나 늘 책을 암창暗唱했다. ……

진식은 향리사회에서 이성적이고 공평하게 백성을 통솔했다. 소송 사태가 일어나면, (백성은) 으레 진식에게 어느 쪽이 올바른지에 대한 판단을 구하고, 진식은 바르고 그른 일을 명백하게 밝혀 조곤조곤 이야기해 주었다. 때문에 물러나더라도 그의 중재를 헐뜯는 자가 없었다. 그리하여 사람들은 **"형벌을 받는 일이 있더라도 진식을 비방하지 않는다"**라고 칭송하였다.

- 《후한서》〈진식전〉

진식은 가난한 집안 출신으로, 후한 말기부터 삼국시대의 지배층이 대토지 소유에 의존하지 않았음을 보여주는 예이다. 진식에 대한 신망은 그가 가진 '학문'이라는 '문화 자본'에 있었다. 빈가貧家 출신이었지만, 향리사회에 직접적인 경제적 이해가 없는 진식은 다툼이 벌어질 때마다 중재를 의뢰받았고, 그의 판단은 큰 규제력을 가졌다고 한다.

이 사람이 순욱의 사위로서 구품중정제도를 헌책하고 〈신율新律 18편〉을 편찬하여 조위를 주체적으로 지탱한 진군의 조부이다. '청류 호족론'이 아니라 '명사론'이야말로 귀족으로 변모하는 지식층을 정의하기에 적합하다는 것을 알 수 있다.

이처럼 명사가 '문화 자본'에서 유래한 권위를 배경으로, 사회 통합의

기능을 맡은 경우는 후한 말기에 많이 나타난다. 후한의 관치寬治와 향거리
선으로 유지되어 온 지역사회의 질서는 후한 말기에 이르러 호족의 지지를
받은 명사들이 도맡게 되었다. 조조를 비롯한 군웅들이 명사를 데려오려
는 노력을 아끼지 않았던 이유이다.

6

출세의 사다리

후한에서의 출세 조건

후한의 통치조직에서 사람들은 어떻게 출세를 했을까? 청사靑史에 이름을 남긴 사람들이 가장 많은, 향거리선으로 등용되는 효렴과 출신자의 승진 경로를 알아보자.

전한前漢 시대부터 시작된 향거리선은 후한 '유교 국가'에서 관료 승진 루트의 중심이었다. 후한의 삼공에서 효렴과 출신 비율은 초기(광무제에서 장제 시기까지)에 18%, 중기(화제和帝부터 당고의 화까지)에 44%, 후기(당고의 화부터 황건적의 난까지)에 69%, 말기(황건적의 난 이후)에 26%에 달했다. 말기의 비중이 줄어든 이유는 전란기였던 탓에 동탁의 부하들이 높은 자리에 올랐기 때문이다.

효렴과는 '효'孝, '염'廉(청렴)이라는 유교 이념이 가치 규준이 되고, 사상이라는 문화가 자본으로 전환하기 시작한 기점이 되었다. 관치寬治에 협력하는 호족은 백성의 세금을 대신 갚아주며 '염'廉, '인'仁이라는 명성을 얻고, 또 부모를 후하게 장사 지내고 그 묘도墓道(무덤)에 거주할 정도로 효가 지극하다는 명성을 얻었고, 그래서 효렴과에 찰거되었다. 이들의 사례는 '대토지 소유'라는 '경제 자본'을 유교에 근거한 '명성'이라는 '문화 자본'으로 전환함으로써, 칙임관에 취임하는 탁월성을 발휘했다고 할 수 있다.

이렇게 '유교 국가'인 후한은 관료 등용제도를 통해 문화를 자본화했다. 경제 자본을 문화 자본으로 전환할 수 없는 자는 토호土豪(시골 졸부)로 낙인 찍혀 '인재로서의 탁월성'을 얻을 수 없게 된 것이다. 낙양의 태학에 학생이 3만 명씩 모여들고, 정현이 사숙을 열고 학문에 몰두할 수 있는 경제적 여건을 갖출 수 있었던 것은 경제 자본을 문화 자본으로 전환하려는 호족이 많았음을 입증한다.

효렴과 출신자의 승진 루트와 세습

효렴과에 선발되기 위해서는 백의白衣(지위와 관직이 없는 선비)에서 현의 속리屬吏를 거쳐 군의 속리가 되는 것이 전제이다. 거기서부터 향거리선을 거쳐 칙임관(중앙정부가 임명한 관리)이 된다. 군의 속리가 효렴과로 찰거되면, 첫번째 관직은 '삼서랑'三署郎으로 총칭되는 낭관이다. '낭'이란 본래 낭하廊下의 낭廊(복도)으로, 군주의 침실 낭하에 서서 경호하는 친위부대라는 의미이다. 이를테면 군주를 가까이에서 섬김으로써 군주와의 주종관계를 의리로 견고하게 다지는 것이다.

한편 낭관은 경력 관료가 임관 대기를 하는 집합 장소로서의 역할을 맡고 있었는데, 1년 차는 낭중郎中, 2년 차는 시랑侍郎, 3년 차는 중랑中郎이 되었다. 직위에 빈자리가 있으면, 낭관은 대부분 소현小縣의 현장, 혹은 현승으로 나갔다. 이어 큰 잘못 없이 임기를 마치면, 중현中縣의 현장·현령, 대현大縣의 현령으로 출세의 사다리를 밟아갔다. 후한에서는 대략 서른 살 가량(순제 시기 이후는 원칙적으로 마흔 살 이상)에 효렴과로 찰거가 되었으므로, 현의 장관을 세 번 정도 돌면 거의 마흔(혹은 쉰)에 가까워졌다.

대현의 현령부터는 루트가 여러 갈래로 분화되었다. 가장 출세가 빠른 자는 그대로 군국郡國의 태수·국상에 발탁되었다. 여기서도 태수·국상을 세 차례 가량 돌면 거의 쉰 살(혹은 예순 살)이 된다. 곧바로 구경에 취임하지 못하는 경우는 주의 자사를 거쳐, 태수·국상에 오르는 경우도 있었다. 또는 중앙관인 상서나 구경에 소속된 ○○령令을 거치기도 하는데, 그 경우에는 출세가 빨라졌다.

군국의 태수·국상은 먼 지방에서부터 중앙(수도)으로 임지가 가까워지는 것이, 소위 출세였다. 기내畿內(하남윤)나 수도를 지키고 다스리는 삼보三輔(경조윤·좌풍익·우부풍)의 장관이 되면, 구경에 오를 가능성이 높아졌다. 구경도 세 번쯤 돌면 드디어 삼공에 가까워진다. 이미 나이는 예순 살(혹은 일흔 살) 무렵이다.

따라서 삼공에는 고령자도 많아, 장시간의 조의朝儀를 견디지 못하는 일도 잦았다. 다만, 삼공에까지 이르면 열후의 작위를 하사받았다. 관직과 달리 작위는 세습할 수 있으므로 삼공의 자손은 대를 이어 경제적으로 풍족하게 살았다. 또 '삼공자'三公子(삼공의 자식)로 불리는 특별임용이 있어 나이

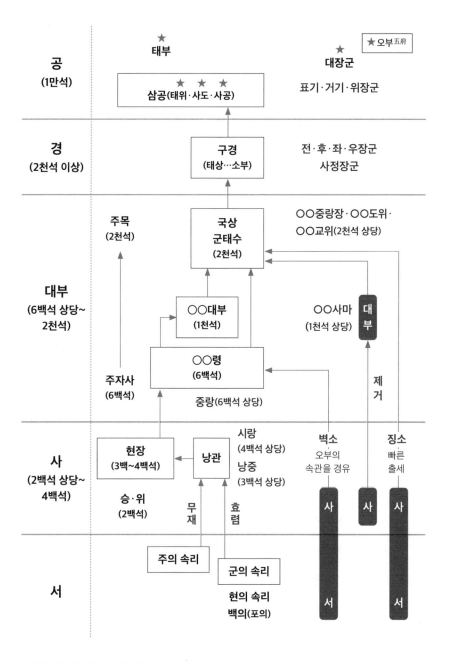

후한의 등용제도와 출세의 계단 이미지

제한 없이 효렴과에 발탁돼 출세도 더 빨랐다. 이러한 은전을 활용하여 원소·원술을 배출한 '여남 원씨'나, 계륵이라는 암호의 의미를 해독해 불경죄로 조조에게 주살되었다는 양수楊脩를 배출한 '홍농 양씨' 같은 '사세삼공'의 집안, 또한 조조를 높이 평가한 허소許劭나 촉한을 섬긴 허정許靖을 배출한 '여남 허씨'와 같은 '삼세삼공'의 가문이 형성된 것이다.

공로보다는 효행을 중시한 후한 시대

효렴과는 2만 명 이상의 호구를 가진 군郡에서 원칙적으로 1년마다 1명을 추천하는 '좁은 문'이었다. 따라서 효렴과만으로 관리를 모두 충당할 수는 없었다. 출신지의 군이나 현에서 하급관리 '이吏'를 맡으면 그대로 오랜 기간을 근무함으로써 출세할 수 있는 루트가 있었다. 그것은 공차功次(공로 순서)에 의한 승진이다.

이것은 속리뿐만 아니라, 관료도 마찬가지였다. 해마다 행해지는 공功과 노勞의 조사 결과, '전최'殿最(공로의 우열 등급)를 고과考課(평가)하고, 그것에 따라 출세를 했다. 공은 가령 전장에서 적의 수급을 벤다든가 평시에 도적을 잡았다든가 하는 업적 등과 같이, 남에게는 없고 그 사람만이 가진 특별한 공적이다. 노勞는 근로 일수를 주로 평가하는 것으로, 그 상황에 따라서 증감도 행해져 그 많고 적음이 관리의 성적을 나타냈다. 관리에 대한 인사고과는 '최'最가 가장 상위이고, '전'殿이 가장 하위였다. 이러한 공차에 의한 승진이 전한에서는 중시되었다. 하지만 후한에서는 공차보다 '효렴을 존중해야 한다'고 주장되었다.

이때 정사를 논하는 자는 대부분 "군국의 공거貢舉(효렴과)는 대개 **공차에 의거하지 않아**, 이 때문에 근무는 점점 나태해지고 실무가 점차 느슨해져 간다……"고 토로하였다.

대홍려大鴻臚 위표韋彪는 상의上議(의제에 올림)해 아뢰었다.

"……원래 국가는 현인을 뽑아 보임補任시키는 것을 본분으로 삼고, **현賢은 효도를 그 제일로 삼습니다.** ……무릇 충효하는 사람은 마음을 지키는 것이 두터운 법입니다. 법률에만 익숙한 관리는 마음 씀씀이가 모질고 박정합니다. (하夏·은殷·주周) 삼대가 정직한 방법으로 만사를 수행할 수 있었던 까닭은 충효 정신을 연마하는 것을 취지로 삼았기 때문입니다. **선비는 재능과 행동을 우선시해야지 오로지 직무 숙련만을 기준으로 삼아서는 아니되옵니다.** ……"

장제章帝는 이 의견을 깊이 받아들였다.

- 《후한서》〈위표전〉

관치寬治가 장려된 후한의 3대 황제 장제章帝(재위 75~88) 시기에 위표는, '군국의 공거'는 공차에 의하지 않고 효행에 의해 선택되어야 한다고 주장하고 있다. 광무제와 명제明帝(후한 2대 황제, 재위 57~75) 때에는 '이치'吏治(법률과 형벌을 정확하게 적용하는 엄격한 통치)가 수행되었기 때문에, 호족 탄압 등으로 '공'(무공)차를 쌓은 자도 많았지만, 공로가 아니라 '효렴한 자'(효행자)를 찰거해야 한다고 위표는 주장했던 것이다. 이렇게 해서 공차만으로 재상 지위에까지 오르는 경우는 극히 소수가 되고, 효렴과 출신자가 출세의 주류를 차지하기에 이르렀다.

효렴과보다 출세에 더 유리한 제도들

다만 효렴과 출신자가 주류이기는 하나 전부는 아니었다. 효렴과보다 더 유리한 제도가 존재했기 때문이다.

효렴과보다 더 유리한 출세 루트는 제거制擧(임시 등용), 벽소辟召(막료로 등용), 사퇴辭退(찰거에 의한 임관을 거부), 징소徵召(황제의 주선)가 있었다. 각각을 설명해보자.

제거制擧

효렴과가 상거常擧로 불리며 1년에 한 번, 즉 해마다 행해지는 관리 등용제도인 데 반해, 국가가 긴급할 때나 천견天譴(하늘의 꾸짖음)이 발생할 때 임시로 행해지는 것이 제거이다. 제거는 '현량'賢良, '방정'方正, '직언'直言, '극간'極諫이라는 사과四科 외에 '지효'至孝 '유도'有道 등의 과목이 있었다.

간단히 말해서 제거란 황제의 명에 의해 '공경'公卿이 '사'士를 '대부'大夫로 발탁하는 등용제도이다. 그리고 제거하는 측인 '공경'이란 삼공·구경뿐만 아니라 큰 군국郡國의 수상守相이나 때로는 자사刺史·교위校尉에 이르기까지의 유자격자를 가리킨다. 단지 원칙적으로는 '공'公에 해당해 질석이 1만석인 자, '경'에 해당해 질석이 2천석인 이들이었다.

한편, 제거되는 측인 '사'士란 낭중·현장·현위 등 2백석에서 4백석에 해당하는 자들로, 제거된 후에는 '대부'에 해당하는 6백석에서 1천석의 관직에 취임했다. '사'를 '대부'로 발탁하는 제거는 '이'吏를 '사'로 찰거하는 상거보다 한 단계 높은 수준의 관료 등용문이었던 셈이다. 국가 위기나 재난 발생 때에만 이루어지는 이유를 알 수 있다. 따라서 효렴과에 추천되어 낭중이나 현장 등에 오른 자가 제거를 받으면 단번에 질석 1천석의 '○○대부'로 임관할 가능성이 있었다. 효렴과보다도 훨씬 빠른 출세를 가능케 한 인재 등용제도인 것이다.

벽소辟召

벽소는 원칙적으로 삼공·구경 등 중앙이나 지방의 고관이 직접, 특정한 개인을 초빙하여 자신의 속관으로 채용하는 제도이다. 추천의 주체는 오부五府의 장長(태부·태위·사도·사공·대장군)과 주자사州刺史·주목州牧에 한정되었다. 그중에서도 관료 등용제도의 우회로가 될 수 있는 것은 전자로 한정된다. 오부에 추천된 자는 각 부의 속관이 된 후, 고제高第(성적 우수자)로 추천되고, 시어사侍禦史를 거쳐 주 자사·군 태수·국상에 올랐다.

제거도 '대부大夫에 해당하는 6백석부터 1천석의 관직에 오를 수 있어 유리하였으나, 추천은 추천 받는 측에게 '사士'의 자격이 요구되지 않았고, 추천의 횟수에 제한이 없었으며, 시어사를 거친 뒤에는 같은 6백석의 벼슬자리에 머무는 일이 적고, 2천석의 관직에 오를 수 있다는 점에서 더욱 유리한 관료 등용제도였다.

더구나 부주府主(막료 직책에 있는 자가 부의 장관을 부르는 호칭)가 외척이나 유력 관료일 경우에는 국가 정치적으로도 큰 세력에 속할 수 있었다. 따라서 공차는 물론 상거나 제거보다 더 유리했다. 때문에 이 자리에 뽑히더라도 거부하고, 유력한 부주의 추천을 기다리는 편이 출세가 훨씬 빨랐다. 급기야 오부의 추천을 계속 거부하다, 황제의 입김이 작용하는 징소를 노리는 자까지 출현했다.

사퇴辭退 · **징소**徵召

사퇴가 유효한 까닭은 국가 제도로 행해지는 관료 등용이 충분히 절대적 권한을 가진 일종의 법령으로, 해당 인물의 응답이나 수락 여부와 상관없이 실제적인 효력을 발휘하기 때문이다. 어찌 된 일일까?

쉽게 말해서 어떤 인물이 한번 효렴이나 현량에 뽑히면 (본인이 받든 안받든) 그것은 발효된 것과 마찬가지이고, 그 시점부터 해당 과명科名(관료 등용시험에 합격한 자의 이름)이 부여되고 그에 합당한 대우가 주어졌다.

가령 앞서 언급한 번영은 다음과 같은 출세 코스를 밟았다.

번영은 **주와 군**에서 여러 차례 예의를 극진하게 갖추어 초청하였으나 응하지 않았고, **삼공·구경은 현량·방정·유도에 찰거**하였으나 모두 나아가지 않았다. ……안제安帝 때에는 처음으로 **박사로 징소**徵召**되었다.** 건광建光 원년(121)에, 황제는 또 공거징公車徵으로 책서策書(황제의 관리 임명장)를 내리고, 번영 및 같은 군의 공교孔喬와 이병李昺, 북해국北海國의 낭종郎宗, 진류군陳留郡의 양륜楊倫, 동평국東平國의 왕보王輔 등 6명을 **징소**하였다. 다만 낭종과 양륜만이 낙양에 오고, **번영 등 네 명은 오지 않았다.** ……

영건永建 4년(129) 3월, 천자는 번영을 위해 고좌高座를 설치해 **공거령**公車令 **(궁문을 지키는 관원, 즉 위위**衛尉**)에게 선도**하게 하고, 상서尚書는 수레를 끌고, 궤장幾杖(안석案席과 지팡이)을 하사하고, **사부**師傅**(스승)의 예**에 따라 대우하며 초빙해 정치의 득실을 물었다. 번영은 굳이 '사퇴'하지 않고 **오관중랑장**五官中郎將에 배명拜命(임명)되었다.

수개월 후 번영은 중병이라 칭했다. 그래서 조서를 내려 **광록대부**光祿大夫로 취임하게 하고, 휴가를 주어 귀향하도록 했다. 번영이 사는 지역의 관청에는 의천곡^{穀千斛}을 보내고, 매년 8월에 소 한 마리, 술 30말을 내려주고, 만약 번영이 사망하면 양과 돼지를 올리는 중뢰^{中牢}로 제사를 지내도록 했다. 번영은 '사퇴'하며 광록대부의 자리를 받지 않았으나, 또 성지^{聖旨}(황제의 뜻)를 내려 타이르고 사퇴를 허락하지 않았다.

- 《후한서》〈번영전〉

번영은 우선, 주^州의 무재^{茂才}·군의 효렴이라는 상거를 '사퇴'했다. 그럼에도 여기서 낭관^{郎官}(사土)에 오른다. 이를 위해 삼공은 '사土'를 뽑는 제거인 현량·방정·유도에 찰거했다. 이것들도 사퇴하지만 '대부'에 올랐기 때문에 안제는 징소^{徵召}하여 박사로 삼았다. 박사는 양량관^{兩梁冠}이라고 하는 특별한 관을 쓸 수 있는 명예로운 직책이었지만, '대부'의 최하위였다.

번영은 취임하지 않았고, 안제는 이어 공거징^{公車徵}(징소 중에서도 수레를 내리는 상위의 징소)으로 번영을 징소하나 응하지 않는다. 그때 번영뿐만 아니라, 6명 중 4명이 불응한 것에도 주목할 일이다.

유리한 임관을 위한 사퇴는 특별한 사례가 아니다. 마지막으로 안제는 역시 공거징이지만, 6백석의 공거령에게 6백석의 상서를 붙여 영접하게 하는 최고의 예우를 세시하며, 오관중랑장(2천석)에 오르게 하였다. 오관중랑장은 다른 중랑장들과 같은 무관이 아니라, 사신으로 나갈 수 있는 학식이 필요했다.

관직에 나아간 번영이 수개월 만에 중병이라 칭하자, 정해진 직무가 없는 광록대부(2천석)라는 대부의 최상위에 오르게 하고, 조서를 내려 '사퇴'를 허락하지 않았다. 이렇게까지 '상현^{尚賢}(현인을 존중함)하는 모습을 보임으로써, 천자는 천견^{天譴}에 부응하여 숨어 있는 인재 등용에 심혈을 기울이

는 선정을 과시했다. 역으로 추천·초빙 받는 측도 '사퇴'라는 태도를 능수
능란하게 이용해서 가장 빠른 출세나 명성을 얻었다.

재산과 학력은 가만히 있으면 늘지 않지만, 명성은 거부(혹은 사퇴)할수
록 올라가는 법이다. 이러한 향거리선에서 사퇴로 쌓인 명성에 대한 존중
은 머지않아 명성을 존립기반으로 삼는 명사 계층이 성립하는 국가 제도
적 배경이 되었다. 제갈량이 삼고초려의 첫 방문 때 유비의 벽소를 받지
않은 이유를 알 수 있을 것이다.

변혁기의 입신출세

이처럼 후한의 관료제도에서는 〈공차 → 효렴과 등 상거 → 현량과 등
제거 → 오공부五公府의 벽소 → 사퇴 → 황제의 징소〉라는 순서로 출세의
가속도가 빨라졌다. 제거나 벽소, 그리고 징소를 받기 위해 명성이 필요했
음을 알 수 있다. 삼국시대 지배계층인 명사들이 명성을 존립기반으로 삼
은 이유다.

그런 상황에서 이러한 관료임용제도보다 더 빠른 속도로 출세를 하는
게 가능한 계기가 있었다. 바로 '난세'라는 변혁기이다. 유비는 황건적의 난
때 의용군을 이끌고 싸움으로써 백의白衣에서 현위가 되었다. 독우의 감찰
을 받은 유비는 못마땅한 독우를 채찍질하고, 이 정도의 관직은 불필요하
다며 인수印綬를 독우의 목에 걸고 망명하였다. 그러나 현위는 칙임관으로
서 효렴과에 찰거되어 취임하는 것이 일반적인 지위였다. 포의에서 갑자기
맡는 관직이 아니다. 군공에 의한 출세의 빠름을 발견할 수 있다.

군공뿐만이 아니다. '순욱의 백부' 순상荀爽은 약 3개월 만에 백의에서 삼공으로 출세하였다.

헌제가 즉위하고, 동탁이 정무를 보좌하며 순상을 불러들였다. 순상은 도망가려고도 궁리했지만 역인役人이 감시하고 있어 떠나지 못하고, **평원상**平原相에 배명되었다. (임지인 평원국으로) 가는 도중인 원릉宛陵에서, 또, 곧바로, **광록훈**光祿勳이 되었다. 정무를 보던 사흘 만에 승진해 **사공**司空으로 배명되었다. 순상이 징명徵命을 받고 삼공의 하나인 사공에 오르기까지가 불과 **95일**이었다.

- 《후한서》〈순숙전〉 부附 〈순상전〉

《후한서》 이현李賢 주注에 인용된 《순씨가전》荀氏家傳이 이렇게 "백의白衣부터 삼공에 이르다"라고 기록한 바대로, 순상은 동탁의 벽소를 받았을 때 무위무관無位無官, 즉 지위도 관직도 없었다. 상거인 효렴과에서는 30년 이상이 걸려도 오르기 어려운 삼공의 직위에 순상이 단 3개월 만에 오른 것은 난세에 관위官位의 유동성이 높다는 것을 보여주는 것이다.

이러한 격변기, 곧 난세에 거병한 조조·유비·손견도 떨쳐 일어나 원대한 야망을 품었다. 그들은 어떻게 난세를 헤쳐 나갔고, 어떤 인재를 등용했을까?

제3장 | 위나라, 시대를 변혁하다

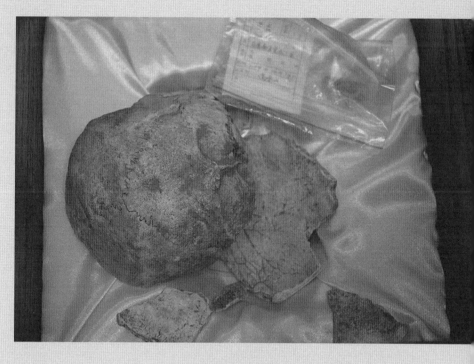

조조 고릉高陵에서 출토된 조조의 두개골.
두 개로 쪼개져 있다.

1

야망을 품게 한 인맥

'내시 할아버지'가 남겨준 유산

조조는 환관의 양자의 아들이다. 원소와 대결할 때 조조는 원소의 부하 진림陳琳에게 다음과 같은 욕설을 들었다.

원소를 위해 예주豫州에 격문을 돌리다 - 진림
……사공司空 '조조의 할아버지' 중상시中常侍 조등曹騰은 좌관左館 서황徐璜과 함께 화를 일으켜 재화를 탐욕스럽게 모으고, 교화를 해치고 백성을 못살게 굴었다. '아버지' 조숭曹嵩은 조등에게 청을 받고 (본래 하후씨夏候氏였으나) 양자가 되어 뇌물로 벼슬을 얻기 위해 황금과 옥을 수레에 가득 싣고 가, 재화를 권문세족에게 바친 덕분에 삼공의 관직을 훔치고 천자의

지위를 전복시켰다. 조조는 (불알도 없는) **'내시의 추악한 자손'**으로, 본디 선과 덕은 없고 교활함이 창끝처럼 예리하며 소란을 좋아하고 재앙을 즐기는 모리배이다. ……

- 《문선》文選 〈격〉檄

진림은 조조를 "내시(환관)의 추악한 자손"이라고 쌍욕을 퍼부으며 자신이 모시고 있는 원소가 난세를 구제하는 대망의 '비상지인'이라고 칭송했다.

《삼국지》를 쓴 진수가 조조를 "비상지인非常之人, 초세지걸超世之傑"로 평가했다는 것은 이미 밝혔다. 역사는 승자의 기록이다. 조조는 훗날 진림이 항복하자, 부친과 조부를 나쁘게 쓴 옛일을 따지지 않겠다며 용서했다. 조조는 입장에 따라 표현을 달리하는 '문文의 본질을 잘 이해하고 있었던 것이다. 물론 인재 등용에 애쓰는 조조의 용인술을 여기서도 엿볼 수 있지만, 할아버지 조등(위나라 고황제, 100~159)의 권력이 막강한 것, 아버지 조숭(위나라 태황제, ?~193)이 삼공의 자리를 매수한 것 또한 사실이니, 문책할 이유가 없었을 터였다(188년 조숭은 통상의 열 배나 되는 1억 전 정도로 후한의 최고 관직인 태위를 샀다). 조조는, 그리하여 '내시 할아버지' 조등이 남겨준 인맥의 덕을 톡톡히 보며 자신의 야망을 키우고 난세를 헤쳐 나갔다.

조등은 '발호장군'跋扈將軍으로 악명 높은 외척 양기와 함께 연장자를 제쳐놓고 아직 어린 환제桓帝(재위 146~167)를 옹립해 권력을 잡았다. 참고로, 호扈는 물고기를 잡기 위해 대나무로 만든 통발이고, 발호跋扈는 통발을 뛰어넘는다는 뜻이다. 즉 신하가 군주를 무시하며 월권행위를 하거나 하극상을 저지르는 짓을 비유한다. 따라서 조등은 분명 발호장군처럼 진림이 비판했던 '악의 측면'을 지니고 있었다. 하지만 천하의 현인을 황제에게 추천하고, 한나라의 서북쪽에서 흉노족·선비족과 맞서 싸우는 장군이나 유능한 관료와 적극적으로 교제를 맺었다. 조등의 인맥에 대해《후한서》는 다음처럼 기록하고 있다.

조등은 궁궐에 임직해 30여 년 동안 순제·충제·질제·환제 등 네 명의 황제를 섬겼지만, 일찍이 인재를 발탁하는 데 오류를 범한 적이 거의 없었다. 조등이 추천한 자는 모두 천하에 이름이 널리 알려진 인물이었다. 진류군 출신의 우방虞放·변소邊詔, 남양군 출신의 연고延固·장온張溫, 홍농군 출신의 장환張奐, 영천군 출신의 당계전堂谿典 등이다. 언젠가 촉군 태수는 상계리上計吏(연말에 조세 수입 상황을 조정에 보고하는 지방의 벼슬아치)를 통해 조등에게 뇌물을 바치려 했다. 익주자사 충숭种嵩은 사곡관斜谷関에서 그 서신을 빼앗고, 촉군 태수를 뇌물공여죄로 상주함과 동시에 조등도 탄핵하며 정위廷尉에게 죄를 조사하도록 주청하였다.
환제는 "문서는 외부에서 온 것이다. 조등의 죄가 없다"라고 말하며, 충숭의 탄핵을 받아들이지 않았다. 조등은 이 일에 아랑곳하지 않고 늘 충숭을 능리能吏(유능한 벼슬아치)라고 칭송했다. 당시 사람늘은 이에 감탄했다. 조등이 사망하자 '양자' 조숭이 비정후費亭侯(환제가 내린 조등의 작위)를 이었다. 충숭은 훗날 사도司徒가 되어 빈객에게 고백하며, **"지금 내가 삼공이 될 수 있었던 것은 조상시曹常侍(조등) 덕분"**이라고 말했다.
- 《후한서》〈환자宦者(내시) 조등전〉

조등의 인맥으로 이름이 거론되는 자들 가운데, 삼공에 이른 자는 우방(사공)·장온(태위)·충숭(사도), 구경은 장환(태상太常)이며, 그 외에도 모두 2천석의 높은 벼슬아치가 되었다. 특히 충숭은 "지금 내가 삼공이 될 수 있었던 것은 조상시 덕분"이라고 명확하게 밝히고 있다. 그 충숭이 눈여겨본 교현橋玄(110~184))이야말로 '조조의 이상적 인물'이 되었다. 그리고 황보규皇甫規(자는 위명威明)·단경段潁(자는 기명紀明)과 함께 '양주涼州 삼명三明'이라고 불린 장환(자는 연명然明)을 비롯한 서북 지방 장수들의 전법은 조조에게 계승되었다. 즉 조부 조등이 남긴 인맥이야말로 조조의 뜻을 기르게 한 이상을 제시하고, 난세를 살아가는 전법을 물려준 것이었다.

조조가 장성하자 교현은 조조에게 '인물평가의 대가' 허소를 찾아가게 했다. '여남 원씨'의 사세삼공 가문보다는 위세가 뒤떨어지지만, 허소는 여남군 삼세삼공의 집안이었다. 그런 그가 환관의 양자(조숭)의 아들인 조조에게 호의적일 리 없었다. 그럼에도 허소는 삼공을 지낸 교현의 소개를 무시할 수 없어 조조를 "치세의 능신, 난세의 간웅"이라고 평가했다. 이 말을 들은 조조는 크게 기뻐하며 웃으며 돌아갔다고 한다. 조조는 허소의 인물평가로 환관의 손자이면서도 명사 축에 낀 것을 기뻐한 모양이다.

하지만 조조는 갑자기 나타난 이단아가 아니었다. 자신이 이상적 인물로 삼은 교현을 좇으며, 그를 따라잡으려는 노력을 거듭하였고, '환관 선조'로부터 물려받은 풍부한 인맥 속에서 스스로 인물 됨됨이를 가다듬었다. 조조를 더 알기 위해서는, 교현을 파악할 필요가 있다.

조조가 이상으로 삼은 인물

일흔 살에 태위까지 오른 교현은 호족의 불법을 용서하지 않고, 세도가인 외척이나 환관과 연관되었다 할지라도 위법행위는 반드시 탄핵하는 인물이었다. 또 유괴범이 친자식을 인질로 잡았을 때는 인질의 안전을 고려하여 주저하는 사예교위나 낙양령을 질타하며 유괴범을 공격해, 범인과 함께 친자식을 죽게 하였다.

그리고 그 길로 궁궐로 가 "인질 사건이 벌어질 때 인질을 풀어주도록 재화를 쓰는 악행을 확대하지 않도록 하여야 하옵니다"라고 상주하였다. 인질을 구출하기 위해 몸값을 치르는 일을 금해야 한다고 제안한 것이다. 교현의 단호한 이 조처로 당시 낙양에서 빈발하던 인질극이 끊어졌다고 한다. 훗날 조조가 채용한 형법에 바탕을 둔 '엄격한 정치', 즉 '맹정'猛政은 교현으로부터 계승한 것이었다.

조조가 이상적인 인물로 삼은 교현은 엄격한 법 운용을 하면서도 대대로 내려오는 유교의 계승자이기도 했다. 7대 선조 교인橋仁은 《예기》라는 학문을 집대성하였다. 그 학문은 '교군학'橋君學으로 불리며, 교씨橋氏의 가학으로 계승되었다. 또 교현은 환제 말년에 선비·남흉노·고구려가 중국을 침범하자 서북방면의 '이민족대책 총사령관'인 도료장군度遼將軍으로서 외적을 격퇴하고 변방의 안정을 되찾았다. 대대로 가학인 유학을 전파하고 문하생들을 가르칠 정도의 학식을 지녔으면서, 전장에 나가면 뛰어난 지휘로 적을 물리쳤다. 게다가 내정도 환하게 꿰뚫고 있어 삼공을 역임한 교현은 그야말로 "안(조정)에서는 재상, 밖(전장)에서는 장군"이라 불린 이상적인 '유장'儒將이었다.

조조가 '치세의 능신'의 면모를 보인 것은 스무 살 때였다. 이때 처음 벼슬길에 올랐다. 조조는 '환관의 양자' 왕길王吉이 효렴과로 추천해주자 낙양북부위洛陽北部尉(수도 낙양의 북부경찰청장)에 임명되었다. '환관' 조부·부친의 권세를 업고 임관 초부터 '환관 인맥'을 풍부하게 이용할 수 있었던 것이다. 조조는 범죄자를 체포하면 권력자와 연관된 친인척이든 말든 아랑곳하지 않고, 관청 대문 양쪽에 걸어놓은 오색 봉으로 때려죽이는 맹정을 펼쳤다. 교현의 엄혹한 정치 정책을 계승한 것이다. 한번은 영제靈帝(재위 168~189)가 총애하는 신하 건석의 숙부가 밤중에 거리를 지나며 금령을 어겼는데, 조조는 여지없이 몽둥이로 때려죽였다. 그 일로 조조는 낙양의 명사가 되었지만, 결국 권력자들의 눈 밖에 나 돈구頓邱 현령으로 좌천됐다.

황건적의 난이 일어나자 조조는 기도위騎都尉(기병 지휘관)로 영천군의 황건적을 진압하는 데 공을 세워 제남濟南의 국상國相이 되었다. 여기서도 관할한 10개 현 중 8개 현령과 현장을 뇌물수수죄로 파면하는 '맹정'을 펼치다 원한을 산 조조는 일족에게 화가 미칠까 두려워 고향인 초현譙縣에 은거했다.

그러나 시대는 조조를 시골에 묻혀 썩게 하지 않았다. 조조는 원소의 추천 덕분에 영제가 신설한 상비군인 서원팔교위西園八校尉(황제의 직속군 서원군을 이끈 8명의 교위)의 한 명인 전군교위典軍校尉로 임명되어 부활한다.

참고로, 조조는 '동탁의 난' 때 동탁을 암살하려다 들통이 나, 낙양에서 몰래 빠져나가던 중 잡혔는데, 그곳 현령인 진궁陣宮의 도움으로 도망을 치던 중, 옛 친구인 여백사의 집에서 묵게 되었다. 그는 여씨 식구들이 그를 대접하려고 돼지 잡을 칼을 갈자 자신을 죽이려는 줄 알고 여씨 식구를 몰살시키고는 이렇게 큰소리를 쳤다. "내가 세상 사람들을 버릴지언정 세상 사람들이 나를 버리게 하지는 않겠다!" 하지만 이 이야기는 정통역사서에는 없고 소설《삼국지연의》의 창작일 뿐이다.

이후 원소를 맹주로 한 반反동탁 연합군이 결성되자, 조조는 연주 진류군 양읍현襄邑縣 출신인 위자衛玆의 가산으로 모집한 5천 군사를 이끌고, 이웃 현인 기오현己吾縣에서 거병하였다. 반동탁 연합군과 산조현酸棗縣에서 합류하자 원소는 조조를 행분무장군行奮武將軍에 추천하였다.

그러나 뭇 장군 중에서 원소의 위세가 워낙 강해 조조를 주목하는 자는 적었다. 그러던 중 연주 태산군泰山郡으로부터 보병 2만, 기병 7백을 이끌고 참가한 포신鮑信과 동생 포도鮑韜가 조조의 재능을 알아보고 접근했다. 조조 또한 그들에게 크게 의존했다. 조조가 거병할 당시에 인맥은 연주를 중심으로 한 지연이었다.

191년까지 원소 진영에 머물던 조조는 하남을 공략하자는 포신의 건의에 따라 연주를 노렸다. 청주의 황건적은 연주에서 연주자사 유대劉岱를 살해하며 세를 떨치고 있었다. 조조는 청주의 황건적을 무찌르고 투항한 10여만 농민군을 '청주병'으로 편입시켜 큰 세력을 형성했다. 연주 동군의 명사 진궁은 포신과 함께 연주의 별가종사와 치중종사를 설득하여 조조를 연주목으로 맞기로 결정했다. 연주목이 된 조조의 첫 거점이 '연주'가 된 이유이다.

서북의 기병 전술을 계승한 조조

포신이 조조가 가진 많은 재능 가운데 무엇에 '이재'異才를 느꼈는지, 사료는 기록하지 않았다. 하지만 무릇 전쟁이 한창인 전란의 시대였다. 조조의 걸출한 군사적 재능은 눈치 챘을 것이다. 조조가 가장 자신 있는 기마 전술 또한 조등의 인맥과 이어지는 서북 열장列將으로부터 계승된 것이었다.

그것이 유감없이 발휘된 장소는 일찍이 서북의 뭇 장수들이 활약하고 있던 양주涼州였다. 훗날 건안 16년(211), 마초馬超와의 동관潼関 전투이다.

조조의 기마전술의 기원이 된, 서북 열장을 대표하는 단경段頴의 봉의 산逢義山 전투부터 살펴보자. 건녕建寧 원년(168)에 강족羌族을 대파한 전투이다.

강족 병사들이 강성해지자, 단경의 군대가 두려워해마지 않았다. 그래서 단경은 군중에 명하여 화살촉을 팽팽하게 꽂고 칼날을 예리하게 갈도록 하며, 장모長矛(긴 창)를 든 보병을 세 겹으로 정렬하게 하고, 이 사이에 강노强弩를 배치하고, **경장기병**輕裝騎兵을 나란히 하여 좌우의 날개로 삼았다. 그리고 군사와 장수에게 격문을 날려 말했다.

"지금 고향 집을 떠나 수천 리나 먼 이곳에서 전진하면 큰일을 이룰 수 있고, 도망가면 반드시 모조리 죽는다. 죽을힘을 다해 공명功名을 함께 떨치자!"

이렇게 크게 포효하자 군사들은 모두 한목소리로 응해 내달렸다. 단경은 기병을 측면으로부터 움직여 강족 진영의 측면과 뒤쪽에서 공격해, 그들을 무찔렀다. 강족 병사를 크게 격파하고 참수한 8천여 수급, 소·말·양 28만 마리를 얻었다.

- 《후한서》〈단경전〉

단경은 '장모 보병'을 강족 정면에 삼중으로 배열한 후, 사이사이에 노병弩兵(노弩는 석궁石弓)을 끼우고, 경장기병을 좌우 날개로 삼는 진형으로 포진하였다. 강족 기병이 쳐들어와도 긴 창을 든 세 겹의 보병은 좀처럼 무너지지 않았고, 그 사이에 노병이 강족 기병에게 화살을 비 오듯 쏘아댔다.

이렇게 기병의 진격을 막는 동안 단경 군대의 양 날개인 경장기병이 기동력을 살려 강족 측면이나 후방으로 돌아가는 데 성공하여 승리를 거둔 것이다. 이것이 오래도록 강족에게 시달려왔던 후한이 고안해낸 기마 전술이다. 촉의 상대인 마초 또한 조조와 마찬가지로 서북 열장의 후계자였다. 당연히 서로가 이 전술을 잘 알고 있었을 터였다.

조조는 '양주 출신 책사' 가후賈詡의 이간계로 마초와 한수韓遂를 대립시킨 뒤, 동관 전투에서 다음처럼 마초를 격파한다.

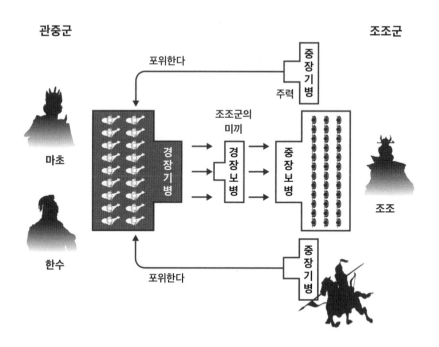

조조의 기마전술

건안 16년(211) 9월, 조조는 진군하여 위수를 건넜다. 마초 등이 여러 차례 도전해 왔지만 조조는 이번에도 거들떠보지 않았다. 마초가 영토를 나눌 것을 거듭 요청하고 자식들을 인질로 보내니, 조조는 가후의 계략을 받아들여 거짓으로 허락하는 척했다.

한수가 만나기를 청했는데, 조조는 한수의 아버지와 같은 나이에 효렴으로 추천되었으며, 또 한수와는 비슷한 시기에 태어난 동년배였다. 따라서 나란히 말을 타면서 여러 시간 이야기를 나눴지만, 군사 일은 언급하지 않았다. 단지 경성의 옛 친구들에 관한 사담만 나누면서 박수를 치고 웃으며 즐거워했다. 만나고 돌아오니 마초가 한수에게 물었다.

"조조가 무슨 말을 하던가?"

한수가 대답했다.

"아무런 말도 하지 않았소."

마초의 무리는 이 말을 의심했다. 며칠이 지나 조조가 또 한수에게 편지를 보냈는데 글자를 많이 없애고 바꿔 마치 한수가 쓴 것같이 꾸몄으므로 마초의 무리는 더욱 한수를 의심하게 되었다. 조공曹公(조조)은 전투 날짜를 정하고 먼저 가볍게 무장한 **경장기병**을 보내 싸움을 걸었다. (마초가 조조의 장모 부대를 좀처럼 무찌르지 못하며) 싸움이 꽤 오랫동안 지속되자, 비로소 조공은 중무장한 **호기**虎騎**(호랑이처럼 용맹한 기병대)를 출격시켜** 장모 부대와 함께 마초의 경장기병을 양쪽에서 협공하여 크게 물리쳤다. 한수, 마초 등은 양주涼州로 도망치고…… 이로써 관중은 평정되었다.

- 《삼국지》〈무제기〉

마초가 이끄는 관중군關中軍의 주력은 과거 동탁이 이끌던 '양주병'涼州兵

의 흐름을 잇는 경장기병이었다. 단경과 마찬가지로, 마초가 경장기병의 기동력을 살려 등 뒤로 돌아 공격하자, 조조는 승리하기가 어려웠다.

그래서 조조는 일부러 중앙에 '미끼'로 가볍게 무장한 경장보병을 배치해 마초의 경장기병을 유인하였다. 마초의 경장기병은 미끼를 쉽게 일축했지만, 그 배후에 진을 친 세 겹의 장모 보병부대를 좀처럼 무너뜨리지 못하였다. 이때 조조 군의 좌우에서 친위기병인 '호표기'虎豹騎를 출동시켜 마초 군의 등 뒤로 돌아가 마초 군의 '최정예'인 '경장기병'을 공격하였다. 호표기는 백 명의 대장에서 선발된 용사도 있는 조조 군의 최정예 부대이다.

게다가 호표기의 대부분은 '철기'鐵騎로 불리고, 군마도 마갑馬甲(말의 갑옷)과 면렴面簾(말의 투구)으로 온 몸뚱어리를 감싼 중장기병이었다. 기병·기마 장비는 서아시아에서 기원한 것이지만 유목민족을 통해 동아시아에 전래되었다고 한다. 원래는 한나라의 강노强弩에 대항하기 위해 흉노 등의 유목민족이 도입한 장비였다. 조조는 그런 군 장비를 최강부대인 호표기에게 주고, 이것을 비장의 무기로 삼아 서북 열장의 계보를 잇는 마초의 경장기병을 격파한 것이다.

조조는 승상으로서의 행정력은 교현의 맹정을 계승하고, 장군으로서의 전법은 장모와 기병을 복합하는 서북 열장의 기마 전술을 계승했다. 다만 '비상인' 조조는 마초처럼 단순히 계승만 하는 것이 아니라 독자적으로 응용하였다. 맹정은 이윽고 법체계의 미비를 보완하는 율령 정비로 향하고, 서북 열장의 전술은 중장기병을 비장의 무기로 한 기마 전술로 진화했다. 이 행정력과 군사 전술이 조조의 뜻을 차츰차츰 실현해 나갔다. 그것은 어디까지나 '내시 할아버지' 조등의 인맥으로부터 이어받아 발전시킨 야망이었다.

2

조조의 인사, 그 심오한 계략

허수아비 황제를 끼고 천하를 호령하다!

조조는 연주목으로서 연주를 근거지로 유지하다가, 황건적이 항복해 귀순한 청주병靑州兵을 직속군으로 거둬들이며 세력을 확대했다. 하지만, 얼마 지나지 않아 생애 최대의 위기를 맞이한다. 조조의 부친 조숭은 예주 패국沛國 초현譙縣 사람인데 본래 하후씨夏侯氏로, 하후돈과 하후연의 숙부였으나 십상시 조등의 양자가 되었다.《후한서》〈본기〉에 따르면, 대사농을 지내다가 187년에 태위에 올랐으나 이듬해에 파면되었다. 이후 아들 조조가 거병하자, 따르지 않고 나머지 아들들과 함께 피란하다 193년 무렵, 서주목 도겸의 통치 구역을 지나가던 중, 도겸이 은밀히 파견한 기병들의 습격을 받고 살해당했다. 후한 말기에 복수는 '효의 발로'라 하여 칭송의 대상이었다. 그러나 조조는 단순히 도겸을 공격하는 데 그치지 않고, 서주의 무고한 양민들까지 모조리 학살했다. 이에 연주 명사들이 크게 반발한 것이다.

조조는 명사들의 지지를 회복하기 위해 순욱의 헌책을 받아들이고 '헌제獻帝(181~234)를 옹립'하기로 한다. 그리고 후한의 도읍지를 낙양에서 영천군 허현(허도許都, 조비가 황제에 올라 허창許昌이라고 개명)으로 옮겼다.

이리하여 조조는 한나라 황제의 이름을 내세울 수 있는 '정치적 우위'를 선점하게 되었다. 중국 왕조는 예로부터 '정통성'을 중시했다. 동탁 이후 군웅할거 시기에도 한나라 천자가 천하를 다스린다는 관념은 여전했다. 특히 권문세족으로부터 '내시의 자식'이라는 멸시를 받던 조조는 황제를 등에 업는 정통성으로 약점을 극복할 수 있었다. 이로부터 동한(후한) 조정은 점차 조조의 통제를 받고 헌제는 '조조의 꼭두각시'가 되었다. 조조는 정치적으로 천자(헌제)를 끼고 천하를 호령하게 된 것이다. 세력을 확장할 때에는 황제의 명을 받아 죄인을 벌한다는 명분을 앞세우고, 방어를 할 때는 조정을 호위한다는 명분을 내세웠다. 회유가 필요할 때는 벼슬로 이익을 보장해주고, 또한 투항자나 배신자도 '정통성', 즉 '한나라(헌제)'에 귀순한다는 대의명분을 내세울 수 있으니 적대 군벌을 와해시키는 데 '헌제 옹립'은 '신의 한 수'였다.

천하의 판세를 판가름한 관도대전

영천군은 순욱의 출신지이다. 순욱의 영향력에 의거해 영천군을 안정적으로 지배하게 된 조조는 허현 주변부터 둔전제屯田制를 실시하였다. 그 이전의 둔전제는 군량을 확보하기 위해 주둔지에서 군대가 비전투 때에 경작을 하는 군둔軍屯이었지만, 일반 농민에게 토지를 주고 세금을 거두는 민둔民屯을 실시한 것이 조조의 둔전제 특징이다.

이리하여 반동탁의 기치를 내걸고 거병한 지 10년 가까이 지난 후, 하남河南의 연주·예주에서 정치적, 재정적 기반을 튼튼하게 구축한 조조는 건안 5년(200), 관도대전官渡大戰에서 하북河北 네 곳의 주(기주·병주·청주·유주)를 지배하는 원소와 천하의 형세를 판가름하는 건곤일척의 결전을 벌였다.

원소가 수십만 명의 정예병을 이끌고 본거지 업鄴을 출발하자 조조는 여양으로 진군하여 선제공격을 감행하였다. 원소는 군사를 둘로 나눠 주력군을 서쪽으로 진격시켜 조조군이 황하를 건너지 못하도록 할 계획이었다. 하지만 조조는 단숨에 백마로 진격했고, 당시 조조 수하에 있던 관우가 대장군 안량의 목을 베면서 원소군을 크게 무찔렀다. 하지만 전열을 정비한 원소는 황하를 건너 조조를 맹공했다. 수적으로 월등한 원소군에 맞서기에는 중과부적이던 조조는 작전상 후퇴를 하며, 일부러 대량의 치중輜重(군수물자)을 길바닥에 버렸다. 원소의 기병대장 문추文醜의 기병들이 물자를 줍느라 정신을 놓자 조조는 반격하여 문추를 죽였다. 맹장들이 연거푸 전사하자 원소군은 후퇴하고, 조조는 관도官渡로 귀환했다. 이리하여 '백마 전투'는 기동전을 펼친 조조가 크게 이기고, 이윽고 관도에서는 지루한 진지전이 시작되었다.

병사 수에서 크게 밀리는 조조는 진영 깊숙이 틀어박혀 농성하였다. 원소는 흙산을 쌓아 화살을 쏘아 부었다. 조조는 발석거로 흙산을 무너뜨렸다. 원소가 지하도를 파서 전진하자 조조도 땅굴을 파서 저항했다. 조조는 원소와 수개월 동안 대치하면서 여러 차례 싸움에서 적의 장수들을 참수했지만, 군사는 적고 양식은 떨어졌으며 병사들은 피로에 지쳤다. 싸움이 길어질수록 상황은 병력이 많은 원소에게 유리해졌다. 군량미 수송 등 후방에서의 지원도 지체되자, 조조는 마음이 조급해 순욱에게 허현으로의 철군을 상의했다. 순욱은 명사들로부터 입수한 정보를 분석하여 승리를 장담하고 조조에게 싸움을 독려했다.

지금 식량은 비록 적지만, 초나라 항우와 한나라 유방이 형양과 성고에서 싸우던 때처럼 심각하지 않습니다. 당시 유방과 항우 중에서 그 누구도 먼저 물러서려고 하지 않았으니, 이는 먼저 물러서는 것이 세력의 굴복을 뜻하기 때문입니다. 공(조조)이 적의 10분의 1의 병력으로 경계를 정하고 그것을 지키면서 원소의 목을 조여 전진하지 못하게 한 지 벌써 반년이 지났습니다. 정세를 살펴보건대, 원소의 세력은 고갈되어 반드시 급변하는 일이 터질 것이고, 이는 바로 뛰어난 계책을 사용할 때이므로 놓쳐서는 안 됩니다.

- 《삼국지》〈순욱전〉

그리하여 조조는 관도대전을 이어갔다. 점차 군량 부족에 시달리기는 원소도 마찬가지여서 초조한 마음을 억누르기 힘들었다. 이쯤 해서 전세가 일변하는 상황이 펼쳐졌다. 원소의 책사 허유가 관도에 있는 조조의 주력부대를 내버려 두고, 적의 수도인 허현을 곧장 공격하라고 진언했다. 하지만 원소는 무시했다. 예전에도 계책을 올려도 여러 번 무시당하던 허유 許攸는 드디어 처자식마저 체포되자 크게 격분하여 조조에게 귀순했다.

"원소의 신하 중 재물을 탐하는 모사 허유가 있었다. 원소가 그런 자의 욕심을 채워주지 않아 도망쳐 조조에게 투항하고 순우경 등을 기습하라고 권유했다. 조조 좌우에 있는 사람들은 모두 그의 말을 반신반의했지만, 순유와 가후만은 조조에게 그 의견을 받아들이라고 권했다."

- 《삼국지》〈무제기〉

허유가 조조에게 순우경이 지키고 있는 오소의 원소군 군량 기지를 불태워버리라는 계책을 낸 것이다. 순유와 가후도 찬성하자, 조조는 관도는 조홍에게 지키게 하고, 직접 정예병 오천을 이끌고 어둠을 틈타 기습에 나섰다. 병사들은 입을 다물고, 말에 재갈을 물리고, 원소군 깃발을 들고 오소로 잠입해서 군량을 모조리 불태워버렸다. 날벼락 같은 소식을 접한 원소는 장합과 고람에게 조조가 자리를 비운 관도를 치라고 했다. 하지만 순우경의 패배 소식을 접한 그들이 조조에게 귀순하자 원소군은 지리멸렬해지고, 결국 조조의 대승리로 관도대전의 막이 내렸다.

군세가 크게 약해지자 원소와 원담(맏아들)은 군대를 버리고 도망쳐 황하를 건넜다. 조조는 그들을 추격하였으나 따라잡지 못했고, 그들의 군수물자, 도서, 진귀한 보물 등을 몰수하고 부하들을 포로로 사로잡았다. 조조가 몰수한 원소의 편지 가운데는 허도의 벼슬아치와 자신의 군대에 속한 장수들이 원소에게 보낸 편지도 있었다. 하지만 조조는 그것들을 깡그리 불태워버렸다. 그래서 기주의 여러 군에서 성읍을 바치고 투항해 오는 자가 매우 많았다.

- 《삼국지》〈무제기〉

건안 7년(202), 원소는 병이 나서 피를 토하다 죽었다. 작은아들 원상이 직위를 이었고, 원담은 거기장군이라고 자칭하였다. 조조는 황하를 건너 원소의 자식들을 공격했다. 원상과 원담은 비록 형제지간이지만 기주의 지배권을 차지하기 위해 싸움을 벌이다 패하고, 결국 건안 12년(207), 요동태수 공손강이 원상과 원희(원소의 차남)를 참수하여 그 수급을 조조에게 보내니, 조조는 드디어 원씨 세력을 궤멸시키고 화북을 통일하여 천하를 호령하는 자리에 올라섰다.

조조가 '벽소'를 중요하게 여긴 이유

그렇다면 조조는 어떤 인재등용 정책으로 권력을 공고하게 다진 것일까? 한마디로, 조조는 추천 받은 자가 고리故吏로서 종속성을 강하게 가지게 되는 '벽소'辟召(막료로 불러들임)로 자신의 인적 세력기반을 수립하였다. 연주목에 취임한 초평 3년(192)부터 위왕魏王으로 홍거薨去(사망)한 건안 25년(220)까지 약 28년간, 조조가 벽소한 인물은《삼국지》에 명기된 자만 53명에 이른다. 이에 반해 상거는 효렴에 위충魏种 1명, 무재茂才에 견초牽招 1명을 추천하는 데 그치고, 제거는 기록이 없다.《삼국지》〈곽가전〉郭嘉傳의 '배송지 주'에 인용된《부자》傅子에 "조조는 청주·기주·유주·병주의 명사를 많이 벽소하였다"고 기록된 바 그대로이다.

조조는 연주목이었던 초평 3년(192)부터 건안 원년(196)까지, 다음의 4명을 벽소하였다. ①모개毛玠(연주 진류군 평구현) ②여건呂虔(연주 임성), ③정욱程昱(연주 동군 동아) ④만총滿寵(연주 산양군 창읍) 등이 그들이다. 모두 조조가 연주를 지배할 때까지 출사한, 연주 출신 인물들이다.

연주를 지배하는 데 가장 큰 힘이 되었던 정욱은 서주 대학살로 연주 명사들이 돌아서고, 조조가 제2차 서주 원정을 떠난 틈을 노려 진궁陳宮·장막張邈이 여포를 끌어들여 반란을 일으켰을 때 본거지인 견성 이외에 범현과 동아현 두 곳을 순욱·하후돈과 함께 사수하였다. 조조는 정욱에게 "그대의 힘이 없었다면 나는 돌아갈 곳이 없었을 것이다"라며, 정욱이 연주 명사로서 영향력을 발휘하며 거점을 사수해준 것에 대하여 큰 감사를 표했다.《삼국지》〈정욱전〉 조조의 고리였던 정욱은 목숨을 걸고 조조의 거점을 지켰던 것이다.

막부의 전개와 전국적인 인재 모집

건안 원년(196), 조조는 대장군·녹상서사에 임명되었다. 이는 후한의 외척이 대대로 권력을 장악해 온 관직이다. 그리하여 조정을 통제하게 된 조조는 명사로서 처음 소속된 '하옹何顒 집단'에서 형님 격이던 원소를 태위로 추천하였지만, 원소는 조조의 밑자리나 차지하는 것을 좋아하지 않았다. 그래서 조조는 원소와의 갈등을 피하기 위해, 원소에게 대장군 자리를 양보하고 자신은 사공·행거기장군이 되어 사공부司空府를 열었다.

조조가 사공부에 벽소한 자는 다음과 같다.

⑤위기衛覬(사예 하동군 안읍현), ⑥장기張旣(사예 풍익 고릉), ⑦진군陳羣(예주 영천 허창), ⑧하기何夔(예주 진군 양하), ⑨양습梁習(예주 진군 척), ⑩유복劉馥(예주 패국 초현), ⑪양무涼茂(연주 산양군 창읍), ⑫서혁徐奕(서주 낭야군 동완), ⑬주규周逵

(서주 하비), ⑭국연國淵(청주 낙안군 개현), ⑮왕수王脩(청주 북해군 영릉), ⑯관녕管寧(청주 북해군 주허), ⑰왕모王模(청주 낙안), ⑱유엽劉曄(양주 회남 성덕), ⑲손자孫資(병주 태원), ⑳사마랑司馬朗(사예 하내 온현), ㉑신비辛毗(예주 영천군 양책), ㉒진교陳矯(서주 광릉군 동양), ㉓서선徐宣(서주 광릉군 해서), ㉔병원邴原(청주 북해군 주허), ㉕유방劉放(유주 탁군), ㉖전주田疇(유주 우북평 무종), ㉗한형韓珩(유주 대군), ㉘손권孫權(양주 오군 부춘, 오나라를 건국), ㉙손익孫翊(양주 오군 부춘, 손권의 동생,) ㉚우번虞翻(양주 회계 여요), ㉛최염崔琰(기주 청하 동무성), ㉜형옹邪顒(기주 하간군 막현), ㉝양훈楊訓(기주 거록), ㉞견초牽招(기주 안평군 관율), ㉟호소胡昭(예주 영천군) 등 31명이다.

이를 보면 조조가 여러 가지 등용 방법 중에서 특히 '고리'로 '예속 관계'를 낳는 '벽소'를 많이 이용했음이 명백하다. 더욱이 등용한 자에게 지역적 편향이 없고, 전국에서 널리 인재를 추천한 것도 알 수 있다. 다만 건안 9년(204), 원소의 셋째아들 원상袁尙을 업鄴에서 물리치고 조조가 기주목冀州牧을 겸할 때까지는 원소의 거점이던 기주 출신을 벽소할 수 없었다. 원소의 세력권에는 손을 댈 수 없었던 것이리라. 기주를 지배하자 곧 ㉛최염을 벽소하여 기주 통치 방법을 상의하였다.

그래도 조조는 기주 출신을 제외하고는 거의 중국 전역에서 《삼국지》에 '전전'專傳(한 사람의 단독 전기)을 쓸 수 있을 정도로 활약을 펼친 자들을 차례차례 벽소하였다.

'헌제 옹립'으로 조정의 인사권을 장악하다

그런 가운데서도 주목할 만한 것은 ㉘손권과 ㉙손익을 벽소했다는 점이다. 벽소의 시기는 원소가 여전히 강력했던 무렵이다. 그간의 사정을 《삼국지》는 이렇게 전하고 있다.

이때는 원소의 세력이 강성했고, 게다가 손책이 강동을 통합했기 때문에, 조조는 뜻하는 대로 힘을 발휘할 수 없었으므로 잠시 손책을 회유하기로 했다. 그래서 **조조는 동생의 딸을 손책의 막내동생 손광**孫匡**에게 시집보내고, 또한 아들 조장**曹彰**을 위해 손분**孫賁**의 딸을 시집오게 하고**, 갖가지 예를 갖추어 손책의 동생인 **손권과 손익을 사공부에 벽소**하고, 더불어 양주자사 엄상嚴象에게 명하여 손권을 주州의 무재茂才에 찰거했다.

- 《삼국지》〈손토역전〉孫討逆傳

조조는 관도대전 전년에 해당하는 건안 4년(199) 무렵, 강동의 손책을 회유하기 위해 동생의 딸을 손광에게 시집보내고, 아들인 조장에게는 손분의 딸을 아내로 맞이하게 해서, 이중의 혼인 관계를 맺었다. 게다가 손책의 동생인 손권과 손익을 '벽소'하였다. 물론 두 사람은 '사퇴'했지만, 국가제도 차원에서 행해지는 관료 등용은 해당 인물의 응답이나 승낙 여부와 상관없이 실제적 효력을 발휘할 수 있었다. 즉 손권과 손익은 조조에게 예속성을 지닌 '고리'로 편입된 것이다.

이것이 '헌제 옹립'을 통해 인사권의 연원을 장악한 효과였다. 염려하고 있던 원소와의 전쟁 중 손책에게 배후에서 습격을 당하는 불상사는 손책이 암살당함으로써 피할 수 있었다. 더욱이 이때 맺어진 혼인 관계를 이용하여 조조는 적벽대전 때 손분과 손권을 대립하게 했다.

그리고 조조는 적벽대전 직전에 해당하는 건안 13년(208) 6월에 승상에 오르자 사공부와 마찬가지로 승상부에도 많은 사람을 벽소하였다. 구체적으로는 다음과 같다.

㊱왕필王必(연주?), ㊲왕열王烈(청주 평원) ㊳장천張踐(기주 거록), ㊴포훈鮑勛(연주 태산군 평양), ㊵왕찬王粲(연주 산양군 고평), ㊶응창応瑒(예주 여남), ㊷유정劉楨(연주 동평), ㊸유이劉廙(형주 남양군 안중), ㊹환계桓階(형주 장사군 임상), ㊺화흡和洽(예주 여남군 서평), ㊻한기韓曁(형주 남양군 도양), ㊼고유高柔(연주 진류군 어현), ㊽양부楊阜(양주 천수군 기현), ㊾호질胡質(양주揚州 초국 수춘), ㊿왕릉王淩(병주 태원군 기현), ⑤조전趙戩(사예 경조 장릉), ㊿마초馬超(사예 부풍 무릉), ㊾유파劉巴(형주 영릉 증양) 등 18명을 벽소하였다.

이렇게 하여 적벽대전 전에 새로이 지배하에 둔 형주의 명사들이 대거 조조의 승상부에 추천을 받게 되었다. 여기서 ㊿마초와 ㊾유파는 결국 유비를 섬겼지만, 유파는 유표 정권이 붕괴한 후 많은 인사를 조조 정권에 가입하도록 획책한 전력 때문에 훗날 촉나라를 세운 유비에게 크게 미움을 샀다. 그것은 유파의 경제적 재능을 높게 산 제갈량이 강력하게 추천하지 않았다면 유비 정권에서 활약할 기회마저 바랄 수 없을 정도였다. 유파는 촉한 정권이 성립된 후, 익주에서 대량으로 산출되는 철을 효과적으로 이용한 철전鐵錢을 주조해 동전 부족으로 위축된 경제를 되살렸다. 벽소라는 등용 방법의 유용성을 단적으로 보여주는 예시일 것이다.

'한위 선양'을 성공시킨 것은?

이처럼 조조의 사공부·승상부에 '벽소'된 자들은 조조가 '한위漢魏 선양'을 위해 한제국漢帝國 안에 조조의 위공국魏公國, 그리고 위왕국魏王國을 건설해 가는 동안 중심적인 역할을 했다. 조조가 자신의 위공魏公 취임에 저항하던 순욱을 죽인 후, 건안 18년(123) 5월에 성립한 위공국은 11월에 처음으로 상서尚書·시중侍中을 두었다.

구체적으로는 상서령이 순유荀攸, 상서복야尚書僕射가 ⑪양무, 상서가 ①모개·㉛최염·상림常林·⑫서혁·⑧하기, 시중이 ⑩왕찬·두습杜襲·⑤위기·⑮화흡이었다. 이상의 11명 중 '고리'가 8명을 차지했다. 참고로 ①모개·㉛최염·상림·⑫서혁·⑧하기는 일찍이 조조의 승상부에서 승상동조연丞相東曹掾으로서 인사를 담당했던 명사이다.

또한, 순유는 헌제에게 징소徵召된 것처럼 꾸며, 조조가 추천해 여남태수에서 상서로 맞이한 자였다. 이미 여남태수였던 순유를 벽소할 수 없어 천자의 징소를 이용하였는데, 사실상 조조가 벽소한 것이나 마찬가지였다.

순유는 이후 군사軍師라는 직함을 달고 조조의 참모본부에서 정점으로 군림하였다. 상서령으로서는 위공국의 행정을 관장하였다. 또한, 상림과 두습은 각각의 '전傳'에는 벽소로 명기되어 있지 않지만, 전자는 승상동조연, 후자는 승상군좨주丞相軍祭酒에 취임하였다. 이들 승상부의 속관은 승상 조조에게 벽소된 자가 맡는 관직이었다. 두 사람 또한 사실상 '벽소'라고 보아도 무방한 것이다. 즉 위공국의 중추가 된 11명은 조조에 의해 '벽소'되어 조조의 패부인 사공부·승상부를 구성하고 있던 자들인 것이다. 조조가 자신의 복심을 '벽소'로 끌어 모았다고 평가해도 좋은 이유이다.

건안 21년(216), 조조는 위왕魏王으로 승격한다. 이로써 '한제국 안에 위왕국'이 있는 '이중 권력 상태'가 되고, 국정의 장은 한제국의 조정에서 위왕국의 조정으로 옮겨갔다. 건안 25년(220) 1월, 조조의 훙거에 따라 적장자 조비曹丕가 위왕을 이어받아 연강延康으로 개원된 2월, 위왕국 내에 태위太尉·상국相國·어사대부禦史大夫라는 삼공三公이 설치되었다. 태위는 가후, 상국은 화흠華歆, 어사대부는 왕랑王朗이 임명되었다.

그리고 연당延唐 원년(220) 11월, '한나라 마지막 황제' 헌제가 조비에게 양위하여 위제국魏帝國이 성립한다. 연호를 바꾼 황초黃初 원년(220) 11월의 일이다. 한·위라는 이중제국의 종료에 따라 위왕국의 상국은 위제국의 사도로, 어사대부는 사공으로 바뀌고, 변경되지 않은 태위와 함께 위제국의 삼공이 되었다. 위왕국의 삼공이었던 가후·화흠·왕랑은 그대로 위제국의 삼공이 되었다. 곧 동격의 관직으로 자리이동만 한 것이다. 행정의 단절을 가져오지 않겠다는 능란한 인사라 할 수 있다. 그리고 이들 세 사람은 순유처럼 조조로부터 사실상 '벽소'된 자들이었다.

세 사람은 건안 3년(198)부터 건안 5년(200)에 걸쳐 헌제를 옹립해 사공이 된 조조에게 추천을 받고, 또한 헌제의 징소까지 받았다. 이미 세 사람 모두 장군이나 태수를 역임하고 있어서 순유와 마찬가지로 조조가 직접 벽소하기에는 지위가 너무 높았던 것이다.

그러나 실제로는 조조가 벽소한 것이나 마찬가지였다는 것은 헌제의 징소 이후 세 사람 모두 참사공군사參司空軍事가 되었다는 사실이 분명하게 밝혀준다. 세 사람 또한 사공부 이래 조조로부터 사실상의 '벽소'를 받고 밀접한 관계를 맺어온 패부의 구성원이었다.

이처럼 조조는 '피벽소자'가 '고리로서의 종속성'을 갖는 '벽소'와 같은 관료 등용제도를 많이 이용하였고, 벽소를 사용할 수 없는 고위층에게는 '헌제의 징소'까지 받아내 교묘하게 자신의 세력을 규합하는 데 활용하였다. 그리고 패부를 사공부에서 승상부로, 그 구성원을 위공국·위왕국으로 이동시킴으로써 한위 혁명 준비를 착착 진행하였다.

이런 조조의 '인사의 연원淵源'은 헌제라는 황제에게 있었다. 참고로, 조조는 평생 헌제를 폐위하지 않았다. 한나라를 장악한 조조는 헌제를 이용해 제후들을 제압할 수 있었기 때문이다. 하지만 '헌제 옹립'은 조조를 제약한 측면도 있었다. '한실 부흥'을 대의명분으로 내세운 탓에 한나라를 쉽게 멸망시킬 수 없었던 것이다.

원소가 헌제를 맞이하지 않은 까닭도 황제 영접이 자신의 즉위에 불리했기 때문이다. 심지어 다른 군웅들의 표적이 될 수도 있었다. 그런 위험을 무릅쓰고 조조가 헌제를 영접해 옹립한 이유는 '인사권의 연원'을 장악하기 위해서였다. 즉 '징소'라는 '황제의 인사 추천권'을 배후에서 조정하고 독점하여, 조조는 자신의 심복들을 조정 안팎에 원하는 대로 심어두려고 한 것이다.

3

능력주의로 시대를 선취하다!

유교제일주의를 부정하는 법체계 정비

조조는 교현을 행정과 군사의 모범으로 우러렀다. 또한, 헌제를 허도로 영접하여 조정의 인사권을 교묘히 장악하였다. 하지만 그것만으로는 시대를 변혁할 수 없었다. 막다른 길에 내몰린 '유교 국가' 후한을 변혁하고 새로운 시대를 창조하기 위해서는 후한을 지탱해온 유교를 부정해야 했다.

이전까지 후한의 국정은 '관학'官學인 금문학今文學으로 불리는 유교 경설經說에 의해 정통화가 되어 있었다. 금문학이란 《춘추공양전》,《예기》등 예서隸書라고 불리는 한대의 금문今文으로 쓰인 경전에 의거한 유학의 일파이다. 이에 반해 《춘추좌씨전》,《주례》등 한나라 이전의 고문古文으로 쓰인 경전을 존중하는 일파가 고문학古文學이다. 사실 고문학 쪽이 성립은 새롭고, 한나라의 중앙집권적 지배에 적합하고 참신한 해석을 갖고 있었다. 그러나 고문학은 예전에 전한을 찬탈한 왕망에게 이용되었다. 왕망을 타도하고 세워진 후한은 그래서 금문학을 관학으로 규정하였던 것이다. 조조가 후한의 국정을 개혁하기 위해서는 금문학을 중심으로 한 유교에 타격을 줄 필요가 있었다.

예컨대 《춘추좌씨전》〈관맹상제〉寬猛相濟를 전거典據로 하는 '맹정'을 펼친 조조는 금문학에 기초한 '관치'가 폐지한 육형肉刑을 부활시키고 싶었다. 유교의 형벌은 《상서》에 기초한 '오형'五刑을 기본으로 한다. 후한의 유교 경의를 정한 《백호통》白虎通에서도, 오형은 《상서》에 맞추어 대벽大辟(목을 베어 사형)·궁宮(거세)·비腓(다리를 벰)·의劓(코를 벰)·묵墨(피부에 먹물로 죄명을 찍어 넣던 자자刺字)으로 구성되어 있었다. 그러나 후한의 실제 형벌에서는 전한 시기 '문제文帝의 고사'를 이어받아 육형(비腓와 의劓와 같이 신체에 가하는 형벌)을 폐지하였다.

전한 문제文帝(재위 기원전 180~기원전 157) 때 의술을 펼친 순우의淳於意라는 자가 육형을 받았다. 그의 딸은 자신을 노예로 삼는 대신 부친의 육형을 용서해 달라고 탄원했다. 문제는 딸의 효심에 마음이 움직여 육형을 폐지했다. 후한은 이를 계승하여 육형을 행하지 않고, 대신 장杖(곤장으로 때리는 형벌)과 태笞(채찍으로 때리는 형벌)를 형벌에 포함시켰다.

그런데 후한의 관치에서는 장도 행하지 않고, 태는 아프지 않은 채찍을 사용하기 때문에 사형과의 간격이 너무 벌어졌다. 낙양북부위가 된 조조가 환관의 관계자를 곤장으로 쳐서 죽이는 맹정을 전개한 배경에는 '중간 형刑'이 결여된 뒤틀린 형벌 체계를 시정하고 싶다는 뜻이 있었다. 이윽고 수隋나라에서는 사死(사형), 유流(유배), 도徒(강제노동), 장杖, 태笞가 오형으로 정해져 형벌이 체계화되었다.

'전국 칠웅' 중 하나인 한韓나라의 옛땅 영천군은 한비자의 영향이 남아 법 연구가 성행했다. 그런 가운데 진군陳羣의 아버지 진기陳紀는 육형의 부활을 주장하고 있었다. 그래서 조조는 영천군 출신인 순욱에게 뭇 벼슬아치들의 논의를 총정리하여 형벌 체계 속에 육형을 집어넣으라고 명하였다. 그러나 후한의 조정에서는 공융孔融의 '육형 반대론'을 지지하는 자들이 많아 논의가 중단되었다.

그래도 조조는 위왕국의 어사중승禦史中丞 진군에게 부친의 논의를 토대로 육형의 장점을 의론하도록 했다. 같은 영천군 출신인 상국 종요鍾繇는 이것에 찬성하였으나, 낭중령 왕수王脩의 반대론을 지지하는 자가 많아 논의가 중단되었다. 조조는 공융을 처형하고 왕수를 좌천시켰다.

공융은 '유교의 비조' 공자의 20세손에 해당한다. 게다가 당인을 대표하는 이응의 높은 평가를 받은 뒤 한나라 말기를 대표하는 명사가 되었다. 공융이 반대하면, 순욱이 수상서령守尚書令으로서 후한의 내정을 주관하더라도 육형의 부활 논의를 밀어붙이기는 어려웠다.

조조는 건안 13년(208) 7월에 형주의 유표 토벌을 개시하는 한편, 8월에 공융을 기시棄市(사형에 처해 저잣거리에 버림)하였다. 조조와 공융의 근본적인 대립점은 육형에 대한 반대뿐만 아니라, 원희袁熙(원소의 차남)의 아내 견甄씨를 조비가 취한 것에 대한 비아냥, 오환烏桓 토벌에 대한 조롱, 금주령에 대한 모멸 등 다방면에 걸쳐 있었다.

그러나 공융의 처형을 요구한 탄핵문서에서는 한나라에 대한 공융의 불충과 부모에 대한 불효가 강조되었다.

소부少府의 공융은 옛날 북해상北海相이었을 때…… "나는 대성大聖(공자)의 후예이지만, 송나라에게 멸망을 당했다. **천하를 가진 자는 어찌하여 꼭 묘금도卯金刀(유劉 자의 파자破字)이어야만 하는가**(유씨의 한나라가 멸망할 수도 있다)"고 말하였습니다.

……또 옛날에 예형禰衡과 함께 제멋대로 발언하며 "아버지는 자식에게 무슨 친애가 있는가? 그 본성을 논하면 실제로는 **정욕에서 비롯된 것일** 뿐이다. **아이에게 어머니란 무엇인가?** 이를테면 **물건을 병에 넣어두는 것과 같고**, 나가면 떠나는 것이다."라고 말하였습니다. (이들의 불충·불효한 언동은) 대역부도大逆不道로써 극형에 처해야 마땅하옵니다.

– 《후한서》〈공융전〉

공융이 말한 한나라에 대한 불충과 부모에 대한 불효는 이후 조조가 추진하는 '한위 혁명 준비'와 '효렴에 대한 비판'에 가깝다. 바로 조조 자신의 행동을 공융이 미리 선취한 것이라 할 수 있다. 조조는 그래도, 그것을 빌미 삼아 공융을 처형했다. 이렇게 함으로써 유교에서 중시하는 충과 효에 대한 사람들의 반응을 확인할 수 있었기 때문이다.

또한, '유교 종가宗家' 공자의 직계 자손이 충과 효를 중요하게 여기지 않았다는 인상을 퍼뜨리려고 기획했다. 이런 의도를 담아 조조는 공융을 처형하고 자신의 정책에 반발하는 명사는 목숨이 위태로울 것이라고 협박한 것이다.

공융의 인맥은 역사서에 명기된 것만 해도 26명과의 교우관계가 적혀 있을 정도로 넓었다. 조조는 공융의 인맥이 갖는 횡적 연결과 조조의 정책에 반발하는 명사의 독자적인 가치 기준을 폭력으로 분쇄해, 군주 권력을 확립하려고 했던 듯하다. 과연 효과가 있었다. 이후 본래 조조의 옛 신하가 아니었던 가후賈詡가 주군의 모신謀臣으로 중용될 때의 위험성을 경계하여 문을 걸어 잠그고 사적인 교제를 피했으며, 다른 명사와 혼인 관계를 맺지 않은 채 조조로부터의 억압을 피하려고 한 것은 명사가 인맥을 사적으로 넓히는 일을 위험하다고 자각했음을 단적으로 보여준다.

진군은 순욱의 아들인 순선荀詵, 유의庾嶷라는 영천 명사와 함께, 조위의 기본 법전인 〈신율 18편〉을 편찬하였다. 신율 18편은 한漢나라의 형법인 〈구장률〉九章律에서 5개의 율律(형법)을 계승하면서 13개의 율을 새롭게 덧붙여 영令(행정법)을 정비한 것이다. 따라서 신율 18편은 중국 최초의 율령법전인 서진西晉의 〈태시율령〉秦始律令의 기초가 되었다. 태시율령 20편 중 13편이 '신율 18편'에서 승계될 정도로 큰 영향을 끼쳤다.

조조가 시작한 '육형의 부활'을 통한 법체계의 재정립은 영천 집단(순욱으로부터 진군에게 계승된 영천군 출신의 명사 집단)에 의해 '신율 18편'의 편찬으로 결실을 맺고, 수당隋唐시대 율령체제의 연원이 되었다. 이로써 조조는 법률과 형벌을 중시함으로써 유교가 존중하는 효렴의 가치 기준을 상대화하였다.

한나라의 토지·세제를 근본부터 개혁하다!

조조는 또한 권력의 기반인 농민 지배를 견고하게 확립하기 위해 허창許昌(위나라 수도) 주변에서 둔전제를 개시했다. 헌제를 영접하던 해(196)였다.

군량 확보를 위해 주둔지에서 병사들이 전투를 하지 않을 때 경작을 하는 군둔軍屯은 중국뿐만 아니라 세계 각지에서 행해졌다. 이에 조조는 일반 농민에게 땅을 나누어주는 민둔民屯을 시행하였다. 이것이 수당시대 균전제의 직접적인 원류가 되었으며, 조조 사후에도 위나라의 재정을 계속 뒷받침해주는 제도가 되었다.

호족의 대토지 소유로 땅을 잃은 농민이 유민이 되고, 사회가 불안정해지자 토지 소유를 균등하게 하려는 정책이 여러 차례 시도됐다. 그러나 모두 실패했다. 주周나라의 정전제井田制(농민에게 정방형의 우물 정井자 모양으로 토지를 균등하게 분할하여 지급한 토지제도. 9등분 된 토지 중 8개는 각 농가에서 사전私田으로 경작하고, 중앙의 한 구역은 공전公田으로 공동 경작하여 그 수확물은 조세로 납부)를 모델로 한 전한 시기 애제哀帝의 한전제限田制, 신新나라 왕망의 왕전제王田制 등이 그것이다. 모두 《맹자》 등에 게재된 정전제의 유교 이념에 입각하여 호족의 대토지 소유를 제한하고 그 땅을 빈민에게 분배하려는 시도였다. 그러나 지배영역의 유력자를 죽이고 그의 사유재산을 분배하면, 통치가 유동화될 우려가 있고, 애초에 죽일 수 있다는 보증도 없었다. 그래서 조조는 유교가 이상으로 삼는 '정전井田 토지 사상'에서 벗어나, 모든 백성이 토지를 균등하게 갖게 해주려는 시도를 그만두었다.

조조는 호족이나 명사가 소유한 대토지에는 손대지 않고, 전란으로 버려진 땅을 정비해 유민을 불러 모아 볍씨를 주고 소, 농기구 등을 빌려줘, 그들 스스로가 자산을 벌게 하고 그 수확에서 세금을 징수했다.

여하튼 사회가 극히 불안정한 이유는 대토지 소유자가 있기 때문만은 아니다. 백성이 전란으로 유민이 된 채 떠돌며 가장 기본적인 생존 수단인 '끼니'를 해결할 수 없기 때문이다. 그들이 안정된 재산을 가지면 유교가 말하는 '정전'의 이상이나, 근대 공산주의와 같은 평등은 필요 없다. 여기

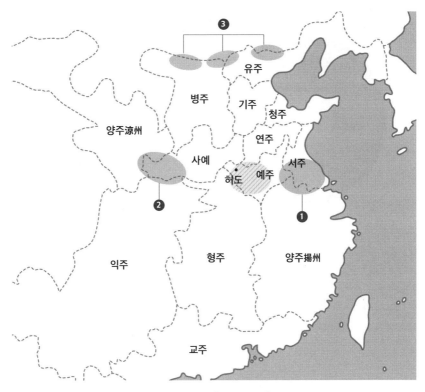

조위(曹魏)의 주요 둔전(屯田). ①~③은 군둔(軍屯), 빗금 부분은 민둔(民屯)

에 유교에 얽매이지 않고 시대를 창조하는 '조조의 새로움'이 있었다.

자고로 역사는 '먹는 일이 만물의 시작이며, 인사人事의 근본'이고, 또한 '백성은 먹을 것을 하늘로 삼는다'는 사실을 증명했다. 농업 생산력이 왕조의 흥망성쇠를 좌지우지한 까닭이다. 조조는 이를 철저하게 깨닫고, 유랑민과 군병들을 조직해 국가 소유의 황무지를 경작하게 함으로써 농업을 일으켜 세우고, 국가 세수를 늘리고, 나아가 사회를 안정시키고 통치 질서를 바로잡았다.

조조는, 아울러 세제도 개혁하였다.

오른쪽이 동탁이 주조한 오수전(五銖錢)이다.

이전까지 한나라에서는 사람 머릿수를 단위로 하여 세금을 동등하게 징수하였다. 그리고 그것은 전조田租(토지세, 수확량의 3~10%)와 산부算賦(인두세, 1인당 120전), 이 두 가지를 중심으로 운용되고 있었다. 이 밖에 병역·잡역도 부과되었지만, 조세의 중심은 어디까지나 산부였다. 그런데 이 당시 화폐경제는 농촌에는 형성되지 않아, 납세를 위해 곡물을 화폐로 교환할 때 큰 부담이 생겨났다. 게다가 원래 오수전五銖錢이 부족했던 터라 후한 말기에 동탁이 주조한 '조악한' 오수전이 유통되었기 때문에 화폐를 쓰지 않고 묵혀두는 바람에 급격한 인플레이션이 일어났다.

그래서 조조는 전조를 일정량으로 고정함과 동시에 호조戶調라고 불리는, 즉 호戶(집)마다 포布를 징수하는 인두세를 도입하고 산부를 폐지하였다. 개개인이 아니라 '호'마다 징세한 것에도 의미가 있었다. 상세한 가족 구성원까지는 파악하지 못해도 유형의 '호'마다 과세하면 호적이 어느 정도 미비하더라도 징세는 가능해진다. 이렇게 해서 인구의 유동화에 따른 호적의 붕괴, 화폐의 퇴장에 따른 인플레이션·경기후퇴에 대응한 세제를 정비했던 것이다.

다만, 이것은 한나라 토지·세제의 근본을 개혁한 것이었기에 유교를 닦고 한나라를 정통시하는 명사들에게는 받아들이기 어려운 정책이었다. 가령 촉한의 제갈량은 똑같은 문제에 대해 유파의 의견을 받아들여 촉나라에서 산출되는 철로 철전鐵錢을 주조해 인플레이션을 억제하며 산부를 유지했다. 촉한의 철전은 동맹국인 손오孫吳에도 수출되었다. 이렇게 한나라 제도를 보전하는 정책이 가능한 이상 조조의 혁신정치는 한나라 그 자체, 그리고 한을 지탱하는 유교를 타파하지 않으면 붕괴하고 만다. 조조는 그래서 관료 등용제도의 인사 기준을 유교에서 벗어나게 함으로써 유교를 변용하려고 시도했다. 그 시작이 '반反유교'에 입각한 인재 등용 정책인 '유재시거'唯才是擧이다. 즉, 오로지 능력만을 인사 추천의 기준으로 삼은 것이다.

오로지 능력만을 최우선으로 삼다!

조조가 원소를 물리쳐 천하를 판가름한 관도대전에서 명사 네트워크를 활용한 정보 분석으로 가장 큰 공을 세운 자는 순욱이었다. 그런데 오나라 장수 황개의 거짓 투항에 속아 화공으로 패배한 적벽대전 이후, 조조의 위공 취임에 반대한 순욱은 죽임을 당했다. 그것은 적벽대전이 끝난 뒤, 조조가 중국 통일보다는 내정 변혁을 추진하면서 그 걸림돌이 된 '한나라를 멸망'시키려 했기 때문이다. 순욱의 뜻은 유교 경의를 통일하고 예로써 교화하여 한나라의 왕도를 실현하는 데 있었다. 순욱은 주군 조조가 역성

혁명으로 새 황실의 황제로 즉위하는 것까지는 바라지 않았던 것이다.

맹정에는 순욱과 조조의 연결고리가 있었다. 그러나 조조가 유교로 유지되고 있는 '성한'聖漢(성스러운 한나라)을 타도하기 위해 오로지 '맹정'만을 추진했을 뿐 아니라, 인사 기준으로 능력을 제일 우위에 둠으로써 양자 대립의 골은 깊어가기 시작했다.

건안 15년(210) 조조는 영을 내려 말했다.

"만일 반드시 청렴한 선비만을 기용할 수 있다면 제나라 환공은 어떻게 천하를 제패할 수 있었겠는가? (이는 청렴하지 못한 관중管仲을 등용한 덕분이 었다.) 지금 천하에 남루한 옷을 걸치고 진정한 학식이 있는데도 여상呂尙 (강태공)처럼 위수의 물가에서 낚시질이나 일삼는 자가 어찌 없겠는가? 또 형수와 사통하고 뇌물을 받아먹은 진평陳平처럼 (탐욕스럽지만 재능을 갖고 있으면서도 진평의 능력을 알아본) 위무지魏無知(유방에게 진평을 추천)를 만나지 못한 자가 어찌 없겠는가? 그대들은 나를 도와 낮은 자리에 있는 자들을 살펴 추천하라! '유재'唯才, 곧 '오로지 재능'만이 추천의 기준이다. 나는 재능 있는 자를 등용할 것이다."

- 《삼국지》〈무제기〉

관중은 친구와 장사를 할 때 적은 본전으로 큰 이문을 챙겼고, 전쟁터에서는 돌격할 때는 맨 뒤에 서고 후퇴할 땐 맨 앞에 섰으며, 옛 주인인 자규가 피살되었을 때도 주군을 위해 복수하지 않고 오히려 제나라 환공을 보좌했다. 하지만 조조는 관중처럼 탐욕스러운 인간일지라도, 또한 진평처럼 형수와 밀통하여 뇌물을 받는 저급한 사람이라도 '오로지 능력'만을 기준으로 관료를 발탁하겠다고 천하에 선언했다. 이는 '효렴'孝廉(효와 청렴), 즉 인간의 덕성이 관료의 기본이라는 유교 이념에 입각하여 매년 효렴과를 시행한, 후한의 향거리선을 부정하는 발상이었다.

유가儒家에서는 어버이에게 효도하는 자는 조정에서 반드시 황제에게 충성하며, 평소에 물질의 유혹에 흔들리지 않는 청렴한 사람은 관직에 오르면 반드시 공평하고 사심이 없다고 주장했다. 하지만 조조의 '능력주의'는 재주와 능력을 최우선했다. 건안 4년(199), 조조가 위종魏種을 포용할 때 "오로지 그의 재능만을 아낄 뿐이다"라고 한 발언에서 이미 단적으로 엿볼 수 있다.

……위종을 하내 태수로 임명하여 황하 이북의 일을 맡겼다.

예전에 조조는 위종을 효렴으로 추천했다. 연주에서 반란이 일어났을 때 조조는 말했다.

"위종만은 나를 모반하지 않을 것이다."

그러나 위종이 도망갔다는 소식을 듣고는 조조는 노여워하며 말했다.

"위종 네 이놈! 남쪽 오랑캐 땅 월越로 도망을 가거나 북쪽 오랑캐 땅 호胡로 달아나지 않는 한, 나는 결코 너를 가만두지 않을 것이다!"

즉시 사견을 공격하여 함락한 뒤 위종을 사로잡은 조조가 말했다.

"오로지 그의 재능만을 아낄 뿐이다"

그러고는 포박을 풀어주고 등용했다.

- 《삼국지》〈무제기〉

그런데 '유재시거'를 천하에 선포한 시기는 상당히 늦었으며, 명확한 형태의 '유재시거'는 ①건안 15년(210), ②건안 19년(214), ③건안 22년(217)에 포고되었다.

①의 2년 전인 건안 13년(208)에는 최초의 명사 탄압으로 공융이 죽임을 당했다. 내정 정비를 중시하기 시작한 조조가 반항적인 공융을 죽이고, 자신의 인사 기준을 명확하게 과시하기 위해 선포한 것이 ①이라고 이해할 수 있다. 정욱은 이 해에 은퇴를 표명하고 인솔하던 병사들을 돌려보냈다.

②의 2년 전인 건안 17년(212)에는 명사 계층의 중심인 순욱을 죽이고, 18년(213)에는 위공魏公에 취임하여 구주九州를 설치했다. 위공 취임 다음 해에 선포한 ②는 조조의 인사 기준을 명사들에게 강요한 것이다.

그리고 ③의 전해인 건안 21년(216)에는 조조가 위왕魏王으로 취임한 후 명사 최염崔琰을 죽이고 이에 불만을 품은 모개毛玠를 파면했다. 둘 다 인사 담당자였으므로 ③은 명사의 자율적 질서에 기초한 인사에 대한 '조조의 승리 선언'으로 해석할 수 있다.

또한, 조조는 ③의 다음 해인 건안 23년(218) 길본吉本의 난, 24년(219) 위풍魏諷의 난이라는, 한나라 옹호 반란을 진압하고, '위풍의 난'과 연좌를 주장하며 순욱의 맹우였던 명사 종요鍾繇를 면관시켰다.

이처럼 조조는 명사와의 알력싸움에서 승리를 거둘 때마다 인사 기준으로 '유재시거'를 선포하며 '반유교'주의를 명확히 선언했다. 그것으로 자의적이고 통일된 기준이 없던, 유교 숭배주의자인 명사들의 인사 기준에 대해 경고를 한 셈이었다. 조위의 군주에 의해 자주 발령된 '아당비주阿黨比周(신하가 도당을 이루는 짓)'에 대한 비판이나, 교사관校事官(관료를 감시하는 스파이)에 대한 총애, 혹은 법률·규칙의 존중 등도 같은 맥락에서 이해할 수 있다.

이렇게 조조는 한나라를 지탱하던 유교의 틀을 뛰어넘는 인사 기준으로 '능력주의'를 내세웠다. 그리고 "성스러운 한나라에 의한 대일통(천하 통일)"을 무너뜨리려는 원대한 야심(후한 찬탈), 그것이 조조의 '위공 취임'부터 본격화되었다.

　그런데 이것만으로는 부족했다. 조조는 또 하나의 인사 기준을 내놓았다.

4

인사의 기준을 바꾸다

인사는 전쟁과 같다!

순욱은 처음에는 조조의 권력 확립을 위해 동분서주하다가, 조조가 한나라를 멸망시키려는 방향성을 보이자, 유교적 가치 기준을 내세워 조조의 위공魏公 취임을 반대했다.

건안 17년(212) 동소董昭 등은 조조의 작위를 국공國公으로 승진시키고 구석의 예물을 갖추어 그의 뛰어난 공훈을 표창해야 한다고 생각해 은밀히 순욱에게 자문을 구했다. 순욱이 말했다.

"태조(조조)께서 본래 한나라를 구하기 위해 의병을 일으킨 까닭은 한나라 조정을 바로잡고 성스러운 한나라를 평안하게 하고, 충정의 마음으로

겸양의 실질을 지키기 위함이었소. 군자는 남을 사랑할 때 '덕'으로 해야지 '이익'을 바라고 해서는 아니 되는 법이지 않소! 이처럼 위공으로 추천하는 것은 마땅치 않소!"

- 《삼국지》〈순욱전〉

순욱은 의, 충정, 덕 등 유교의 덕목을 내세워 조조의 위공 취임을 극렬하게 반대했다. 따라서 조조가 한나라를 찬탈하는 것은 물론이거니와 군주권을 확립하고 '유재시거'로 인사 기준을 통일하고, 법술주의法術主義를 정치 이념으로 실현하기 위해서는 순욱이 내세우는 명사 집단 문화 가치의 중심에 있는 '유교'를 분쇄할 필요가 있었다.

그러나 '순욱 제거'는 그 인맥의 넓이와 견고함 때문에 위험수위가 높았다. 순욱 자신이 영천 집단의 중심으로 폭넓은 교우관계를 맺고 있었을 뿐만 아니라, 조카 순유가 조조의 군사軍師가 되고, 셋째 형 순연荀衍이 감군교위監軍校尉·수업守鄴·도독하북사都督河北事(업鄴을 중심으로 한 하북의 도독)라는 직위로 군사력에 관여하고 있고, 또한 맏아들 순운荀惲이 조조의 딸을 아내로 맞이한 것 외에, 진씨陳氏·종씨鍾氏·사마씨와의 혼인 관계가 순욱을 강하게 뒷받침하고 있었기 때문이다.

그럼에도 '한나라 재건론자' 순욱은 '한나라 찬탈론자' 조조를 이길 수 없었다. 조조는 건안 17년(221) 손권을 토벌하던 중에, 군사를 위로한다는 명분으로 순욱을 출정지의 진중에 남겨 짐짓 배려하는 척하면서 순욱을 자살로 몰아넣는 주도면밀함을 보였다. 참고로, 조조의 군대가 유수에 이르렀을 때 조조는 순욱에게 음식을 보냈다. 텅 빈 함을 본 순욱은 독약을 먹고 자살했다.

순욱은 한나라의 수상서령守尚書令으로, '한나라의 신하'이지 조조의 직속 부하가 아니었다. 때문에 조조는 출정 중인 군중의 막사로 순욱을 불러들여 생살여탈권을 쥔 뒤 순욱 스스로 목숨을 끊도록 유도했다고 할 수 있다. 이듬해 조조는 위공에 올랐다.

이렇듯 인사人事를 위해 '최측근'이자 '최고 공신'까지 죽인 조조의 각오를 주목할 만하다. 인사는 전쟁처럼 결사적인 공방인 것이다. 군사력이라는 군주 권력의 결정적인 수로 순욱을 제거한 조조는 명사 집단으로부터 일단 복종을 얻었다. 다만 유비·손권이라는 적대세력과 대치 중인 조조는 국력의 저하를 초래할 수 있는 명사에 대한 무력탄압을 되풀이할 수는 없었다. 이 지점에서 인사 기준을 바꿀 필요성이 생겼다.

새로운 인사 기준 '문학'

'불효자라도 유능하면 등용'한다는 조조의 '유재시거'는 효자이고 유능한 자를 불효한데 유능한 자보다 낮게 대우할 수 없다. 즉 '능력주의'라는 가치 기준만으로는 유교에 존립기반을 둔 명사들의 명성주의名聲主義에 대항할 수 없었던 것이다. 단적으로 말하면, '재능이 있다'는 명성에 입각해 인재를 등용하면 그것은 명성주의에 의한 기용이 되므로 '능력주의'는 결국 명사의 가치 기준에서 벗어날 수 없는 셈이다.

그래서 조조는 명성을 얻는 가치 기준 그 자체를 변경할 필요가 있었다. 명사의 가치 기준 중심은 유교에 있었다. 그것에 맞서기 위해서는 '재능'이라는 넓은 범주의 개념이 아니라 한정적인, 더구나 조조가 '주관적으로' 판단할 수 있는 문화적 가치여야 했다. 조조는 문학·병법·유교·음악에 뛰어난 재능을 가졌으며, 초서와 바둑에 능하고, 양생법을 좋아하여 의술과 약 처방에도 능했다. 조조는 이러한 능력들 가운데 명사 집단에 대항할 수 있는 문화적 가치로 '문학'을 선택했다.

조조의 교묘함은 완전히 새로운 문화를 창조하는 것이 아니라, 명사의 존립기반인 '명성'의 가치 그 밑바탕에 있는 '유교'를 토대로 '문학을 선양'한 데에 있었다. 구체적으로는 유교 경전인 《시경》詩經을 바탕으로 한 악부樂府를 23편이나 창작했다. 그 결과 명사들도 문학을 무시할 수 없었다.

조씨 가계도

그런데 문학의 가치 기준은 '주관적'이다. 그러니 문학의 가치를 선양하는 조조의 기준에 따라 인재의 우열을 가릴 수 있었다. 게다가 도교나 불교처럼 군주와는 별도로, 교주나 도관道觀은 조조를 '진인眞人(유교에서 말하는 성인)'이라고 평가하며 우호적으로 국가권력에 접근했다. 조조는 이것을 보호하였으나, 문학처럼 선양하지는 않았다. 문학이라는 가치의 특성을 숙지한 이용법이라 할 수 있겠다.

더욱이 조조는 문학 선양을 위해 '인재 기준'을 '문학'으로 바꾸려 했다. 문학자 정의丁儀를 승상서조연丞相西曹掾(인사 담당관)에 앉혀 문학을 기준으로 한 인사를 시작한 것이다.

후한의 향거리선은 효렴 등 유교적 가치 기준에 따라 관료를 선발하였다. 이 때문에 지식인은 모두 유교를 배웠다. 이 기준을 문학으로 변경하여 그 가치가 유교를 뛰어넘게 하려는 의도였다.

문학을 인사의 기준으로 삼는 것은 당나라 시대에 진사과進士科로 계승되었다. 이백이나 두보가 시를 지은 것도 관료 등용시험인 과거시험 공부의 일환인 측면도 있었다. 그동안 《시경》에 대한 유교적 해석만을 배워온 명사들은 실제로 시를 짓는 활동을 새로운 인사 기준으로 삼은 조조의 정책에 적잖이 당황했다. 사마의司馬懿마저도 부랴부랴 작시作詩를 배웠다. 사마의의 시는 겉치레 혹은 빈말로라도 뛰어나다고 말할 수 없어, 그가 얼마나 당혹했을지 짐작할 수 있다.

이렇게 해서 명사들이 가진 '유교 일존一尊(절대)'의 가치 기준을 상대화하고, 유교는 한나라를 '성한'聖漢으로 규정하는 경의에서 벗어나, '한위 역성 혁명'을 용인하게 되었다. 조조는 문학을 선양함으로써 조비의 조위曹魏 건국을 가로막는 종래의 유교를 배제해나간 것이다.

조비의 '전론'

조조는 많은 자식을 낳았다. 특히 적처嫡妻인 변부인卞夫人에게서 태어난 장자 조비曹丕와 셋째 아들 조식曹植은 모두 출중한 재주를 지녔다. 특히 조식은 아버지보다 뛰어난 문학적 감각으로 총애를 한 몸에 받았다. 조조가 명사에 대항하기 위한 문화로써 문학을 존중하면 할수록 후계자 경쟁에서는 조식이 유리해졌다.

이에 반해 명사의 가치 기준인 유교에서는 후계자가 적장자嫡長子이지 않으면 안 된다. 조식이 형의 사위임에도 불구하고, 최염崔琰은 적장자 상속을 정당하게 여기는 《춘추공양전》은공隱公 원년 조의 '춘추春秋의 의義'에 의거해서 조비를 태자로 세워야만 한다고 주장했다. 순욱이 죽은 후 명사의 중심이 되었던 진군陳羣도 조비를 후계자로 적극 지원했다. 유교는 조비를 정통으로 삼았던 것이다.

조비는 부친의 바람대로 《전론》典論〈논문〉論文 편에서 "문장文章은 경국經國의 대업大業"이라고 역설하였다. 이 언사는 '국가경영에 문학이야말로 크게 중요하다'라고도 해석할 수 있다.

무릇 문장은 **경국의 대업**(나라를 다스리는 데 있어 중대한 일)이고, **불후**不朽**의 성사**盛事(영원히 쇠퇴하지 않는 영위)이다. 수명은 다하고, 영예와 즐거움도 그 자신에서 그치지만, 문장은 영원한 생명력을 갖고 있다. 주나라 문왕文王은 역易의 원리를 풀이했고, 주공周公 단旦은 예를 제정했다. 옛날 사람들은 시간의 흐름을 염려했다. 그러나 요즈음 사람들은 애써 노력을 하지 않고, 눈앞에 닥치는 일에만 쫓겨, 천년 후까지 전해지는 공을 잊어버렸다. 이제 공융 등은 이미 죽고, 서간徐幹만이 (《중론》中論을 저술하여) **일가지언**一家之言을 이루었다.

- 《문선》권52 논論 2

사실 '유교 독존'의 후한에서 문학은 정치나 윤리에 종속되었고, 문학자는 비천한 배우와 동급으로 취급되었다. 하지만 조조 부자가 '건안문학'建安文學을 제도화하면서 문학은 중국 역사상 최초로 자각적인 문화 운동이 되었다. 그래서 '중국 근대문학의 시조' 노신魯迅(1881~1936)은 조비의 '전론'을 두고 "문학이 유교로부터 독립한 선언"이라고 상찬하였고, 근대적 문학관에서 보더라도 '문학의 자각 시대'는 여기서부터 시작되었다는 높은 평가를 받았다. 《전론》〈논문〉은 이 글 이외에 '건안칠자'建安七子(공융·진림·왕찬·서간·완우·응창·유정)와 장형張衡·채옹蔡邕 등의 시부詩賦·서간문의 장단점을 논하는 부분이 있다. '중국 문학평론의 시초'라고 불리는 이유가 여기에 있다.

그러나 그런 과대평가는 신중하게 고려해야만 한다. 사실 《전론》〈논문〉편은 '중국 문학의 독립선언'이라고 단정 지을 수 없다. 그 '문장 불후론'도 근대적 의미에서의 '순수문학 불후론'이 아니라 '일가지언一家之言(저자의 독자적 사상서)이 불후하다'고 말하는 것에 지나지 않는다. 더구나 그 전거典據는 유교 경전인 《춘추좌씨전》에 있다.

> 최상은 ①입덕立德(덕을 세움)이다. 그 다음은 ②입공立功(공을 세움)이다. 그 다음은 ③입언立言(언言을 세움)이다. (언言은) 아무리 시간이 흐를망정 쇠퇴하는 일이 없다. 이것을 '불후'不朽라고 한다. 단지 성씨를 보존하고 선조로부터 이름을 물려받고, 대대로 조상에게 제사를 지내는 것은 어느 나라에서나 하는 매우 흔한 경우이지 불후라고 할 수 없다.
>
> -《춘추좌씨전》〈양공전 24년〉

《전론》〈논문〉의 밑바탕에는《춘추좌씨전》의 '입언불후설'立言不朽說이 깔려 있다. 그래서《전론》〈논문〉을 유교로부터의 문학 독립선언이라고 말하기는 어렵다. 어디까지나 '유교 이념에 입각'하여 '①입덕'을 최상위에, 나라를 위해서 공적을 세우는 '②입공'을 그 아래에, 다음으로 '③입언'(일가지언一家之言)을 순차적으로 배열한 것이다.

아우 조식은 〈양덕조楊德祖(양수楊脩)에게 보내는 편지〉에서, 형 조비의《전론》〈논문〉편을 이어받아 더욱더 명확하게 '①입덕 → ②입공 → ③입언'이라는《춘추좌씨전》의 우선순위에 따라 '일가지언'을 이루는 것을 목표로 삼았다. '사부'辭賦는 '하찮은 도'라고 밝히고, 문학이 유교의 덕행이나 정치치적보다 우선하는 것을 부정하였다.

조비의《전론》〈논문〉편, 이렇게 유교의 '입언불후설'을 바탕에 둔 후에, 주나라 문왕과 주공 단 등 군주의 '문장', 그러니까 유교 경전인《주역》과《주례》를 '불후'로 삼고 있다. 즉 조비의 '문장불후론'文章不朽論은 어디까지나 군주의 '일가지언'을 '불후'라고 말한 것이지, 부賦·시詩 등 근대적인 의미에서의 '순수문학의 불후'를 주장한 게 아니었다.

따라서 조비가 서간도 '일가지언'을 이루었다고 한 것은 서간의《중론》이 조조의 정책(유재시거, 맹정)을 정당화·이론화하였기 때문이다. 서간의《중론》을 주나라 문왕의 '주역'이나 주공 단의 '주례'와 나란히 할 수 있는, 즉 불후의 가치를 지닌 '일가지언의 사상'으로 평가한 것이다.

그래서 조비의《전론》도 '일가지언'으로서 자신의 정치사상을 저술한 저서였다.《전론》은 첫째, 적장자인 자신의 즉위를 정통화하고, 둘째, 정책의 전범·연원을 정리하고, 셋째, 문화적 가치들을 수렴하기 위한 목적으로 저술된 것이다. 특히 '전론'은 문화를 존립기반으로 삼는 명사들에게 대항해서 군주권을 확립하기 위해 문화적 가치들을 일원화하고자 한 조비의 식견을 보여주는 전범 역할도 하였다. 조조가 건안문학을 선양하는 가운데 자신이 작시한 악부로 표현한 정치적 뜻을 아들 조비가 '논술'로 드러낸 것이라고 말해도 좋다.

그러므로 "경국의 대업, 불후의 성사"로 칭송된 '문장'이란 아버지 조조와 아들 조비의 정치를 정통화·이론화한 '일가지언'인 《중론》과 《전론》을 의미하는 것이었다. 그것을 '불후'로 남기기 위해 명제明帝(조예曹叡, 조비의 아들)는 《전론》을 돌에 새겨 넣었다.

이처럼 군주 권력 안에 모든 문화를 수렴하는 '문화 독점'으로, 문화를 존립기반으로 삼던 명사에게 대항하려는 조비의 통치기술은 후세에 양 무제·당 태종 등의 대對귀족 정책의 선구가 되었다. 조조가 문학을 선양하면서 둘째 아들 조식을 총애한 의도에 대응해, 아무튼 조비가 '아우 조식은 황위 후계자로 낙점되어서는 안 된다'는 것을 문재文才로 표현한 재능은 높이 평가할 만하다.

유교주의의 뿌리인 '효'와의 격투

조조가 싫어한 '위선적인 효'

조조의 문학 선양은 조비에게도 계승됐고, 결국 문학은 조위曹魏의 지배문화이자 인사의 기준으로 승인되었다.

그렇다손 치더라도 '위나라 황제 조비'는 어디까지나 유교를 우선시했다. 조조가 유교에 대한 대항으로 '문학'을 내세운 것이 조비에게는 계승되지 않았다고 봐도 무방하다. 유교는 그만큼 강인했다. 그것은 유교 경의의 밑바탕에 '효'라는 인간의 자연스러운 정이 뿌리박혀 있기 때문이다. 그래서 후한 '유교 국가'는 인사 기준을 '효렴'에 두었다.

그러나 그것은 후한 말기에 와서 부자연스러운 '효'로 변질되고 말았다. 조조가 거세게 반발한 것은 바로 그 '위선적인 효'이다.

마음을 형태화하는 것, 즉 눈에 보이는 실천으로 옮기는 것은 어느 시대나 어렵다. 하지만 그러한 실천이 진짜로 마음에서 우러나온 행동인지, 아니면 다른 의도를 품고 행하는 위선인지는 도통 알기 어렵다. 효도 마찬가지다. 후한에서는 부모가 사망하였을 때 필요 이상으로 상을 치르느라 병이 나거나, 혹은 거대한 무덤에 후한 장례를 치러 효를 유형으로 드러내고자 하였다. 그중에는 다음과 같은 위선도 있었다.

> 낙안군樂安郡 백성 중에 조선趙宣이란 자가 있었다. 어버이를 매장하고 묘도墓道(무덤으로 통하는 굴길)를 닫지 않은 채 그 안에서 살았는데, 상복을 입고 스무 해 동안 머물렀다. 향읍 사람들은 그 효를 기렸고, **주군州郡은 자주 이것을 추천하였다.** 군내 사람이 진번陳蕃에게 추천하자, 진번은 조선을 면회하여 질문하다 처자식에 대해서까지 물었다. 그러자 조선의 다섯 자식이 **모두 복상服喪 중에 태어났음**을 알았다. 진번은 크게 노하여 그 자를 옥에 가두었다.
>
> -《후한서》〈진번전〉陳蕃傳

태위까지 오르고 '당인의 지도자'였던 진번은 조조를 인물평가한 허소마저 꺼릴 정도로 눈썰미가 매서웠다. 그런 덕분에 고향에서 효를 칭송받아 군의 효렴이나 주州의 무재茂才로 추천을 받은 조선의 위선을 간파하고 처벌했다.

이 이야기에서 주목해야 할 것은 관료도 아닌 '백성'의 무덤이 20년이나 그 속에서 살 수 있을 정도의 묘도를 갖추었다는 점이다. 성대한 묘를 조성하고 금은 재화를 바치는 후장厚葬은 자신의 효를 세상에 과시하는 가장 좋은 수단이었다. 그래서 재산을 쏟아 부어 웅장한 무덤을 만들고, 오랫동안 상복을 입는 일이 민관을 막론하고 유행하였다.

조조는 이 '위선에 찌든' 악습을 타파하고 싶었다. 조조가 젊은 날의 뜻을 밝힌 '십이월기해령'十二月己亥令에도 "묘혈에 살면서 효심을 과장해 이름을 알리는 자는 선비가 아니다"는 내용이 있으니, 조조도 이런 폐단을 잘 알고 있었음이 분명하다. 조조는 홍거薨去하면서 이렇듯 형식으로 남은 효에, 더욱이 효를 밑바탕에 둔 유교 자체에 반발해 박장薄葬(검소한 장례)을 명했다. 그 조조의 묘가 약 1800년이라는 세월이 지나, 2009년에 발굴되었다. 이른바 '조조 고릉高陵'이다.

조조의 의지를 전한 무덤 '고릉'

하남성 안양시에서 서북쪽으로 약 15킬로미터 지점인 안양현 안풍향 서고혈촌西高穴村. 2008년 발굴이 시작된 '서고혈 2호묘'가 바로 '조조 고릉'이다.

발굴 당초에는 서고혈 2호묘를 조조 고릉으로 추정한 하남성문물고고연구소의 견해에 의문을 제기하기도 했는데, 조사의 진전과 함께 조조 고릉이 확실시되었다.

발견의 계기는, 4세기 때 국가인 후조後趙(오호십육국 시대에 갈족羯族 석륵石勒에 의해 건국된 나라)를 섬긴 노잠魯潛의 묘지가 발굴된 데 있다. 묘지墓誌에는 조조의 묘가 노잠묘 동남쪽 300여 미터의 범주 내에 있다고 적혀 있었다. 서고혈 2호묘가 그것에 해당한다. 또 서고혈촌에서 동쪽으로 7킬로미

터 지점에 고릉의 위치를 보여주는 서문표西門豹(전국시대 위나라 신하로서 미신
퇴치에 공헌함)의 사당 유적이 있고, 14킬로미터 즈음에는 위왕 조조의 도읍
지였던 업성鄴城의 유적이 있다.

고릉에 대해 조조의 종령終令(임종 때의 명령)은 다음과 같다.

옛날에는 매장을 할 때 반드시 메마른 땅에 했다. 서문표의 사당 서쪽 높
은 평지를 계측해 수릉壽陵(생전에 만든 묘)을 세워라. 높이를 이용해 기초
를 다질 뿐, **흙으로 봉토를 덮지 않으며 나무를 심을 필요도 없다**……

- 《삼국지》〈무제기〉

2008년부터 발굴이 시작된 조조의 고릉(高陵)

조조의 종령이 전거로 삼은 유교 경전은 《주역》〈계사·하전〉이다. 단 《주역》이 '흙으로 봉토를 덮지 않으며 나무를 심을 필요도 없다'라고 기술한 뒤에, '후세의 성인이 이것을 바꾸어 정중하게 매장을 행했다'라며 이어지는 부분을 조조는 인용하지 않았다. 즉 유교의 성인이 시작한 공손한 매장, 그것을 더욱 공들여 한 것이 바로 후장인데, 그것을 채택하지 않고 '박장'을 하라고 명령한 것이다.

물론 조조는 위나라 왕이기 때문에 무덤의 규모가 작지는 않다. 서고혈 2호묘는 횡혈식 묘릉으로 묘도의 길이는 39.5미터, 최심부는 지표에서 약 15미터에 이른다. 묘실은 벽돌을 쌓아 만들었고, 앞뒤 2실로 나뉘어 각각에 측실이 두 개 있다. 후실은 동서 길이가 3.82미터, 남북의 폭이 3.85미터로 조조는 이곳에 묻혀 있었다. 후실 안에는 젊은 여성과 노령 여성, 두 명의 두개골도 있어 후자가 조비·조식의 모친 변씨卞氏로 추정되었다.

이처럼 2실室 4측실側室을 갖춘 서고혈 2호묘는 후한 말기·삼국시대 왕묘에 걸맞은 규모와 격식을 갖추었다. 그러나 서고혈 2호묘에서는, 왕묘에 마련되어야 할 금은·주옥이 평복에 쓰였던 것 외에는 출토되지 않았고, 금루옥의金縷玉衣의 흔적도 없었다.

조조는, 유령遺令(유언)에서도 박장을 명하고 있다.

건안 25년(220) 위왕(조조)이 낙양에서 붕어했다. 향년 66세. 유령에 이렇게 명하였다.

"천하가 아직 안정되지 않았으니, 고대의 규정에 따라 장례를 치를 수는 없다. **매장이 끝나면 모두 상복을 벗으라.** 병사를 통솔하며 주둔지에서 복무하고 있는 자가 둔영을 벗어나는 일은 허락하지 않는다. 담당 관리는 각자 자신의 직무를 다하라. **입관할 때에는 평상복을 입히고 금과 옥, 진귀한 보물을 묘에 넣지 말라.**"

시호를 무왕武王이라 했다. 2월 정묘丁卯(21일), 고릉에 안장했다.

- 《삼국지》〈무제기〉

조조는 유령에서 상복을 입고 애도하는 기간을 짧게 하고, 유해를 관에 넣을 때는 평복을 사용하며, 금과 옥이나 보물을 묘에 넣지 말라고 당부하였다. 즉 박장을 명령한 것이다. '조조의 고향' 안휘성 서북부의 박주시亳州市에 있는 조조 종족묘들에서는 '은루옥의'가 발굴되었다. 조조의 할아버지 조등, 아버지 조숭은 비정후費亭侯라는 제후로, 은루옥의를 입고 묻힐 자격이 있었다. 그럼에도 조조는 이런 화려한 장례를 거부하고 박장을 명했다. 조조는 위선적인 효에 대한 비판을 죽은 뒤에도, 고릉 안에서 영원히 부르짖고 있는 셈이다.

장례 의식에 대한 조조와 조비의 차이

조위를 건국한 문제文帝 조비는 조조의 유지를 받들어, 박장을 조위의 묘제墓制로 규정하였다. 다음과 같다.

묘를 만들고 나무를 심는 제도는 상고上古 시대부터 없었으므로 나는 받아들이지 않겠다. 나의 묘는 **산세에 의지하는 것을 위주로 삼을 터이니, 흙을 쌓아 높은 언덕을 만들거나 사방에 나무를 심지 말 것이며,** 침전寢殿

을 건축하고 원읍園邑(능을 지키는 마을)을 만들거나 신도神道(분묘로 향하는 길)를 뚫는 짓을 하지 말지어다. 무릇 안장安葬이란 몸을 감추어 사람들이 보지 못하게 하는 것이다. 죽은 자의 뼈에는 통증이나 가려움 같은 지각도 없고, 분묘에는 정신이 깃들 자리도 없다.

예법에 따라 분묘에 제사를 지내지 않는 것은 산 자가 죽은 자를 더럽히지 않기를 바라는 것이다. 관곽을 만들어도 뼈는 썩기 마련이며, 의복과 이불이 있어도 살은 썩기 마련이다. 그러므로 나는 구릉 중에서도 식물을 심을 수 없는 땅을 골라 분묘를 만들고 세대가 바뀐 후에는 그곳을 알아보지 못하기를 바란다.

분묘에는 갈대나 석탄을 놓지 말고 **금, 은, 동, 철을 감춰두지 말며 한결같이 질그릇을 사용**하고······ 관은 봉합한 이음매 세 군데만 칠을 하고 입에 넣는 주옥을 사용하지 말며, **구슬을 입혀 만든 주유珠襦(옷)를 옥갑玉匣 속에 넣지 말라.** 어리석고 우매한 자가 하는 짓이다.

······만약 지금의 이 종제終制(매장 방식을 명한 유언)를 누군가 위반하고, 함부로 변경해 성토盛土(식림植林)한다면, 내가 죽은 후 땅속에 있는 내 주검이 모욕에 모욕을 거듭 당하여 찢기니, 나는 죽고 또 죽게 되는 셈이다. 신하나 아들로서 임금이나 아버지를 멸시하고 기만하는 것은 **불충이요, 불효이다.** 죽은 자가 만일 지각을 갖고 있다면 그런 자에게 복을 주지 않을 것이다.

-《삼국지》〈문제기〉文帝紀

조비는 종령終令으로 산을 쌓지 말고 나무를 심지 말며, 금은을 넣지 말고 질그릇만 사용하라고 명하였다. 조조의 종령을 이어받은 것이다. 시체에

'주유珠襦·옥갑玉匣', 즉 금루옥의를 입히지 말라는 것도 명기되어 있다.

　단, 조비는 종제를 어기고 후장을 하여, 무덤이 파헤쳐지고 시체가 드러나는 것을 불충·불효로 규정하고 있다. 여기에는 조조의 박장이 품고 있던 '위선적 효에 대한 강한 도전'은 없다. 조비의 입장은 '박장', 즉 검소한 장례도 오로지 유교 이념인 충효를 위해 치러져야 한다는 것이다. 여기에 조조와의 차이, 즉 문제의 한계를 엿볼 수 있다.

6

창업보다 어려운 수성

문학에서 유교로의 반동

조조가 죽은 후, 조비는 위왕 자리를 계승하였다. 그리고 후한을 대신해 조위를 건국하는 '한위漢魏 혁명'을 성공시킨다(220).

한나라 헌제는 뭇 신하의 마음이 위왕魏王(조비)에게 향해 있다고 여겨, 조정 대신들을 소집하여 한 고조(유방)의 묘소에 제사를 지냈다. 그리고 황제의 자리를 양위하고 책문을 내려 말했다.

"아, 위왕에게 고한다. 옛날에 요임금은 순임금에게 양위했고, 순임금 역시 우임금(하夏나라의 시조)에게 선양했으니, 천명은 영원히 한 자리에 고정된 게 아니며, 오직 덕망이 있는 자에게 돌아갈 뿐이다. ……짐은 정성껏

궁리하여 위왕에게 천하를 선양할 것이노라! ……이 모두가 《상서》〈요전〉
에 따라 황제의 위치를 공경스럽게 그대에게 양위하노라! ……"

위왕은 제단에 올라 제위를 이었다.

- 《삼국지》〈문제기〉

이 해에 '순욱의 사위'인 이부상서吏部尙書 진군은 구품중정제도九品中正制度
라는 관료 등용제도를 헌책하는데, 조비는 이를 승인하였다.

구품중정제도는 군郡에 설치된 중정관中正官(현지 지방의 인재 평가를 전문적
으로 책임짐)이 관료 취임 희망자에게 향리에서의 명성에 따라 1품(1품을 수여
한 예는 적고, 사실상 2품이 최고위)에서 9품까지의 향품鄕品을 부여하고, 장狀(사
언四言의 인물평가 상신서)을 중앙정부에 올렸다. 원칙적으로 향품보다 4품이
낮은 관품官品인 기가관起家官(초임관)에 취임하여, 그 후 평생 '4품 높은' 품관
까지 출세해 나가는 제도이다. '치우치지 않고 곧고 올바른 벼슬아치'라는
뜻의 '중정관'이야말로 이 제도를 운용하는 핵심이기 때문에 구품중정제라
고 명명하였다. 이리하여 후한의 질석제秩石制는 '관품제'官品制로 변경되었다.

가령 향품 2품을 받은 자는 6품관에 취임하여 2품관까지 승진할 수
있다. 관료의 지위는 맨 처음 부여받는 향품에 의해서 규정되기 때문에 향
품을 결정하는 중정관이 강한 권한을 가졌다. 그 중정관에 취임한 자는 인
물평가를 장악해 온 '명사 집단'이 중심이었다. 따라서 조조 아래(위나라)에
서 권력을 장악하고 있던 명사는 새로 건국된 '조위 제국'에서도 자신의 가
치 기준에 입각한 인사로 지배층에 오를 수 있었다.

다만 조위에서는 후세처럼 '가문'뿐만이 아니라 '재능'에 따라 '향품'이
결정되었기 때문에 '능력주의'에 기초하여 관료를 등용하려고 했던 조조의

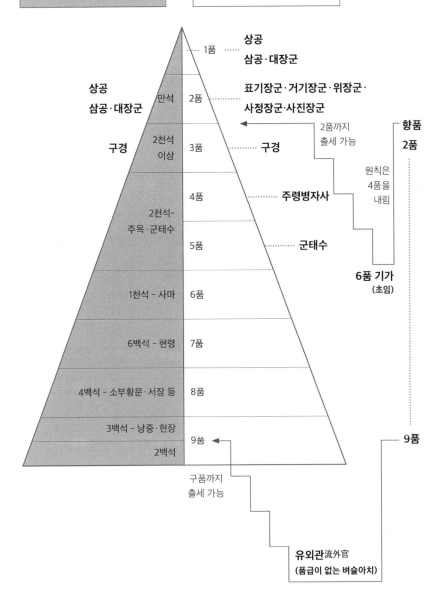

한(漢) 질석제와 위(魏) 구품관제

'유재시거'에 가까운 측면도 있었다. 그러나 구품중정제도는 유교에 기초해서 제정되었기 때문에, 유교를 뛰어넘으려고 했던 조조의 '유재시거'와는 구별된다. 조조가 비판한 후한 '유교 국가'의 '효렴과'에서 중시했던 유교 이념의 근본인 '효'가 없으면 향품을 낮추는 이유가 되었기 때문이다.

가령 《삼국지》를 쓴 진수는 복상服喪 중에 약을 복용했다는 이유로 향품이 낮아졌다. 유교의 경의經義에 의하면, 복상은 '효의 표시'이므로 몸이 나빠지더라도 약을 먹지 말아야 했다.

이렇듯 사실 구품중정제는 이론적으로 품행, 재능, 가문을 모두 중요시한다고 하지만, 재능이라는 항목은 그다지 중시되지 않았고 '효렴'을 제일 중요시했던 것이다. 또 구품중정제도가 사람을 9'품'品으로 분류한 것은 그 근본에 유교의 '성'性설說이 놓여 있었기 때문이다. 무릇 성性이란 인간이 태어날 때부터 생득적으로 갖춘 '자연의 성질'이다. 맹자는 그것을 성선설性善説, 순자荀子는 성악설性悪説이라고 생각했다. 전한의 동중서董仲舒(한 무제 때 유교를 국교화한 인물) 학파는 인간의 성을 상·중·하 세 가지로 분류하는 '성삼품설'性三品説을 주창했다. 상지上智(성인)와 하우下愚(소인)의 성은 변하지 않으며, 오직 중인中人의 성만이 가르침의 유무에 따라 선이 되기도 하고, 혹은 악이 되기도 한다. 그래서 하늘은 왕(황제)을 세워 중인을 교화시키게 했다는 것이다.

후한 말기에 성삼품설을 계승한 순열荀悦(순욱의 사촌 형)과 진군은 단순히 인척일 뿐 아니라, 모두 육형肉刑의 부활을 주장하는 등 학문적으로도 밀접한 관계가 있었다. 따라서 진군은 순열의 성삼품설 영향 아래, 인간의 덕성으로 획득한 명성에 따라 관료 취임 희망자를 9품으로 나누어 향품을 부여하는 제도, 즉 구품중정제를 헌책했던 것이다. 이리하여 진군은 관료 등용제도의 기준을 '문학'이 아니라 '유교'로 재전환하는 데 성공했다.

군주 권력과 명사 집단의 알력

하지만 진군의 이러한 노력에도 불구하고 순욱부터 이어져 온 '영천 집단'의 우월함은 이윽고 조위에서 소멸한다. 다음 장에서 서술하겠지만, 촉한에서 제갈량의 인사기반이 된 형주명사 집단이 보여주는 정치적 우월성을 위나라의 영천 집단은 계속 유지할 수 없었던 것이다. 순욱을 중심으로 한 영천 집단은 조조 정권을 형성하는 데 큰 역할을 했다. 하지만 그들이 조위 정권에서 정치적 우위를 차지할 수 없었던 이유는 조조·조비라는 군주 권력 측이 강하게 견제를 하고, 또한 정권에 참여한 명사 집단의 폭이 광범위해졌기 때문이다. 형주와 익주를 중심으로 명사 집단이 형성된 촉한 정권에 비해 조위 정권에서는 명사들이 '전국적'으로 폭넓게 중앙정치권에 진출하였던 것이다.

더구나 명사 집단이 통일적인 집단을 조직해서 조위 정권에 진입한 것도 아니었다. 지역적 한정성을 지니면서 각자 조위 정권에 참여하였다. 원소를 타도할 때까지 '나의 장자방'이라며 중용하던 순욱을 죽게 한 조조는 영천 집단이 명사들의 정점으로 돌출한 지위를 계속 전유하기를 원하지 않았다. 이것은 조위에서 군주 권력과 명사 계층 간의 '힘겨루기'가 엄혹하게 진행되었다는 상징이다.

그래도 문제文帝는 진군이 제안한 구품중정제도를 거부할 수 없었다. 구품중정제도는 인사 기준의 근저에 유교적 가치관의 핵심인 '효'를 두고, 향품과 함께 정해지는 '장'狀으로 명사의 자율적 질서를 계승하였으니 태초부터 유교가 내장된 것이다. 문제와 진군의 힘겨루기는 영천 집단의 존재감이 희박해지는 희생을 겪으면서도 구품중정제도에 따라 명사의 가치관과 질서를 국가의 관료 등용제도에 반영할 수 있었다는 점에서 '진군의 승리'라고 해도 무방하다.

'정현학'과 위나라 혁명의 정통화

불과 재위 7년 만에 문제가 중병으로 붕어(226)하자, 제위를 계승한 명제明帝 조예曹叡는 또 다른 군주 권력 확립을 지향하였다. 그것을 위해 채용한 것이 바로 정현鄭玄의 학설이다. 정현학 고유의 특징이기도 한 육천설六天說이 '한위 혁명'을 정통화할 수 있었기 때문이다.

'한나라 경학의 집대성자' 정현의 육천설은 지고신至高神인 호천상제昊天上帝 외에 오행상생설五行相生說에 기초한 혁명에 대응하여, 역대 왕조의 수명제受命帝(왕조 교체기에 각 왕조의 선조에게 하늘의 명을 전해주는 신)가 되는 창제영위앙蒼帝靈威仰(나무를 주관)·적제적연노赤帝赤熛怒(불을 주관)·황제함추유黃帝含樞紐(흙을 주관)·백제백초거白帝白招拒(쇠를 주관)·흑제즙광기黑帝汁光紀(물을 주관)라는 '오천제'五天帝를 설정하고, 오천제를 각 국가의 수호신으로 제사 지내는 사상이다.

혁명의 정통성은 오천제에 의해 보장된다. 예를 들어, 주周나라에 호천상제의 천명이 내려졌을 때, 호천상제의 하속신인 창제영위앙은 감생제

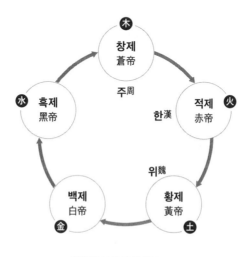

정현(鄭玄)의 육천설(六天說)

感生帝(제왕의 어머니에게 아이를 낳게 하는 하늘)로 하여금 주나라의 시조인 후직後稷을 낳게 하였다. 이윽고 주나라의 지배가 쇠퇴하고, 호천상제의 명命이 한漢나라로 옮겨가자 호천상제의 하속신인 적제적연노는 감생제로 하여금 한나라 고조 유방을 낳게 하였다. 이윽고 한나라의 지배가 쇠퇴하고 호천상제의 명이 조씨의 위나라에 내려갔으니, 호천상제의 하속인이고 조위의 수호신인 황제함추유가 감생제로 하여금 낳게 한 순임금의 후손 조씨가 황제가 되었다는 이야기이다.

이 때문에 명제는 경초景初 원년(237), 조칙을 내려 조씨의 시조를 순임금으로 삼고, 원구圓丘에서 '황황제천'皇皇帝天(호천상제)을 제사 지내면서 시조인 순임금을 배향할 것(원구사천圓丘祀天), 또 남교南郊에서는 '황천皇天의 신'(오천제五天帝, 황제함추유)을 제사 지내면서 태조무황제太祖武皇帝(조조)를 배향할 것(남교제천南郊祭天)을 결정하였다.

그러나 정현의 육천설은 이른바 역성혁명을 시인하기 때문에 유씨의 한나라에서 조씨의 위나라로의 역성혁명을 인정했지만, 조씨의 위나라에서 사마씨의 진晉나라로의 역성혁명까지, 나아가 진에서 다음 국가로의 역성혁명까지 차례차례로 인정하게 하고 말았다. 수나라에 역성혁명을 일으킨 당나라가 초기에 정현학을 바탕으로 하늘에 제사를 지내고도 국세가 쇠퇴하자, 정현을 반대했던 조위의 '왕숙王肅 학설'을 바탕으로 하늘에 제사를 지낸 것은 다른 성씨의 역성혁명을 막기 위해서라고 했다. 이처럼 명제의 정현학 도입도 조위의 군주 권력을 절대화할 수는 없었다.

조씨가 사마씨에게 선양해야 했던 이유

위나라 문제 때에 도입된 '관료 등용제도'인 구품중정제도는 그 근저에 효를 두고 있었다. 또 원칙적으로 품행이 불량하면 관품을 4품 낮추도록 하는 향품에는 명사의 존립기반인 명성이 가진 자율성이 반영되어 있었다. 조조와 순욱 때부터 되풀이된 군주와 명사의 '길항'拮抗 관계를 보면, 문제 조비는 진군 등 명사들의 요구에 굴복하는 형식으로 후한을 대신한 조위를 건국했다고 말해도 좋다.

이렇게 부친 문제 조비의 군주 권력은 약해진 데 반해, 아들 명제 조예는 정현학을 채용하여 육천설에 기초하여 한위 혁명의 정통성을 확립했다. 이후 정현학을 전면적으로 대체한 주자학이 성립한 남송 때까지 선양이 무수히 되풀이되었다.

이처럼 위나라 문제와 명제는 유교에 대한 조조의 강한 도전을 계승하지 못했다. 유교는 그 정도로 강력하고 강인하고 끈질겼다. 조위가 사마씨에게 권력을 장악당한 것은 문제·명제가 빨리 죽은 것만이 원인이 아니다. 문제도 명제도 '시대의 변혁자' 조조의 위대함을 이어받거나 뛰어넘지 못했기 때문이다.

제4장

촉나라,
전통을
계승하다

삼의궁三義宮
유비, 관우, 장비가 형제의 의를 맺은 장소이다.

1

유비의 의리와 천하삼분지계

관우·장비와 결의형제

나관중의 소설 《삼국지연의》는 도원결의桃園結義에서 시작된다. 황건적의 난을 평정하기 위해 유비·관우·장비는 도원에서 하늘과 땅에 제사를 지내고 '형제의 의義'를 맺었다. 그때 세 사람은 하늘과 땅에, 같은 해 같은 달 같은 날에, 함께 죽기를 바라는 의형제가 되기로 맹세한 것이다. 그러나 진수의 정사 《삼국지》는 '황제'가 된 유비와 '신하'인 관우·장비를 의형제였다고 기록하지 않았다. 다만 그것에 지극히 가까운 의리로 맺어진 점은 사실이다.

선주先主(유비)는 두 사람(관우·장비)과 잠을 잘 때 침대를 같이 쓰고, **은애**

恩愛**는 형제와 같았다.**

- 《삼국지》〈관우전〉

진수는 어디까지나 "은애는 형제와 같았다"고 적었을 뿐 의형제라고는 하지 않았다.

군신 관계는 설령 친형제일지라도 결코 함께 나란히 설 수 없는 것이 상하관계를 중시하는 유교이다. 그러나 훗날 유비는 조비曹丕가 후한을 멸망시키고 조위曹魏를 건국한 것에 맞서 촉한蜀漢를 세우면서, 조위와의 싸움이라는 '공사'公事보다도, 관우의 복수라는 '사사'私事를 우선시하여 손오孫吳로 쳐들어갔다. 그것은 군신 관계라기보다도 '의리'로 맺어진 '의형제'의 행동이었다. 이때 관우의 복수를 말리던 조운趙雲(조자룡) 또한 "유비와 침대를 같이 하며 잠을 잤다"고, 곧 관우·장비와 동질의 관계로 기록되어 있다.

소설 《삼국지연의》에서는 유비의 오나라 정벌을 제갈량이 극구 반대한 것으로 설정하였으나, 실제로 제갈량은 관우를 위해 복수를 하는 전쟁을 뜯어말리지 않았다. 유비와 관우·장비, 그리고 조자룡의 관계 속에는 '의리'로 결속을 맺은 자들만이 발을 디딜 수 있었다. 제갈량을 맞이하기까지의 유비 집단은 이러한 의리를 핵심으로 한 강력한 '용병집단'이었다.

의리 덕분에 높아진 명성

이에 반해 '공'을 우선시하라고 가르치는 유교를 익혔던 명사들은 이런 용병집단과는 가치관을 달리했다. 형주에서 조조의 벽소를 받은 후 유비 집단에 진입한 유파劉巴와 장비 사이에는 다음과 같은 에피소드가 남아 있다.

장비가 어느 날 유파의 집으로 놀러갔지만, 유파는 장비와 말을 섞지 않았다. 장비는 화를 내고 돌아와 버렸다. 이 소식을 접한 제갈량은 유파에게 말했다.

"장비는 무인武人이긴 하지만 당신을 경애하고 있습니다. 당신의 타고난 바탕이 훌륭하고 밝다는 것은 알겠습니다만, 부디 아랫사람에게도 조금은 상냥하게 대해 주십시오."

유파가 대답했다.

"뛰어난 인물이 이 세상에서 살아가는 까닭은 **천하의 영웅**과 교제하기 위해서입니다. 어찌 **병자**兵子(병졸 놈)와 함께 이야기를 나눌 수 있겠습니까?"

– 《삼국지》〈유파전〉의 '배송지 주'에 인용된 《영릉선현전》零陵先賢傳

유파가 말한 "천하의 영웅"이란 무력이 뛰어난 자가 아니라, 높은 명성을 지닌 명사를 의미한다. 유학儒學을 배운 명사들이 보기에는 장비 같은 '병졸 놈'은 서로 말을 섞을 가치가 있는 존재가 아니었다. 여기에서 의리로 결속한 유비 무리와 같은 '무인' 계층에 대한 멸시를 엿볼 수 있다.

그래도 장비는 명사에게 영합했고, 그 반동이었는지 병졸들에게는 엄해 부하를 곧잘 매질했다. 장비의 최후는 그것을 원망한 부하의 배반이 원인이었다. 반면 관우는 병사들에게 자상했으나 명사에게는 대항 의식을 가졌고, 《춘추좌씨전》을 공부했다. 그러나 형주 함락은 '명사' 사인士仁(관우의 부하)과 미방麋芳(미축麋竺의 동생)을 얕본 이유로 원망한 그들이 오나라 여몽呂蒙에게 항복한 것이 원인이 되었다. 명사에 대한 대응은 정반대였지만 장비도, 관우도 명사에 대한 열등감 때문에 명멸한 것이다.

소설 《삼국지연의》는 무장들의 전투를 이야기의 중심에 두지만, 역사적 사실로서의 삼국시대 주역은 명사이다. 삼국시대를 이은 위진남북조 시대는 중국 귀족제의 전성기가 되었다. 서양의 영주가 토지 소유를 존립기반으로 삼는 것에 반해, 중국의 귀족은 문화 자본을 존립기반으로 갖추었다. 물론 중국의 귀족도 토지를 소유한다. 그것은 문화 습득을 위한 필요조건이며, 고위관료직 세습의 결과로 확대되었지만, 귀족을 존립하게 하는 근본은 아니었다. 명사나 귀족 중에는 존립기반인 '명성'을 떨어뜨리지 않기 위해 사회계층이 다른 무장들을 깔보는 자도 있었던 것이다.

그래서 유비가 '형님'으로 따른 공손찬은 일부러 명사를 박해하고 상인을 자신의 지지기반으로 삼았다. 이에 반해 유비는 미축이라는 대상인의 손아래 누이를 처로 삼고, 그 재력을 기반으로 사회 하층부(유비는 어려서 아버지를 여의고 어머니와 함께 돗자리를 짜고 짚신을 팔아 연명해 훗날 정적들에게 '짚신 파는 놈'이라는 비웃음을 당했다)에서 벼락출세했지만, 명사를 존중했다는 점에서 공손찬과는 달랐다. 유비는 조조 덕분에 일시적으로나마 예주목豫州牧이 되었을 때는 '영천 명사' 진군陳羣(순욱의 사위)을, 서주목徐州牧이 되었을 때에는 '서주 명사' 진등陳登을 벽소하여 두 사람은 유비에게 예속성을 지닌 고리故吏가 되어야만 했다.

그러나 진군과 진등, 이 두 사람은 유비가 예주와 서주를 잃자 따르지 않았으며, 명사들이 초기의 유비 집단에 계속 머무는 경우도 거의 없었다. 그때 진등은 유비를 "웅자雄姿는 걸출하고, 왕자王者·패자霸者의 재략이 있다

《삼국지》〈진교전〉陳矯傳)"고 높이 평가하면서도 따르지는 않았다. 다시 말해 명사가 본적지를 버리면서까지 수종할 만한 매력이나 장래성이 이 당시의 유비 집단에는 부족했던 것이다.

유비가 예주목일 때 서주목 도겸이 죽자 유비는 서주를 병합하려 했다. 그런데, 진군은 "원술의 세력이 강대하므로 지금 동쪽으로 진출한다면 그와 싸우게 될 것이고, 여포가 장군의 뒤를 기습한다면, 장군은 설령 서주를 얻어도 지켜낼 수 없을" 것이라고 진언하였다. 이때 유비는 진군의 간언을 따르지도 않았다. 이처럼 의리로 맺어진 관우·장비를 제쳐두면서까지 명사의 헌책을 따를 집단도 아니었던 것이다.

명사들은 유교가 멸시하는 임협任俠이나 용병, 상인 무리 같은 초기의 유비 집단에 오래 머무르지 않았고, 유비는 일시적으로는 지배지를 얻었다 손 쳐도 계속 보유할 능력이 없었다. 조조 집단과 달리 의리를 중히 여기는 유비 집단의 특성 때문에 벽소를 교묘하게 이용할 수 없었다고 해도 좋다. 유비의 '초기 책사' 서서徐庶의 권유에 따라 삼고초려三顧草廬로 제갈량을 맞이한 것은 이러한 초기 유비 집단의 특성을 뒤바꾼 대전환점이었다.

'명사 정권'으로 환골탈태시킨 '삼고초려'

소설 《삼국지연의》에서 서서는 '단복'單福이라는 가명을 쓴다. 진수의 《삼국지》〈제갈량전〉의 '배송지 주'에 인용된 《위략》魏略에서 "서서는 예전 이름을 복福이라 하고, 원래 단가單家 출신"이라고 하였기 때문에, '단가'의 뜻을 알 수 없었던 《삼국지연의》의 저자 나관중이 서서의 원래 이름을 '단복'으로 해석했다는 설도 있다.

과연 그럴까? 《삼국지연의》가 자주 하는 '고의적 오독'이라고 생각하는 편이 낫다. 《위략》에는 호족 출신이 아닌, 즉 단가 출신으로 활약한 서서 등을 모은 〈단가 열전〉이 있었다고 한다. '열전'을 따로 편찬할 정도로 단가 출신은 명사와 구별되었다. 아니면 '열전'을 엮을 정도로 삼국시대에는 오히려 단가에서 명사로 변모한 사람들이 많았다고 해석해도 좋다. 서진西晉 이후 귀족제 시대에는 귀족과 비非귀족의 고정화가 진행되어 한문寒門(비귀족 호족)이나 한소寒素(단가)에서 귀족으로 진입할 수 있는 경우는 드물었다.

유비에게 제갈량을 추천했던 서서는 제갈량의 벗들 가운데 가장 먼저 유비를 섬겼다. 단가 출신으로, 은인을 위해 사람을 죽이고 망명한 서서는 유비 등 의리로 맺어진 사회계층과 출신을 같이 한다.

《삼국지연의》에서 서서는 노모가 조조에게 인질로 잡힌 탓에 조조 밑으로 어쩔 수 없이 출사하기에 앞서, 자신을 대신할 인재로 제갈량을 추천했다는 설을 풀고 있다. 그러나 실제로 서서의 노모가 사로잡힌 것은 장판파長阪坡 전투 때이고, 서서는 유비 집단의 한 구성원으로서 친구인 제갈량을 다음과 같이 소개하였다.

서서가 선주先主(유비)에게 물었다.
"제갈공명이라는 사람은 와룡臥龍입니다. 장군께서는 공명을 만나기를 원하십니까?"
선주가 대답했다.
"당신이 그분을 모시고 함께 오도록 하시오."
서서가 대답하였다.

"이 사람은 이쪽에서 먼저 찾아뵈면 만날 수 있을망정 억지로 데려올 수는 없습니다. 장군께서 부디 **존귀한 몸을 몸소 굽히어 수레를 손수 끌고 가 공명을 찾아가시는 것이 좋을 듯합니다.**"

이리하여 선주는 마침내 제갈량에게 세 차례나 찾아간 뒤에서야 비로소 만났다.

- 《삼국지》〈제갈량전〉

유비는 제갈량을 초빙하기 위해 세 차례나 그의 모옥茅屋(초가집)을 방문하는 지극한 예를 갖추었다. 바로 삼고초려三顧草廬다. 후한을 건국한 광무제는 삼고초려로 맞이하는 유자儒者(선비)를 위해 재상의 자리를 마련했다. 유비는 명목상이라지만 이때 좌장군左將軍이었다. 좌장군은 경卿에 버금가는 장군으로, 막부를 열 수 있었다. 그래서 포의布衣 제갈량을 스스로 찾아간 것은 너무 과한 예, 즉 '과례過禮'였다. 《논어》〈선진〉先進편은 "지나침은 모자람만 못하다"라고 하였다. 물론 유비도 처음에는 삼고초려를 할 생각이 없었다.

그런데 신하처럼 따르는 서서가 친구를 추천해 왔다. "당신이 그분을 모시고 함께 오도록 하시오"라는 유비의 대답은 진심이었다. 유비는 형주자사 유표劉表 아래에서 객장客將으로 6년 동안, 단지 비육지탄髀肉之嘆의 탄식만을 감내하고 있었던 것은 아니다. "형주의 호걸로 선주를 따르는 자가 날로 많아지자, 유표는 그 마음을 의심하여 남몰래 이를 막았다."《삼국지》〈선주전〉 이처럼 유비는 자신의 세력 팽창을 위해 애를 쓰고 있었던 것이다. 그런 와중에 서서가 벗을 추천하는 것은 놀랄 일도 아니다.

《자치통감》資治通鑑을 지은 북송北宋의 사마광司馬光(1019~1086)은 유비가 제갈량에게 삼고초려의 예를 다한 이유를 유비가 서서를 존중한 데서 찾았다. 그것을 부정할 수는 없지만, 유비가 처음부터 제갈량에게 삼고의 예를 다하지 않았다는 점에 주목하고 싶다. 서서가 "장군께서 부디 존귀한 몸을 몸소 굽히어 수레를 끌고 가 손수 공명을 찾아가시는 것이 좋을 듯합니다"라고 말하며, 유비를 설득하고 있지 않은가? 서서는 유비에게 제갈량을 세 번이나 찾아가게 함으로써 유비 집단의 변화와 그 변화의 움직임을 대외적으로 선전하는 효과를 자아내고자 한 것이다. 그리고 서서의 충언을 받아들인 유비도 '명성'이라는 눈에 보이지 않는 명사의 존립기반을 삼고초려라는 형태로 가시화하면서, 유비 집단의 변용을 만방에 선언한 셈이었다.

유비는 삼고초려의 예를 행함으로써, 관우와 장비가 못마땅해 할 정도로 제갈량을 우대하게 되었다. 서로 신뢰하는 군신 관계를 표현하기 위해 사용하는 '군신수어지교'君臣水魚之交(임금과 신하는 물과 물고기의 관계와 같다)라는 고사성어는 본래 관우와 장비의 불평을 무마하고자 한 유비의 정치적 수사 혹은 변명이었다. 이리하여 유비는 삼고초려로 제갈량을 책사로 맞이하고, 이를 계기로 '형주 명사 집단'에 가입함으로써 자신의 집단을 '의리'로만 결속시킨 용병집단에서 제갈량 등 명사를 핵심으로 하는 정권으로 환골탈태시키는, 즉 질적인 변화를 꾀할 수 있었던 것이다.

유비는 늘 어진 사람이었을까?

《삼국지연의》는 시종일관 유비를 '어진'仁 사람으로 묘사한다. '인'은 유교 최고의 덕목이지만, 공자는《논어》에서 질문자에 따라 다른 대답을 하고 있기에 한마디로 딱 잘라 정의할 수 있는 것은 아니다. 공자의 문하생 중에 지력이 떨어지는 번지樊遲가 '인이란 무엇인가'를 여쭙자, 공자는 "남을 사랑하는 것"《논어》〈안연〉)이라고 간단하게 대답하고 있다.

가장 뛰어난 제자 안연顔淵(안회顔回)이 인을 여쭙자, 공자는 "자기를 극복하고 예로 돌아오는 것이 인이다"《논어》〈안연〉 편)라고 대답하고 있다. 이 공자의 말이 '극기복례'克己復禮의 어원인데, 일본에서는 주자朱子의 해석에 근거해 '극'克을 '극복'으로 해석한다. 후한 말기의 유학자 정현은 '극'을 '삼가함'愼으로 해석했다. 번지에게 대답한 '인'보다 안연에게 대답한 '인'이 요구사항이 더 높다. 여하튼 번지와 안연에게 한 답변에 의거해 판단하자면, 공자는 인을 자신의 방자함을 삼가고, 남을 사랑하고, 사회적 규범에 따라 예를 지키는 것으로 생각하는 듯하다.

그러면《삼국지연의》는 어떻게 유비의 '인'을 묘사하고 있을까?

《삼국지연의》는 강담講談(야담)이 오랜 세월 동안 쌓여가면서 차츰차츰 형성된 문학 소설이다. 그러므로《삼국지연의》가 그리는 '인'은 중국 사람들이 아주 오랫동안 원했던 '인'의 방식이라고 생각할 수 있을 것이다.

《삼국지연의》는 유비가 안희현安喜縣의 위尉일 때 군郡의 독우를 매질하지 않은 일을 '인'하다고 칭찬한 것을 시작으로, 공융을 돕고, 도겸에게 서주를 양보 받고, 유종劉琮(형주목 유표의 아들)을 죽이지 않은 것을 '인'이라고 부른다. 유표, 서서, 서서의 어머니, 최주평崔州平(제갈량의 융중 친구), 제갈량, 위연魏延, 공지鞏志(무릉태수 김선金旋더러 유비에게 투항하라고 권유한 인물), 노숙, 교국노喬國老(대교大喬·소교小喬의 아버지), 묘척苗澤(마등의 조조 암살 모의를 조조에게 밀고한 인물), 장송張松(유비가 촉에 들어갈 때 길잡이 노릇을 한 익주목 유장의 신하), 법정법正, 미축 등등으로부터 유비는 '어진 사람'이라는 평가를 받고, 또 제갈량은 손오로 동맹을 유세하러 갔던 때에도 유비의 '인'을 연거푸 부르짖었다.

이 밖에 유비의 즉위 이유 중 하나로 '인'을 들 수 있는데, 이것은《삼국지》에도 기록되어 있다. 또한 조조와 자신을 비교하는 중에, 유비 스스로 "어진 사람이 되고 싶다"고 말한 것은《삼국지》의 '배송지 주'에 인용된《구주춘추》九州春秋를 출처로 한다. 따라서 유비의 '인'을 허구라고만 말할 수는 없다.

그러나 촉蜀 지역으로 들어가는 도중에 익주목 유장劉璋의 군대를 꺾고 연회에서 크게 기뻐하자, 방통에게 "남의 나라를 깨부수고 기뻐하는 것은 인자仁者의 군사가 아닙니다"《삼국지》〈방통전〉라는 쓴소리를 들었다. 역사적 사실에 따르면, 유비가 늘 어진 인물이라고는 말할 수 없다. 그럼《삼국지연의》의 작가 나관중은 유비의 어떤 면에서 인을 느꼈을까?

적벽대전(208) 후, 형주 남부를 거점으로 삼고 익주로 쳐들어간 유비는 유장의 군사적 기반인 동주병東州兵을 분쇄하고, 나아가 조조를 격파하고 한중漢中을 집어삼켰다. 조조가 죽고, 그의 맏아들 조비가 후한을 망하게 하고 위魏를 건국하자, 이를 인정하지 않고 촉한蜀漢을 세웠다. 그러나 그 이전에 형주를 지키고 있던 관우는 유비의 '한실漢室 부흥'에 호응하며 조조를 공략하다, 오나라의 배신으로 협공을 받고 여몽에게 패한 뒤 죽임을 당했다(219). 그래서 유비는 촉한의 황제로 즉위하고 나서도 우울해하며 즐거워하지 않는다.

마침내 유비는 관우의 원수를 갚기 위해 제갈량의 기본방침인 오촉 동맹을 어기고 오나라로 쳐들어간다. 이때의 유비는 지금까지 얼굴에 쓰고 있던 성인군자의 가면을 벗고, 누구의 만류도 듣지 않고 관우의 복수를 위해서만 일직선으로 행동한다. 용병대장 시절의 당찬 유비의 모습을 볼 수 있다.

《삼국지연의》에서는 조자룡 외에 제갈량도 유비의 동정東征, 즉 오나라 정벌을 뜯어말린다. 그러나 《삼국지》에는 제갈량이 동정을 반대한 기록이 없다. 사실 제갈량은 유비의 군사적 능력을 높이 평가하고 있었다. 후세에 군사軍師라는 이미지로 굳어버린 것은 의외지만, 제갈량은 유비 생전에 군을 직접 지휘한 적이 없다. 군권은 관우와 장비가 쥐고 있었기 때문이다. 그리고 제갈량은 유비의 군사적 능력을 신뢰하였기에 반대하지 않았다고 여겨도 좋다.

그러나 그뿐만이 아니다. 조자룡이 오나라 침공에 반대한 것처럼 촉한의 불구대천의 원수는 조위로, 관우의 복수극은 유비가 개인적 감정을 터트린 것에 불과하였다. 일국의 황제란 자가 신하의 전사를 이유로 스스로 군사를 이끌고 적국이 아니라 동맹국으로 쳐들어간 일은 정치적 판단으로 보면 옳지 않다는 것을 제갈량이 모를 리 없을 터였다.

그러나 제갈량은 오나라 정벌 전쟁을 말리지 않았다. 말릴 수가 없었다. 관우를 위해 복수를 감행하는 것은 유비가 살아가는 이유의 '전부'였다. 관우·장비는 거병 이래 목숨을 걸고 유비를 지켜왔다. '의리'에 바탕을 둔 그들의 강한 연결망에 제갈량은 끼지 못했다.

결국, 유비는 이릉대전夷陵大戰(221)에서 오나라의 육손陸遜에게 패퇴하고, 백제성白帝城에서 생을 마감했다(223). 유비는 죽기 전에 '어리석고 어린 맏아들' 유선劉禪이 걱정되었을 법하다. 제갈량을 경계하는 듯한 유언을 남기고 있지만, 자신의 생애에는 만족하지 않았을까? 관우·장비와 함께 천하 평정을 시작해 관우, 그리고 관우의 복수를 앞두고 피살된 장비를 위해 싸우다 죽어갔다. 의리로 한평생을 살아간 유비의 생애에 상응하는 죽음의 모양새이다.

유비가 관우·장비와의 의리를 평생 지켰다는 점에서 《논어》에서 공자가 말한 "남을 사랑하는 것"으로서의 '인'을 엿볼 수 있다. 이 때문에 《삼국지연의》는 유비의 '인'을 관우·장비와의 '정'情과 함께 버무려 묘사하였다. 도원의 맹세로 소설이 시작되고 관우·장비의 복수에서 유비의 생이 마감되는 구도, 여기서 도원결의를 끝까지 지키려고 한 유비의 의리를 들여다볼 수 있기 때문이다. 사람들은 이런 유비에게 '남을 사랑하는' 인仁의 본질을 보았다. 여기에는 인군仁君으로서 백성을 사랑하는 정치를 원하는 중국인들의 마음이 절절하게 담겨 있다.

초려대의 참뜻

삼고초려로 두터운 대우를 약속받은 제갈량은 드디어 출사한다. 서기 207년, 제갈량은 26세, 유비는 46세 때였다. 당시 유비의 책문策問에 답한 것이 '초려대'草廬對 혹은 '융중대'隆中對이다. 제갈량은 융중의 초려에 살고 있었으니, '초려'나 '융중'이나 똑같은 의미이다. 중요한 것은 '대'對이다. '대'란 본래 향거리선의 제거에서 행해지는데, 황제의 '책문', 즉 '질문'에 대한 '대책'對策, 즉 '회답'을 의미한다. 따라서 초려대는 유비의 책문에 제갈량이 회답한 내용을 일컫는다.

유비는 그곳에서 옆에 있는 사람을 물리고 말했다.

"한나라 황실은 기울고 무너졌으며, 간신들이 천자(헌제)의 명령을 도용하여 천자께서 모욕을 당하셨습니다. 저는 덕행과 역량을 헤아리지 못하고 천하에 대의를 펼치려고 했지만, 지혜와 전술이 모자라므로 좌절하고 실패하여 오늘날 이 지경에 이르렀습니다. 그러나 한실 부흥의 뜻만은 아직 버리지 않았으니, 어떻게 하면 좋을지 말씀해 주십시오."

- 《삼국지》〈제갈량전〉

유비의 책문은 세 가지로 요약된다. ①후한 말기의 정세, ②패퇴한 이유, ③향후의 기본 전략 등이다. 초려대는 이에 다음과 같이 회답하고 있다.

①**동탁이 나라를 혼란스럽게 한 뒤로 호걸들이 일제히 일어나** 주州를 점거하고 군郡을 접수한 자가 헤아릴 수 없을 지경입니다. ②조조가 원소보다 명성이 희미하고 병력이 적지만, 원소를 무찌르고 강자가 될 수 있었던 까닭은 단지 시운이 좋은 이유만이 아니라 **사람의 지모(용인술)에 의지했기 때문**입니다. ③이제 **조조**는 이미 백만 병력을 보유하고, 천자를 끼고서 제후들에게 호령하고 있으니, 이는 확실히 **정면에서 대등하게 싸울 수 있는 상대가 아닙니다.**

손권은 강동을 지배한 지 벌써 3대가 지났고, 나라가 장강(양자강)의 험준함을 끼고 있고, 현지 호족과 백성의 지지를 받고 있으며, 현명하고 재능 있는 인재들은 수족이 되어 보좌하고 있으니, 그를 **우리 편으로 삼아 후원자로 손잡을 수는 있으나** 절대 도모해 병합할 수는 없습니다.

형주荊州는 북쪽에 한수漢水와 변수汴水가 있어 경제적 이익이 남해에까지 이르고, 남쪽으로는 남령南嶺에 이르러 광주廣州로 통하고, 동쪽으로는 강동의 오군吳郡과 회계군會稽郡에 잇닿아 있으며, 서쪽으로 파군巴郡과 촉군蜀郡으로 통합니다. 이런 교통의 요충지는 무력을 써야만 하는 나라이지만 그 주군(유표)은 지켜낼 수조차 없습니다. 이것은 아마 하늘이 장군에게 쓰도록 한 증거일 텐데 **장군께서는 혹시 형주를 취할 뜻**이 있습니까?

익주益州는 요새가 튼튼하고 기름진 들판이 천 리나 이어져 있으므로 천연의 보고이며, 한고조(유방)께서는 이곳을 기초로 하여 패업을 이루었습니다. 하지만 그 땅의 주인 유장劉璋은 어리석고 유약하며, 익주 북쪽 한중 땅에 할거 중인 장로張魯가 북쪽에서 그를 위협하고 있고, 인구가 많고 나라는 부유하지만, 백성을 보살피는 데 마음을 둘 줄 모르므로 지혜와 재능이 있는 선비들은 현명한 군주를 얻기 원합니다.

장군은 이미 한 황실의 후예인 데다 신의는 천하에 빛나고, 인재와 영웅들을 널리 불러들이며, 목이 마른 것처럼 현인들을 갈망하고 있습니다. 만일 **형주와 익주를 함께 영유**하고, 그 요충지의 지리적 조건과 전략적 지위를 이용해 근거지를 공고히 지키며, 서쪽으로는 서융西戎과 조화를 이루고 남쪽으로는 이민족과 월족越族을 위무하며, 밖으로 손권과 맹약을 맺고 안으로는 정치를 개혁해 엄정한 통치를 하면 천하에 변화가 생겨 중원에 전쟁이 일어날 테니, 한 명의 상장군上將軍에게 명하여 **형주의 군대를 완현宛縣과 낙양 등 하남성 방면으로 진군**시키고, 장군(유비)께서는 **손수 익주의 군사를 통솔하여 진천秦川(섬서성 방면)으로 출격**하신다면 백성들은 먹고 마실 것을 준비하여 장군을 열렬히 환영할 것입니다. 참으로 그렇게 된다면 패업이 이루어지고 한나라 황실은 부흥할 것입니다.

- 《삼국지》〈제갈량전〉

①'후한 말기의 혼란한 정세'에 대해서는 동탁 이후 군웅들이 각지에서 할거한 점을 든다. 제갈량이 〈출사표〉出師表에 쓴 환제桓帝·영제靈帝의 실정에 대한 비판은 여기에서는 보이지 않는다. 후한이 여전히 존재하고 있기 때문일 것이다.

②'유비의 패퇴 이유'에 대해서는 직접 언급하는 것을 피하고, 조조가 원소를 이긴 것은 '사람의 지모' 덕분이라고 대답한다. 즉 유비 집단에는 '책략'을 꾸미는 명사가 없기 때문에 계속 패배하고 있다고 지적한 것이다. 이것은 유비가 '책사'를 채용해야 한다는 주장이 되기도 한다. 여기까지는 짧다.

그리고 ③'앞으로의 기본 전략'으로, 조조는 강해서 단독으로는 대항하기 힘드니 손권과 연합하여, 형주와 익주를 지배하는 '천하삼분天下三分의 형국'을 만든 후에, 형주와 익주에서 각각 낙양과 장안長安(진천)으로 진군해 수중에 넣으면 패업을 이루고 한실 부흥을 할 수 있다고 제안한다.

이것은 당시로서는 상식적인 전략이었다. 후한後漢(동한東漢, 25~220)을 건국한 광무제光武帝 유수劉秀(기원전 4~기원후 57)는 한나라 부흥을 부르짖으며 황하 북쪽에 거점을 조성하고 낙양과 장안을 취하고, 마지막에는 촉의 군벌 공손술公孫述(?~36)마저 토벌해 천하를 통일했다. 반면에 조조가 화북을 장악하고 있고 장강 하류 지역에 손권이 버티고 있는 이상, 남아 있는 형주와 익주를 거점으로 삼아서 낙양과 장안을 차지하려는 생각은 당연한 전략이다.

또 초려대는 흔히 '천하삼분지계'天下三分之計라고 하지만 '삼분'은 '수단'이지 목적은 아니었다. 그 증거로 솥발처럼 나뉜 채 위나라·촉나라·오나라, 그 천하삼분을 실현한 뒤에도 제갈량은 위나라를 정벌하려는 북벌北伐을 멈추지 않았다. 천하삼분이 '목적'이었던 한 손오의 노숙魯肅과 달리 제갈량은 어디까지나 '대륙의 통일'을 노렸던 것이다. 유비와 함께 건국한 국가는 한漢 혹은 계한季漢이 정식명칭이고, 촉한蜀漢이라 할 경우의 '촉'은 지역 이름이다.

유교가 국교였던 한나라에서 그 유교 이념이 가장 존중한 것은 '성한대일통'聖漢大一統이었다. '대일통'은 적장자 상속과 마찬가지로 《춘추공양전》은공隱公 원년 조에 기록된 '춘추春秋의 의義', 곧 '절대 가치'이다. 천하 통일을 존중하는 것은 전한前漢(서한西漢)의 대유大儒 동중서董仲舒 이래 모든 유학자의 대전제였다. 또한 대일통은 공자를 존중하는 '성스러운 유교 국가 한나라'에 의해 실현되어야만 했다.

제갈량의 '초려대'는 그 기본전략뿐 아니라 그것을 지탱하는 근본 사상 자체가 한나라 시대의 유교 정신을 그대로 이어가는 왕도王道였다. 제갈량은 '성한대일통'을 존중하는 한나라 시대정신의 충실한 계승자였다. 관우가 형주를 빼앗김으로써 파탄이 나버렸으나 제갈량은 평생 이 전략을 고수했다.

2

인맥을 초월한 포부

포부를 키우다

제갈량(181~234)의 아버지 규珪는 태산군泰山郡의 승丞이었으나, 량이 14세 때 사망했다. 제갈량은 동생 균均과 함께 작은아버지 현玄을 따라 형주로 갔다. 17살 때 작은아버지가 죽자 양양군襄陽郡 융중에서 청경우독晴耕雨讀(맑게 갠 날에는 농사를 짓고, 비 오는 날에는 독서를 하며 틈나는 대로 공부함) 생활을 하면서 〈양보음〉梁父吟을 읊었다고 한다.

제나라 임치성臨淄城 성문 밖으로 걸어 나서니
탕음리蕩陰里가 저만치 보이누나.
그 마을 안에는 무덤 세 개가 있고

모두가 같은 모습으로 나란히 늘어서 있구나.

누구 댁의 무덤이냐고 물어보았거늘

전개강, 고야자, 공손첩의 무덤이라 하누나.

힘은 남산을 밀어낼 만하고

지략은 능히 지기地紀(땅을 지탱하는 밧줄)를 끊을 정도이거늘,

하루아침에 음모에 빠져

복숭아 두 개로 세 명의 장수가 죽임을 당했구나.

누가 능히 이자들을 죽일 수 있었던가?

제나라 상국相國 안자晏子이더라!

- 《예문유취》藝文類聚 〈인부〉人部 '음'吟

〈양보음〉은 춘추시대 제齊나라의 재상 안영晏嬰(? ~기원전 500)의 지모를 기린 노래이다. 전개강田開疆·고야자古冶子·공손첩公孫捷은 제나라 경공景公을 섬기는 호걸 용사들이었다. 안영은 국법을 무시하기 일쑤인 이 세 사람이 힘을 합치면 위험하다고 판단했다. 그래서 두 개의 복숭아를 주고 공적이 가장 높은 자가 가지라고 하며, 세 사람이 자존심 대결을 펼치도록 하였다. 공손첩과 전개강이 각각 나름의 이유를 대며 복숭아를 잡으니, 고야자도 공적을 떠벌리며, 두 사람에게 복숭아를 내놓으라고 검을 뽑았다. 두 사람은 우리들의 용기가 고야자보다 뒤떨어지니, 복숭아를 양보하지 않으면 탐욕이고, 죽지 않으면 용기가 없게 되니, 복숭아를 돌려주고 둘 다 자살하고 말았다. 고야자도 자기 혼자 살아가는 꼴은 불인不仁하다며 복숭아를 갖지 않고 뒤따라 자결했다. 안영은 결국 복숭아 두 개로 세 명의 용사를 자살로 몰아넣었다. 교묘한 계략으로 상대를 자멸케 한다는 것을 비유하

는 '이도살삼사'二桃殺三士 고사이다.

제갈량은 〈양보음〉을 읊으며, 공적을 내세워 방약무인하게 행세하던 세 명의 호걸에게 '이도삼살사의 계략'으로 재앙의 싹을 자른 '고향 선배' 안영의 정치적 수완을 흠모하였을 것이다(제나라와 제갈량의 고향 태산군은 모두 지금의 산동성 경내이다). 이윽고 제갈량은 자신을 관중管仲·악의樂毅에 비유하였다. 관중도 제나라 재상으로 환공桓公을 보좌해 최초의 패자霸者가 되게 하였다. 악의는 전국시대 연燕나라를 섬기며 제나라 70여 곳의 성을 함락시킨 명장이다.

제갈량은 유교를 배우는 지식인이라면 모두가 지향하는 '밖에서는 장군, 안에서는 재상'으로서 활약하는 유장儒將이 되고 싶었다. 구체적으로 재상으로는 안영과 관중을, 장군으로는 악의를 목표로 삼았던 것이다. 제갈량이 자신을 관중과 악의에 빗댄 것을 인정한 사람은 박릉博陵의 최주평과 영천의 서서뿐이었다고 한다. 제갈량은 그래도 자신의 명성을 지렛대 삼아, 형주 명사들 사이에서 혼인 관계를 넓혀나갔다. 스스로는 형주의 '면남沔南 명사' 황승언黃承彦의 딸을 아내로 맞이하고, 그녀의 언니를 '양양襄陽 명사' 방덕공龐德公(방통의 당숙)의 아들 방산민龐山民에게 시집가게 했다. 황승언은 '양양 명사' 채모蔡瑁의 손위 누이를 아내로 삼고, 채모의 손아래 누이는 유표에게 시집갔다. 제갈량은 형주목 유표와 인척 관계를 맺게 된 것이다.

제갈량이 황승언의 딸을 아내로 맞이했을 때, 그 '향리' 사람들은 와자지껄 시끄럽게 떠들며 놀려댔다고 한다.

황승언이 제갈공명에게 말했다.
"자네가 배필을 찾고 있다고 들었네. 나에게는 추녀醜女인 여식이 있네. 아직 미숙하고 낯빛은 검은 딸이지만, 재주와 슬기는 자네와 어울릴 만하다네."

공명이 승낙하였기에, 바로 딸을 수레에 태워 시집을 보냈다.

그 당시 사람들은 이를 비웃으며 즐거워했고, **향리**鄕裏에서는 속담을 지어, "공명이 처를 고르는 법을 흉내 내지 말게나. **아승**阿承(**황승언**)의 추녀를 아내로 맞이하는 처지에 빠질 테니"라고 이죽댔다.

- 《삼국지》〈제갈량전〉의 '배송지 주'에 인용된 《양양기》襄陽記

여기에 기술되어 있는 '향리'는 제갈량뿐만 아니라 형주 면남의 명사 황승언을 '아승'이라 부르고, 그의 딸이 '추녀'임을 익히 들어 아는 자들이 사는 곳이다. 그곳은 제갈량의 고향인 서주徐州 낭야군琅邪郡이 아니다. 제갈량은 '와룡'臥龍이라는 명성을 본적지에서 멀리 떨어진 형주 양양군에서 얻었던 것이다. 명사는 그 존립기반을 '명성'에 두기 때문에 제갈량은 명성의 장소를 출신지인 서주가 아니라 형주에 둔 '형주 명사'로 볼 수 있다. 제갈량의 지연이 형주를 중심으로 형성된 이유이다.

하지만 제갈량은 아내의 인맥을 이용해 유표를 섬기지는 않았다. 제갈량은 형주학을 배우면서 난세를 다스리고 한나라를 부흥시키겠다는 뜻을 무능한 형주목 유표로는 실현할 수 없다고 판단했기 때문이다.

실천적으로 천하를 논한 양양 그룹

형주학荊州學은 한나라의 경학을 집대성한 정현에게 최초로 이의제기를 한 위진 경학의 선구이다.

정현의 학문은 《주례》, 《의례》, 《예기》라는 '삼례', 그중에서도 《주례》를 정점으로 모든 경서를 체계화한다. 이에 반해 형주학은 《춘추좌씨전》을 중심에 놓는다. 전란의 춘추시대를 역사적으로 그린 《춘추좌씨전》은 난세를 다스리기 위한 구체적인 규범을 많이 포함하고 있다. 이 때문에 형주학은 실천적인 성격을 띠었다. 학문을 위해 학문을 하는 것이 아니라, 난세를 평정하기 위한 학문을 닦는 것이다.

또 형주학의 경전 해석은 사람 중심의 합리적 해석에 특징이 있다. 한나라의 유교와 그 집대성자인 정현의 경전 해석에서 화복·길흉·상서·예언을 기록한 것을 중시한 위서緯書의 종교성에 의문을 제기한 것이다. 이 점은 조위의 왕숙王肅에게 계승되어 종교적으로 체계적인 정현의 경학에 대응해 합리적이고 현실적인 왕숙학을 형성해 나갔다.

형주학에서 큰 역할을 한 '수경선생' 사마휘는 양양에 거주하면서 형주목 유표와 어깨를 나란히 한 명사 집단의 중심이었다. 사마휘와 그의 친구 방덕공을 지도자로 추앙하는 그들을 '양양 집단'이라 부르자. 양양 집단은 학문적으로 형주학의 일익을 담당했다. 그리고 이와 동시에 천하·국가를 논하고 서로 인물평가를 했던 점이 송충宋忠 등 유표를 섬기는 학자와는 크게 달랐다. 이런 가운데 유비는 양양 집단에게 접근했다.

사마휘는 자신의 벗들을 시국의 요긴한 쟁점을 잘 파악하는 '준걸'俊傑로 규정하고, 단지 책상물림 학자일 뿐인 '유생'儒生과 크게 구별하였다. 그리고 사마휘는 친구 방덕공으로부터 차세대역할을 맡을 명사로서 '복룡'伏龍이라는 제갈량, '봉추'鳳雛라는 방통의 이름을 유비에게 알려주었다. 소설 《삼국지연의》에서 사마휘는 그 누구에게나 항상 "좋네, 좋아"라고만 말

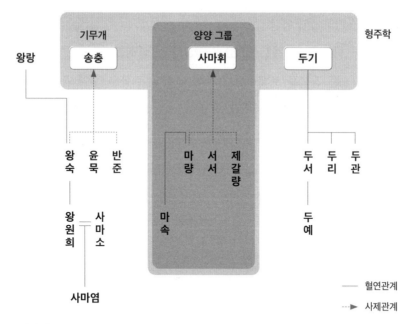

형주학의 계보

하며 복룡과 봉추의 진짜 이름을 말해 주지 않아 '호호선생'好好先生이라는 별명을 얻었으나, 역사적 사실로 보면 유비에게 두 사람의 이름을 알려준 '진짜로 좋은' 호호선생이었다.

두 사람이 높은 평가를 받은 까닭은 무엇일까? 제갈량은 관중·악의에 비견되었고, 방통은 '제왕의 비책'을 논하였듯이, 두 사람이 국가 경영을 포부로 삼고 있었기 때문이다. 동창생들이 〈장구〉章句라고 불리는 경전 해석에 열중하는 것에 반해, 제갈량은 경전은 대략적인 의미를 파악하는 데만 만족하였다. 학문을 위한 학문을 하는 게 아니라, 경전이 가리키는 이상을 실현하고, 유교로 난세를 평정하겠다는 '실천적인 뜻'을 품고 있었기 때문이다. 제갈량은 '경세제민'經世濟民, 즉 '세상을 경영해 백성을 구원한다'는 이상을 실현하기 위한 군주로 유비를 선택하였다.

제갈량의 이상, 유비의 꿈

제갈량은 조조에 의해 안정을 되찾은 화북으로 가려는, 동문 맹건孟建에게 다음처럼 말했다.

> 중원에는 **사대부가 남아돌고 있습니다.** 배우고 활약하는 장소가 어찌 꼭
> 고향이어야만 할 일이 있겠습니까?
>
> - 《삼국지》〈제갈량전〉의 '배송지 주'에 인용된 《위략》

제갈량은 '중원'을 지배하고 있는 조조 밑에는 순욱을 비롯해 명사들이 넘쳐나니 자신들이 활약할 여지가 없다고 판단했다. 헌제獻帝를 옹립하고, 화북을 통일해 가는 조조 정권은 젊은이들이 자신의 이상을 자유롭게 펼칠 수 있는 곳이 아니라는 판단이었다.

이에 반해 유비에게는 아직 저명한 명사가 없기 때문에, 제갈량 자신의 뜻을 펼칠 가능성이 있었다. 유비는 또한 한나라 황실의 후예였다. 게다가 헌제의 밀조를 받은 동승董承과 함께 조조를 주살하려고 모의한 적도 있다. 한실 부흥의 명분과 행동력을 갖춘 데다 왕자의 자질이 있고, 조조도 인정한 일세의 효웅梟雄이었던 것이다. 그러함에도 불구하고 단지 용병집단에 머물렀던 까닭은 의리로 맺어진 관우·장비들과의 결속이 너무 강해서 진군 등 당대 명사들의 헌책을 받아들이는 지낭智囊(책사)이 없었기 때문이

었다. 바로 그러하기에 유비에게 특별대우를 약속받고 출사함으로써 제갈량은 자신의 포부에 가까이 다가갈 수 있었다. 제갈량에게 삼고초려는 그 돌파구였던 셈이다.

한편 유비는 사마휘에게 '세상 일'을 여쭈며 양양 집단에게 적극적으로 다가가고 있었다. 거기에다 서서가 제갈량을 추천하였기 때문에, 유비는 제갈량을 불러들여 양양 집단으로 하여금 유비를 인정하게 하고 나아가 우위를 점하려고 했다. 그런데 양양 집단인 서서는 제갈량, 나아가 자신을 포함한 양양 집단을 더 높이 평가하도록 하기 위해 유비 측에서 먼저 제갈량을 방문하게 하였다. 제갈량은 서서의 활약으로 유비에게 처음부터 우위를 점할 수 있었던 것이다.

유비가 제갈량에게 기대한 것은 조조가 순욱을 초청한 것과 마찬가지로 명사들이 유비 집단에 가입하도록 촉구하는 데 있었다. 유비가 객장客將일 때는 이렇다 할 움직임을 보이지 않던 제갈량도 유표 정권이 무너지자 인맥을 활용해 적극적으로 형주 출신자를 유비 집단으로 포섭했다. 그 결과 "조공曹公(조조)이 형주를 정복하자, 선주先主(유비)는 강남으로 도주하였다. 형초荊楚(형주)의 뭇 선비들이 구름처럼 선주 유비를 따라갔다"《삼국지》〈유파전〉劉巴傳)고 하였듯이, 유표 정권의 붕괴 후 많은 형주 명사와 호족이 유비를 따랐다.

오촉 동맹을 실현한 제갈량의 세 치 혀

더욱이 제갈량은 유비의 사신使臣으로 오나라의 손권에 혈혈단신으로

가 오촉 동맹을 유세했다. 화북을 평정한 조조가 남쪽으로 눈을 돌리자, 항복론으로 기울었던 손오의 여론을 제갈량이 설득해 가는 모습은《삼국지연의》'군유설전'群儒舌戰 대목뿐만 아니라《삼국지》에도 나온다. 이때 제갈량은 상대를 자극하여 분발하게 할 요량으로 손권에게 투항을 권유했다. 손권이 격분하며 조조와 싸우겠다는 결심을 밝히자 제갈량은 그제야 양측의 역량을 냉철하게 분석해 오촉 동맹의 필요성을 납득시켰다.

손권이 발끈 화를 내며 말했다.

"나는 오나라의 모든 땅과 10만의 병사를 걸고 다른 자의 통치를 받을 수 없습니다. 내 생각은 결정되었소. 유예주劉豫州(유비)가 아니면 조조를 감당할 사람이 없지만, 막 패한 뒤이니 어찌 강대한 적을 맞설 수 있겠소?"

제갈량이 대답했다.

"유예주의 군대가 비록 장판파에서 패했지만, 이제 군대로 돌아온 병사와 관우의 수군 정예 병사 만 명이 있습니다. (유표의 아들) 유기가 강하의 병사를 합친 것이 또한 만 명보다 적지는 않을 것입니다. 조조의 군사들은 먼 길을 온 탓에 몹시 지쳐 있습니다. 듣건대 유예주를 뒤쫓아 날랜 기병이 하루 낮 하루 밤 동안 300여 리를 달려왔다고 합니다. 이는 이른 바 '제 아무리 강한 활에서 발사된 화살일망정, 그 마지막은 노나라의 명주조차 뚫을 수 없다'라는 상태입니다. 때문에 병법은 이와 같은 전술을 꺼리며, '반드시 상장군이 부상을 입는다'라고 했습니다. 게다가 조조 군대의 북방인들은 수전에 익숙하지 못하며, 형주 백성이 조조에게 의탁하고 있는 것도 병력에 압박당한 결과일 뿐 마음으로 순종하는 것은 아닙니다. 지금 장군(손권)께서 정말로 용맹한 장수에게 병사 수만을 지휘하도록 해

유예주와 힘을 합친다면 틀림없이 조조를 무찌를 수 있습니다. 조조군은 패배하면 반드시 북쪽으로 돌아갈 터이고 형주와 오나라는 세력이 더 강대해져 (조조, 유비, 손권이) 셋으로 정립하는 정세가 펼쳐질 것입니다. 성공과 실패의 관건이 오늘에 달려 있습니다."

손권을 매우 흡족해하며 곧장 주유, 정보, 노숙 등 수군 3만 명을 보내 제갈량을 따라 유비가 있는 곳으로 가서 힘을 합쳐 조조에게 맞서도록 했다.

- 《삼국지》〈제갈량전〉

결국 오촉吳蜀 동맹은 실현되고 손권의 무장인 주유周瑜는 적벽대전에서 조조를 대파했다. 이후 조조는 업성으로 도망가고 유비는 강남을 되찾았다. 또한 유기에게 형주목 자리를 양보했지만 일 년도 지나지 않아 유기가 병사하자 아무런 저항 없이 형주목이 되었다.

유비와 조조, 선택의 기로

적벽대전 이후, 유비가 형주 남부에 근거지를 보유할 수 있었던 것은 '제갈량의 외교력' 덕분이었다. 제갈량이 지닌 외교·내정 능력은 유비에게는 필수불가결한 것이었다. 적벽대전에서 손권과의 동맹도, 이후 형주 남부 통치도 제갈량의 역량에 힘입은 바가 컸기 때문이다.

제갈량이라는 존재는 형주 명사들의 영향력을 유비 정권 통치의 주춧돌로 만드는 데 중요한 역할을 하였다. 그리하여 유비는 거병 이래 처음으로 형주를 본격적인 근거지로 확보할 수 있었다.

다만 이로 말미암아 유비 정권 내에서 '형주 명사 집단의 정치적 우월성'이 곧바로 실현된 것은 아니었다. 유비는 형주 명사들을 포섭하는 일은 도모하되, 그들을 관우·장비 이상으로 대우할 생각은 전혀 없었다. 가령 방통은 양양 집단에서는 제갈량과 어깨를 나란히 했지만, 한때 손오의 주유를 섬겼던 탓인지 유비가 내린 벼슬은 고작 뇌양현耒陽縣 현령에 지나지 않았다. 방통은 현에 재임하여 치적도 변변히 쌓지 못하고 면직되었다.

오나라의 노숙이 편지를 보내 말했다.

"방사원(방통)은 백 리(현縣) 정도나 다스릴 재주가 아닙니다. 치중, 별가의 직무를 맡겨야 비로소 뛰어난 재능을 펼칠 수 있습니다."

제갈량도 방통을 유비에게 적극 추천했다. 유비는 비로소 방통을 만나 깊은 얘기를 나누고 유능한 인물로 평가해 치중종사治中從事로 삼았다. 그에 대한 유비의 신임은 제갈량에 버금가게 되어 마침내 방통을 제갈량과 함께 군사중랑장으로 삼았다. 제갈량이 형주에 남아 지킬 때 방통은 유비를 수행하여 익주(촉)를 정벌하려고 출진하였다.

- 《삼국지》〈방통전〉

이처럼 제갈량이 적극적으로 움직임으로써 점차 형주 명사가 유비 집단 내에서 중요한 위치를 차지하게 된 것이다. 이 때문에 유비의 '형주 객장 시기'(201~211)에 그를 섬긴 신하들 가운데, 이름을 알 수 있는 16명(제갈량과의 관계가 불분명한 자는 제외) 중 12명이 제갈량과 교우관계를 맺고 있었다. 제갈량이라는 존재 때문에 형주 명사들은 유비 집단에 참여했고, 그 세력 신장에 큰 역할을 했던 것이다.

물론 모든 형주 명사가 유비에게 신하로 복종한 것은 아니었다. 유표 정권의 핵심을 이룬 채모 등의 형주 명사를 비롯해 형주에 객거客居했던 화북 명사들도 줄줄이 조조 정권에 가입했다. 게다가 제갈량과 친분이 두터웠던 '양양 집단'에서도 조조가 지배하는 화북 출신인 최주평, 석도石韜, 맹건 등은 조조에게 출사했다. 그러나 그들 모두가 조조 정권에서 요직까지 오른 것은 아니었다. 훗날 서서와 석도가 각각 어사중승禦史中丞과 전농교위典農校尉에 불과하다는 것을 들은 제갈량은 "위나라에 특히나 명사가 많은 것인가? 그들 두 사람이 제대로 쓰이지 못하고 있는 것인가?"《위략》라고 한탄했다. '한실 부흥'이라는 유비의 기치 아래 포부를 펼치기 위해 유비에게 인생을 건 이들은 고난의 길로 들어섰고, 안정된 삶을 찾아 조조를 따른 자는 그들 나름대로 달콤한 지위를 얻은 셈이었다.

제갈량, 그대가 익주를 취할지어다!

유비, 익주에 할거하다!

후한 말기, 종실宗室인 유언劉焉은 주목州牧 설치를 건의함과 동시에 '천자의 기운'이 서린 지역이라고 불리던 익주益州의 주목이 되었다. 그러나 유언은 촉蜀(익주)으로 들어간 초기에는 익주 호족의 힘을 빌리지 않고서는 익주를 어지럽히던 '마상馬相의 난'조차 평정할 수 없었다. 가까스로 난을 평정한 후, 유언은 난에 가담했던 자들을 용서하고, 그들을 '동주병'東州兵으로 편제해 자신의 군사적 기반을 구축하였다. 동주병은 익주의 병사가 아니라 유언의 '직속병'이라는 의미이다. 항복해 귀순한 황건적을 군대로 편제해 '청주병'青州兵이라는 직속 군사집단을 조성한 조조의 예와 같다.

동주병을 조직한 유언은 그를 바탕으로 토착 호족을 억압하고 익주 지배를 공고히 했다. 또한 장안으로 가는 길목에 있는 한중에 세력 기반을 두고 있던 오두미도五斗米道(도교의 일파)의 장로張魯와 연합해, 조정에는 "미적米賊들이 길을 막아 수도 낙양과 통할 수 없다"고 보고하며 세금을 보내지 않고, 제멋대로 천자의 예제를 사용하며 익주에 독립정권의 모습을 갖추었다.

그런데 흥평興平 원년(194) 유언이 사망하자 통치자로서 자질이 부족한 셋째 아들 유장劉璋이 익주목을 승계했다. 이를 계기로 동주병과 익주 호족의 대립이 격화되었고, 익주 호족인 조위趙韙가 반란을 일으켜 유장 정권은 붕괴 직전까지 내몰리고 만다. 동주병이 죽음을 각오하고 결전함으로써 난을 평정하였지만 정권의 구심력은 크게 저하되었다.

게다가 한중의 군벌 장로도 유장이 어리석고 나약하다는 이유로 순종하지 않았고, 유언에게 복종했던 파巴 지역의 이민족이 배신하게 만들었다. 이에 유장이 장로의 모친과 동생을 살해하자 양자는 더욱 강하게 적대시하게 되었다. 유장은 방희龐羲에게 장로를 공격하게 했지만, 도리어 파군을 빼앗기고, 유장 정권은 장로의 위협을 받게 되었다.

또한 조조가 관중을 점령하자 조조의 직접적인 위협에 노출된 익주의 상황에 불만을 가진 장송張松과 법정法正이 유비의 입촉入蜀을 획책했다. 한의 종실인 유비에게 군대를 이끌고 익주로 와서 한중의 장로를 공격하여 익주를 지키고 조조를 방어하는 것을 도와달라고 요청한 것이다.

이를 틈타 유비는 '장로 토벌'을 명분 삼아 익주를 향해 군사를 진군시킬 수 있었다. 유비가 촉에 들어오자 동주병의 저항이 거셌다. 양측은 부涪·면죽綿竹·가맹葭萌에서 치열하게 교전하였다. 군사중랑장 방통이 전사하는 등 유비는 익주 평정에 2년여의 세월을 소비하였다. 유장 정권을 지탱하던 동주병의 막강한 무력을 확인할 수 있다.

입촉 초기의 인재 등용 방식

옛 유장 정권의 구성원에 대한 유비의 대응은 촉군 태수로 귀순한 허정許靖을 명성에 의거해 높은 지위에 앉힌 태도에서 엿볼 수 있다. 즉 익주 명사와 호족의 영향력을 존중하고, 되도록 많은 명사를 유비 정권에 끌어들이려고 한 것이다. 유비의 입촉을 반대하여 마지막까지 저항한 황권黃権과 장비를 매도한 엄안嚴顏을 우대한 것도 그들이 가진 익주에서의 영향력을 이용하기 위함이었다.

익주의 명사와 호족은 동주병의 횡포로 인해 유장 정권에 실망하고 있었다. 그것이 이렇다 할 정통성이 없는 유비의 익주 지배를 수용한 주요인이었다. 그들은 정권에 참여하여 향리에서 사회적 세력을 유지하기를 바랐다. 따라서 유비가 세운 촉한 정권의 익주 통치 방식이 그들의 향후 동향을 결정짓게 된다.

한편 제갈량의 '초려대'는 '천하 통일 책략'이었다. 따라서 입촉 초창기에 제갈량, 그리고 유비에게 익주는 천하 통일을 위한 거점 중의 하나일 뿐 익주를 특별하게 생각할 필요가 없었다. 물론 유비는 촉에 들어간 후 뭇 장수들에게 성도成都 성내 택지와 주변의 토지를 나눠주려는 제안을 물리치는 등 새로운 영토 지배에 섬세한 배려를 보였다. 그러나 익주 출신자들을 우대하고, 익주 정착을 위해 기초를 다지는 정책 등은 적극적으로 시행되지 않았다.

선주先主(유비)는 형주목 이외에 또한 익주목을 겸임하였다. 제갈량은 고 굉지신股肱之臣(다리와 팔처럼 가장 신임하는 부하)이고, 법정은 모주謀主(모사꾼)이고, 관우·장비·마초는 조아爪牙(손톱과 어금니에 비유될 정도로 소중한 무장)이고, 허정·미축·간옹簡雍은 빈우賓友(귀빈이자 벗)였다. 동화董和·황권黃權·이엄李嚴 등은 본래 유장이 임용한 벼슬아치이며, 오일吳壹과 비관費觀 등은 유장의 인척이고, 팽양彭羕은 유장에게 배척당한 자이며, 유파는 유비가 예전부터 괘씸하게 여겼던 자이다. 유비는 이들 모두를 고위직에 올려놓고 그 재능을 발휘하게 하였다. 그러므로 뜻을 가진 선비치고 충성을 다해 진력하지 않는 자가 없었다.

- 《삼국지》〈선주전〉

유비가 익주목이 된 건안 19년(214)의 인재 등용을 기린 기록에 거론된 익주 출신자는 황권(나중에 위나라에 항복함)과 팽양뿐이다. 팽양은 익주 광한군廣漢郡의 명사로, 입촉 후 유비의 총애를 받으며 치중종사로 발탁되자 오만해졌다. 한때 제갈량·법정과 어깨를 나란히 할 정도로 중용되었으나, 제갈량이 팽양의 세력이 커지는 것을 경계하여 강양태수江陽太守로 좌천되었다. 이 일로 원한을 품고 마초를 찾아가 원망하는 말을 하다가 투옥된 뒤죽었다. 유비 정권에서 익주 출신이 우대를 받았다고는 평가하기 어려운 것이다.

법정을 총애한 이유

제갈량에 버금가는 지위로 기록되어 있는 법정法正(176~220)은, 사예司隸 부풍군扶風郡 미현郿縣 출신인데, 전란으로 익주로 피난을 온 명사였다. 처음에는 익주목 유장을 섬겼으나, 뜻을 펼치지 못하자 유비의 입촉을 획책하였다. 방통이 전사한 후에는 방통을 대신해서 모의에 참여했고, 익주 평정에 큰 공을 세웠다. 또 동향의 맹달孟達·극읍郤揖 등이 지연으로 연결되는 세력 기반을 두고 있었으며, 그 재능도 "제갈량은 늘 법정의 지모와 책략이 뛰어나다고 여겼다"《삼국지》〈법정전〉)고 전해질 만큼 제갈량에게 충분히 대항할 정도였다.

유비의 입촉 이후 법정은 "밖에서는 촉군 태수로서 기내畿內를 통치하였고, 안에서는 모주謀主가 될" 정도로 유비의 총애를 받았으며 "과거에 자신을 헐뜯은 자를 수십 명 죽였다"고 할 만큼 전권을 휘둘렀다. 이러한 법정의 전권에 대한 비난이 제갈량의 귀에 전해져도, 제갈량은 "선주가 평소 법정을 아끼고 믿고 있음을 알았기" 때문에 법정의 전횡을 억제할 수 없었다.《삼국지》〈법정전〉)

법정과 제갈량은 개인적으로 친하지 않았다. 다만 "제갈량은 법정과 비록 좋아하고 숭상하는 바가 같지는 않았지만, 공적인 입장에서 법정을 받아들였다"《삼국지》〈법정전〉)고 한다. 과거에 유장을 섬겼던 오의吳懿의 손아래 누이를 황후로 삼도록 진언한 것도, 유비에게 한중을 토벌하라고 권하고 종군하여 계책을 세운 자도 법정이었듯이, 입촉 후의 유비는 법정의 헌책에 따라 행동을 결정하는 경우가 많았다. 그리고 유비는 법정의 진언을 받아, 219년 한중왕漢中王이 되자 법정을 상서령에 임명했다.

상서령은 후한의 관제를 답습하겠다고 천명한 유비 정권에서 행정의 중심이 되는 상서대尙書臺의 장관이었다. 당시에 군사장군軍師將軍에 올라 있던 제갈량에 비해, 법정은 정당하게 권력을 휘두를 수 있는 입장이었던 것이다. 군사장군에 앞서 임명되었던 군사중랑장이라는 직책으로 제갈량은 손오에 사신으로 갔었다. 사신 임무를 띠고 타국에 가는 중랑장은 후한에서 오관중랑장이었고, 높은 학식을 갖춰야 했다. 조비는 오관중랑장으로서 관속을 두고 승상의 부副가 되었다. 군사중랑장이라는 위치도 나름대로 높았다고 생각해도 좋은 것이다.

게다가 제갈량은 군사장군이 되어 좌장군부의 업무를 총괄하였으므로 유비의 좌장군부에서는 책임자였다. 그렇지만 상서령에 비유하면 전통적으로 권력을 장악할 수 있는 지위가 아니었고, 실제로도 법정의 주도로 유비는 행동하고 있었다.

유비가 법정을 총애하며 최고요직에 등용해 제갈량의 대항세력으로 만들려고 했음이 명백하다. 여기서도 삼고초려의 예를 행한 이래 제갈량 등 형주 명사 집단과 유비 사이의 세력 다툼을 엿볼 수 있을 것이다.

유비와 제갈량의 힘겨루기

힘겨루기와 대립은 다르다. 제갈량과 유비가 대립하고 있었다면 조조가 순욱을 죽인 것처럼 제갈량을 죽일 수도 있었다. 그러나 제갈량과 유비는 '한실 부흥'이라는 최종 목적이 완전히 일치했고, 서로 굳게 신뢰하고 있었다. 다만, 어떻게 한나라를 부흥시킬 것인지? 그 수단에 있어서는 차이가 있었다.

이를테면 유비의 입촉 때 인플레이션에 허덕이는 익주의 경제를 다시 살린 유파劉巴는 장비를 "병졸 놈"이라고 깔본 적도 있어, 유비는 그를 몹시 싫어했다. 한편 제갈량은 형주 출신의 경제관료인 유파를 크게 활용하고 싶었다. 이러한 차이가 양자의 힘겨루기를 불러왔다. '군신수어지교'君臣水魚之交라는 고사성어 때문에, 제갈량이 유비 집단에 가입한 후 곧바로 최고직위에 올랐을 거라고 생각하기 쉽다. 하지만, 입촉 이후에도 조정 내 서열은 미축 아래였으며, 명실 공히 최고위에 오르는 것은 '법정 사망(220)' 이후였다. 그동안 제갈량은 자신의 세력 기반으로서, 또한 양양 집단을 핵심으로 하는 촉한 정권수립이라는 자신의 뜻을 실현하기 위해서도 형주 명사를 유비에게 추천하며 중용하도록 했다.

다만 입촉을 계기로 형주 명사는 감소하였다. 방통은 전사하였고, 마량馬良·요립廖立·상랑向朗·반준潘濬 등은 형주를 지키기 위해 잔류했기에 익주에서 제갈량의 세력은 감퇴할 수밖에 없었다. 유비의 총애를 배경으로 법정의 세력은 확대된 반면, 촉으로 들어오면서 제갈량의 세력 기반은 약화되었던 것이다. 그래서 제갈량은 익주에 거주하고 있던 형주(출신) 명사들을 적극적으로 우대하고 등용하여 세력 기반을 보강하려 했다.

촉한 정권에서는 제갈량 보정기輔政期(223~234)를 중심으로 형주 출신자가 정권 내의 요직을 차지하였다. 그러나, 형주에서 유비와 함께 촉으로 들어온 형주 출신자들만으로는 정치적 우월성이 형성되지 않았고, 이엄李嚴·동화董和·비위費禕 등 익주에 거주하고 있던 형주 명사들과 함께 뭉치고 난 후에야 정치적 우위를 점할 수 있었다. 이들을 촉한 정권에 참여시키고 중용한 사람은 제갈량이었다. 유비가 입촉을 한 이후에 촉한 정권에 참여한 신하들 가운데 과거 형주의 유장 정권을 섬기지 않고, 유비 정권이 들어서고 나서야 새로이 임용된 '익주 주재 형주 명사'를 11명이나 확인할 수 있는 것은 제갈량이 그들의 등용을 적극적으로 꾀한 결과일 것이다.

제갈량은 이들을 등용했을 뿐 아니라, 요직에 발탁해 나갔다. "부대편성이 물 흐르듯이 질서를 유지하고 진퇴에 막힘이 없게 된 것은 이엄의 성격에 기초한 것이다." 제갈량은 이렇게 이엄에 대해 높이 평가하고, 관직을 상서령·중도호中都護에 이르게 했다.《삼국지》〈이엄전〉) 또 남만南蠻 정벌을 마친 뒤 개선했을 때에는 비위를 특별히 우대하여 "많은 사람이 (비위에 대한) 견해를 바꾸지 않을 수 없는" 상황을 조성하며(《삼국지》〈비위전〉), 훗날 후계자 중 한 명으로 지명하였다.

이처럼 제갈량은 익주에 거주하고 있던 형주 명사들에게 높은 인물평가를 해줌으로써, 형주 시절 이래 자신을 중심으로 형성된 '형주 명사 집단'에 편입시키려 하였다. 그리고 그들을 우대하며 정권의 요직에 앉힘으로써, 자신의 세력 기반을 보강하였다. 촉한 정권에서 형주 명사들이 우월해진 까닭은 형주 명사만을 특별히 우대할 생각이 없었던 유비에게, 제갈량이 그들을 우대하도록 만들었기 때문이다.

촉한 황제 즉위로 한실은 부흥하였으나

유비는 익주의 성도成都를 함락시키자 여세를 몰아 조조가 점령하고 있던 한중으로 쳐들어갔다. 한중을 얻지 못하면 중원으로 진출하는 출구를 얻을 수 없었기 때문이다. 218년 유비는 주력부대를 이끌고 북상해 양평관에 주둔하고, 이듬해 정군산定軍山 전투에서 황충이 조조군의 한중 지휘관인 하후연을 베고, 직접 원군으로 왔던 조조를 격파해 한중을 차지했다.

그 후 조조가 죽고, 조비가 한나라를 멸망시키고 조위를 건국했을 때 '한나라 마지막 황제' 유협劉協(헌제)은 죽임을 당했다고 한다. 하지만, 이것은 촉나라 측의 의도적인 오보라고 생각해도 좋다. 유협이 살아 있으면 '촉한 건국'의 정통성을 얻을 수 없기 때문이다. 유비는 헌제에게 '효민孝湣황제'라는 시호를 따로 바치고 장례를 치렀다. 촉한의 뭇 신하들은 제위에 오를 것을 권했으나 유비는 허락하지 않았다. 제갈량도 다음과 같이 즉위를 권유하였다.

······지금 **조씨는 한漢을 찬탈하고, 천하에는 주군主君이 없습니다.** 대왕大王(한중왕 유비)은 유씨의 후예이고, 그 혈통을 이어받고 있습니다. 지금 제위에 오르는 것은 당연한 일입니다.

-《삼국지》〈제갈량전〉

제갈량은 조비가 한나라를 선양한 것을 찬탈로 규정하고, 유협(헌제)의 붕어로 천하에 주군이 없다는 것을 이유로 즉위를 권하였다.

이로써 유비는 촉한 황제로 즉위하여 한실 부흥의 뜻을 실현하였다(221).

그러나 유비는 뜻을 이루어도 우울하고 즐겁지 않았다. 형주를 지키고 있던 관우가 손오의 배신으로 전사하고 말았기 때문이다.

장비는 관우의 원수를 갚자고 울면서 유비에게 사정하였다. 의리를 근본으로 삼고 살아온 유비는 '의동생' 관우의 원수를 갚기 위해 제갈량의 기본 전략을 어기고 손오를 깊숙이 공격하였다. 조자룡이 오나라 정벌을 반대한 것처럼, 촉한의 불구대천의 원수는 조위임에도, 관우의 복수극은 유비 그 자신의 개인적 정을 폭주시킨 것뿐이었다. 일국의 황제가 신하의 전사를 이유로 친정親征을, 그것도 '적국(위나라)'이 아닌 '동맹국(오나라)'을 정벌한다는 것은 전략적 실책일 수밖에 없었다.

그러나 제갈량이 손오 정벌을 반대했다는 기록은 없다. 제갈량은 유비의 매력과 위험성을 잘 이해하고 있었고, 국시國是보다 관우를 향한 의리를 우선시하는 유비의 카리스마에 사람들이 모였다는 것도 알고 있었을 터였다. 그러나 '송양지인'宋襄之仁이라는 말이 있듯이, 인仁이라는 것이 인지상정 측면에서는 옳지만 정치적으로는 잘못된 경우가 있다.

참고로, '송양지인'은 '송나라 양공襄公이 베푼 그릇된 인의仁義'라는 의미이다. 기원전 638년에 송나라 양공은 정나라를 공격했다가 구원군 초나라 군대와 홍수泓水 북쪽에서 대치하게 되었다. 이때 송 양공은 기습 공격을 하지 않고 '인의'를 앞세워 초군이 홍수를 건너와 정비할 때까지 기다려주었다. 결과는 대패였다.

이런 '인仁의 양면성'을 잘 이해하고 있던 제갈량은 유비의 카리스마와 군사적 재능에 자신의 원래 거점이기도 했던 형주 탈환 가능성에 도박을 한 것이다. 그러나 유비는 이릉대전에서 손오의 육손陸遜에게 대패한다.

유비는 백제성으로 도피하여 그대로 임종을 맞이했다. 군주 권력의 가장 중요한 기반인 군사력은 궤멸 상태에 이르렀다. 한편 이 무렵 제갈량의 대항세력이었던 법정은 상서령 취임 다음 해에 죽었고, 맹달도 조위에 항복하면서 법정 세력은 소멸해 있었다. 제갈량은 후임 상서령에 유비가 싫어했던 유파를 앉히는 등 자신의 세력을 더욱 강화해갔다. 유비가 촉한의 황제로 즉위했던 때, 제갈량은 승상·녹상서사에 임명되어 명실상부하게 처음으로 문무백관의 정상에 서게 되었다.

"촉나라를 그대가 차지해도 좋소."라는 유언의 진실은?

백제성에서 죽음을 앞둔 유비는 제갈량에게 이런 유언을 남겼다.

> 장무 3년(223), 선주(유비)는 영안(백제성)에서 병세가 위독해지자, 성도에 머물고 있던 제갈공명을 불러들여 뒷일을 부탁했다. 유비가 이렇게 말했다.
> "그대의 재능은 위나라 조비의 열 배나 되오. 틀림없이 나라를 안정시키고 마침내는 대업(천하 통일)을 이룰 것이오. 만일 나의 후계자(유선)가 보좌할 만한 사람이면 그를 보좌하고, 그가 재능이 없다면 **그대 스스로 천자의 자리를 차지해도 좋소君可自取!**"
>
> - 《삼국지》〈제갈량전〉

"그대 스스로 천자의 자리를 차지해도 좋소!"

이 말은 불온하다. 하지만 유비가 죽으면서 남긴 명령, 즉 유명遺令이기 때문에 강한 구속력이 있다. 유선이 보좌할 값어치 있는 인물이 못 된다는 것은 모두의 눈에 일치되는 바였다. 그래서 유비는 제갈량에게 '즉위하시오!'라고 명령하고 있는 것이다. 《삼국지》 저자 진수도 이 유언을 극찬했다.

> "나라를 모조리 맡기고, 어린 자식(유선)을 제갈량에게 부탁하며, 마음에 아무런 의심도 갖지 않았으니, 진실로 '군신君臣의 지공至公'이요, '고금古今의 성궤盛軌'이다."
>
> - 《삼국지》〈선주전〉

"군신의 지공"은 군주와 신하 사이에 사사로운 마음이 없는 최고의 존재 방식이란 뜻이고, "고금의 성궤"는 고금을 관통하는 최고의 행동이란 의미이다. 진수는 유비와 제갈량 사이에는 심상치 않은 신뢰 관계가 있으므로 '즉위하라'는 명령을 내렸다고 하는 것이다. 그리고 진수는 이를 표창하기 위해 《제갈씨집》諸葛氏集을 편찬하였고, 그것이 사마소司馬昭의 인정을 받아 《삼국지》를 저술하게 되었다. 진수의 《삼국지》의 핵심적 주장 중 하나는 비록 옛 적국일지라도 '촉한의 승상' 제갈량은 서진西晉의 만백성도 배울 만한 인물로서, 충의로 군주와 두터운 신뢰 관계를 맺었다는 데에 있다.

이에 반해서 명나라 말기의 사상가 왕부지王夫之(1619~1692)는 "그대 스스로 천자의 자리를 차지해도 좋소"라는 유언은 군주가 내려서는 안 되는 '난명'亂命, 즉 '숨이 넘어가면서 흐린 정신으로 남긴 허튼소리'라고 일축한다. 유선을 대신하여 촉한 황제로 즉위하라는 명령은 실행될 수 없기 때문이다. 더욱이 왕부지는 진수가 '군신의 지공'이며 '고금의 성궤'라고 칭송한 군신의 신뢰 관계도 비판하면서, 제갈량은 관우만큼 유비에게 신뢰받지 못했다고 주장했다.(《독통감론》〈삼국〉) 신뢰 관계가 있었다면 지킬 수도 없는 난명을 내릴 필요조차 없었기 때문이다.

삼고초려를 둘러싼 '힘겨루기'에서부터 법정을 총애하며 제갈량의 대항세력으로 육성하려 했던 것까지를 살펴보자면, 왕부지의 통찰력이 예리하다는 점을 깨달을 수 있다. 물론 '한실 부흥'이 평생의 희망 사항이던 제갈량은 마지막까지 유비의 아들 유선을 보좌했다. 그렇다손 쳐도 이 유언에는 유비와 제갈량의 긴장 관계가 응축되어 있다.

이른바 '유비의 뜻志'은 관우·장비 등과의 의리를 자신의 삶 그 자체로 실현하는 것이었다. 이는 '관우의 복수극'이었던 탓에 패배했다고 평가받는 오나라 침공과 백제성에서의 최후까지 관철되었다. 하지만 '제갈량의 뜻志'은 자신을 비롯해 '명사'들이 정권의 중심이 되어 '이상 국가(유교적 왕도王道 국가 한나라)'를 건설하는 데 있었다. 그러기 위해서 군주와 힘겨루기를 하는 한이 있더라도, 제갈량은 북벌 등 자신의 기본 정책을 뚝심 있게 추진해나갔다. 유비가 싫어하는 유파를 최고위직에 임용한 사례도 대표적이다. 그런 '군주와의 힘겨루기'에 대비해서 구축한 제갈량의 세력 기반은 "제갈공명 그대 스스로 천자의 자리를 차지해도 좋소!"라는 유언을 유비가 남기지 않을 수 없을 만큼 확고부동했으며, 더불어 촉한 정권에서 형주 인사들의 정치적 우월성도 확립되었다는 것을 방증하는 것이다.

4

지연을 초월한 촉나라 정권

제갈량은 왜 형주 명사를 우대하였는가?

유비가 건국한 촉한은 제갈량의 보정 시기(223~234)에 형주를 잃고, 지배영역이 '익주'라는 한 주州에 머무르고 말았다. 이때 상서尙書 계통의 관직을 중심으로 형주 인사들이 정권을 좌우할 수 있는 우월적 지위를 점하고 있었다. 그것은 유비의 친정 시기(221~223) 때부터 나타나던 현상이었다. 이 시기 촉한 정권에서 익주 출신은 상서랑尙書郎 1명, 구경九卿 3명, 장군 1명만 임명되었을 뿐 대부분 주군州郡의 속리에 머물러 있었다. 법정을 중용해 자신을 견제하는 유비에 대응해 제갈량은 유비가 존중하는 팽양彭羕을 배척하면서 익주에 거주하고 있던 형주 명사를 우대하여 자신의 정치기반으로 삼았다.

유비가 촉한 황제로 즉위하자, 제갈량은 군사장군에서 사지절·승상·녹상서사에 임명되고, 장비의 사망으로 결원이 된 사예교위를 겸임하였다. 뒤이어 유선이 후주로 즉위한 직후 무향후武鄕侯로 봉해져 승상부를 열었고, 곧 익주목도 겸하였다. 따라서 막부를 열 때의 제갈량은 사지절·승상·녹상서사·사예교위·익주목·무향후가 된 것이다.

제갈량의 주된 관직은 승상이다. 승상 제갈량은 사지절을 맡음에 따라 외교권, 그리고 군대 지휘권을 가졌다. 그리고 녹상서사까지 더해짐으로써 정무의 중심이던 상서대의 업무를 총괄한다. 이어 사예교위를 겸임해 수도 성도의 최고 치안책임자가 되고 백관을 탄핵할 수 있는 권한을 가졌으며, 익주목도 겸해 성도를 포함해 익주 전체의 행정권을 가졌다. 마지막에 무향후는 영지를 명목으로 받는 작위인 봉작封爵이다. 진수가 기술한 대로 "정치는 대사도 소사도 제갈량이 모조리 결정"한 무한권력이었다.

이렇게 촉한의 전권을 장악한 제갈량이 정무를 수행하기 위해 연 곳이 '승상부'丞相府였다. 승상부는 어떤 인적 구성원을 갖고 있었을까?

승상부의 최고위 막료는 장사長史이다. 장사에는 왕련王連·상랑向朗·양의楊儀 등 세 명이 취임했다. 제갈량은 서주 낭야군 출신이지만 명성의 장소를 형주 양양에 둔 '형주 명사'였다. 그래서 승상부 속관의 장관인 장사에는 사염교위司塩校尉로서 소금 전매에 실적을 올려 제갈량의 신임이 두터운 왕련, 양양 시절부터 벗인 상랑, 제갈량이 재무·사무 능력을 높이 평가한 양의를 배치하였다. '형주 인사'로 권력의 중추부를 구성했음을 알 수 있다.

또 제갈량이 북벌을 감행했을 때는 성도에 남아 승상부의 행정업무를 볼 유부장사留府長史를 두었다. 익주 인사들 가운데서도 신뢰가 두터운 장예

張裔(익주 촉군), 제갈량의 후계자가 된 장완蔣琬(형주 영릉)을 앉혔다. 장예가 유부장사일 때에는 장완이 유부참군留府參軍으로 그를 보좌했다. 제갈량은 북벌 때 뒷일을 장완에게 맡겼는데, 장완에 대한 제갈량의 믿음이 그만큼 두터웠다. 그리고 이들 장사를 중심으로 한 승상부의 행정업무도 형주 인사가 주로 도맡았다. 참고로 녹상서사로 제갈량이 총람하는 상서대의 관직도, 시중侍中도 형주 인사들이 많은데, 바로 이것이 촉한 정권 인적 구성의 특징이었다.

촉나라, 형주와 익주의 연합정권

제갈량이 승상부 유부장사에 '익주 인사' 장예를 추천하였듯이, 오로지 '익주'만을 통치하는 '촉한 정권'에게 익주 인사를 등용하는 것은 필요불가결이었다. 그러니 제갈량이 익주 지배를 공고화하기 위해서는 형주 명사들로 구성된 '형주 명사 사회'에 익주 출신 명사들을 끌어들여야만 했다.

유비가 촉에 들어오기 이전의 익주에도, 동부董扶와 임안任安을 중심으로 한 학자집단이나, 왕상王商 등을 중심으로 한 명사 사회의 맹아는 존재했다. 그러나 유언·유장 정권은 그들을 육성하여 지지기반으로 삼으려고 하지 않았다. 동주병의 무력에 의존하는 강권 지배 때문에 동부는 벼슬을 내려놓았고, 임안은 출사하지 않았다. 유장은 허정許靖을 초빙해 파군 태수로 임명하고, 촉군 태수 왕상이 죽은 뒤에는 허정을 촉군 태수로 앉히는 등 명사 등용이 반짝 활기를 띠긴 했지만, 익주 전체를 아우르는 명사 사회가 형성되지는 않았다.

이에 반해 제갈량은 촉학蜀學 학자들이나 익주 명사를 승상부에 벽소하고, 그들을 자신의 명사 사회로 조직해 나갔다. 제갈량의 승상부 속관에 28명의 형주 출신자와 더불어 15명의 익주 출신자를 볼 수 있는 것은 바로 그 때문이다.

제갈량이 익주 출신자를 자신의 명사 사회에 어떻게 자리 잡도록 했는지를 직접적으로 알려주는 사료는 없다. 그러나 제1차 북벌 때 양주涼州에서 귀순한 강유姜維의 사례를 통해 어느 정도 유추할 수 있다.

강유는 **충근시사·사려정밀**忠勤時事·思慮精密(그때그때의 직무에 충실히 애쓰고, 생각은 치밀하고 정밀하다)하고, 그가 가진 재능을 살펴보면 이소李邵와 마량馬良 등도 그에게 미치지 못합니다. 그 사람은 양주에서 최고 인물입니다.

- 《삼국지》〈강유전〉

제갈량이 강유의 인물평가를 써 보낸 상대는 승상부의 유부장사였던 장예張裔(익주 명사)와 장완蔣琬(형주 명사)이다. "충근시사, 사려정밀"은 조위의 구품중정제도에서 말하는 장狀(향품에 붙여 조정에 올리는 인물평가 상신서)에 해당하며, "이소(익주 명사)·마량(형주 명사)"에 비교한 것은 배輩(구품중정제도에서 타인과의 비교를 통해 그 인물의 위치를 나타냄)에 해당한다.

여기서 주목할 점은 제갈량이 강유(양주 명사)를 '이소'와 '마량'에 비교한 것이다. 이를 통해서 '익주 명사' 이소가 제갈량을 중심으로 한 명사 사회의 구성원으로서 '형주 명사' 마량과 거의 동급으로 자리매김하였음을 알 수 있기 때문이다. 이처럼 제갈량은 익주 명사들을 형주 명사 사회에 편입시켜 형주와 익주를 일체화한 '촉한 명사 사회'를 형성해 나간 것이다. 촉한을 형주 명사와 익주 명사의 연합정권으로 꾸리려던 포석이었다.

'북벌의 기지' 익주 통치의 절묘함

촉한 명사 사회에 자리를 잡은 익주 명사는 그 명성에 걸맞게 정권의 요직에 취임했다. 하지만 조위의 구품중정제처럼 제도화되지 않은 이유는, 제갈량의 인물평가가 그대로 관직에 반영되었고, '군주 권력' 유선과 각축을 벌일 필요가 없었기 때문일 것이다.

익주 출신자들은 유비 친정 시기에는 구경九卿이라는 명예직은커녕 고작해야 지방 속리에 머물렀다. 하지만 제갈량 보정 시기에는 익주 출신이 '정치의 중추' 승상부의 유부장사나 상서복야尙書僕射(상서대의 차관) 등의 요직에 진출했고, 도독이나 군 태수의 대부분을 익주 출신이 차지하기에 이르렀다. 그리하여 제갈량은 익주 명사를 촉한 명사 사회에 편입시키고 그 영향력을 통치의 기둥으로 삼는 방침을 성공시켰다. "익주 사람들 모두가 제갈량이 재능을 온전히 발휘할 수 있도록 기용해준 바에 감탄했다."《삼국지》〈양홍전楊洪傳〉 이토록 높은 평가를 받을 정도로 제갈량은 익주 통치를 안정시킨 것이다.

제갈량의 익주 통치는 경제적으로 익주 호족과 이익을 다투지 않은 점도 특징이다. 그 전형이 북벌을 준비하기 위해, 225년부터 2년여에 걸쳐 진행된 남정南征(남쪽 이민족 정벌)과 남중南中 통치이다.

제갈량은 초려대에서 이민족 정책에 대해 이렇게 말했다. "서방에서는 이민족과 연합하고, 남방에서는 이민족을 위무한다." 이는 후한 '유교 국가'의 이민족 정책의 계승이었다. 유비가 이 방침을 토대로 이민족 정책을 추진했다는 것은 손오를 공격할 때 마량이 무릉武陵의 만蠻(남쪽 오랑캐)에게 촉한의 관인과 칭호를 내려 촉한 편에 붙게 한 데서 확인된다. 이런 형(마량)의 영향 때문일까? 동생 마속馬謖은 남정으로 향하는 제갈량에게 "이민족의 마음을 사로잡으십시오"라고 헌책했다.

> 남중은 그 땅이 험하고 먼 곳이란 점에 의지해 오랫동안 귀순해 복종하지 않았습니다. 오늘 이것을 깨뜨린다 해도 내일은 또 어길 것입니다. 이민족을 멸하고 먼 훗날까지의 근심을 없애는 것은 어진 사람의 인정이 아니고 또 금방 되는 일도 아닙니다. 원래 병사를 부리는 왕도는 마음을 사로잡는 것이 상책이고, 성을 공격하는 것이 하책입니다. 부디 제갈 공께서는 **이민족의 마음을 복종**시키도록 하소서. 제갈공명께서 세상을 마칠 때까지 남중은 감히 배반하는 짓을 하지 않을 터입니다.
> - 《삼국지》〈마속전〉 부附〈마량전〉의 '배송지 주'에 인용된 《양양기》

마속은 남중을 공격하려는 제갈량에게 이민족의 마음을 복종시킬 것을 권유하고 있다. 다만 "제갈공명께서 세상을 마칠 때까지 남중은 감히 배반하는 짓을 하지 않을" 것이라는 결론이 역사적 사실과 반대되기 때문에 사료적 가치로서의 의문은 들지만, 제갈량의 남정은 이민족을 완전히 멸망시키려는 목적이 아니었다.

남방 땅이 평정되고 이회李恢의 군공이 많았으므로 한흥정후漢興亭侯에 봉하고 안한장군安漢將軍을 더했다. 나중에 촉한의 군대가 돌아가자 남방의 만족蠻族은 또 반란을 일으키고 수비하던 대장을 죽였다. 이회는 직접 토벌에 나서 흉악한 행동을 한 무리를 뿌리 뽑고 그곳 유력자들을 성도로 옮기도록 하며, 수叟와 복濮 땅에서 **밭갈이 소, 군마, 금, 은, 무소 가죽을 공물로 바치도록 하여 끊임없이 군용 물자에 충당**하였기에 당시의 국가 비용에 부족함이 없었다.

- 《삼국지》〈이회전〉

이회는 제갈량의 남정 이후에도 촉나라 군대가 돌아가고 나면 남이南夷의 난이 계속되자, 이를 평정하는 데도 큰 공을 세웠다. 여기서 "남중은 감히 배반하지 않았다"《양양기》가 단지 말뿐이었음을 이해할 수 있다. 그럼에도 남중 통치를 담당했던 이회나 장의張嶷 등은 난의 주모자만 처벌할 뿐, 되도록 관용적인 통치를 실시함으로써 "밭갈이 소, 군마, 금, 은, 무소 가죽"처럼 북벌을 위한 군수물자를 계속 남중으로부터 공출하였다.

촉한이 무력으로 남만을 제압하지 않았던 이유는 당초에 남중의 난이 일어났을 때, 손오가 장강 하류 유역으로부터 지금의 광서장족자치구인 교주交州를 지나 남중에 이르는 길을 경유해 남중의 난을 지지했기 때문이기도 했다. 그래서 난을 평정한 이후에도 촉한은 좀처럼 남중을 직접 통치할 수 없었다. 제갈량의 남정 이후에도 월준태수越雟太守는 군치郡治를 '800여 리'나 멀리 두어야 했다. 《한진춘추》漢晉春秋에 기재된 대로, 제갈량이 한인漢人을 관료로 남중에 남기지 않았다는 전설을 반드시 거짓이라고만은 할 수 없다. 남중 통치를 위해 파견했던 내강도독庲降都督이 이적夷狄의 땅으로

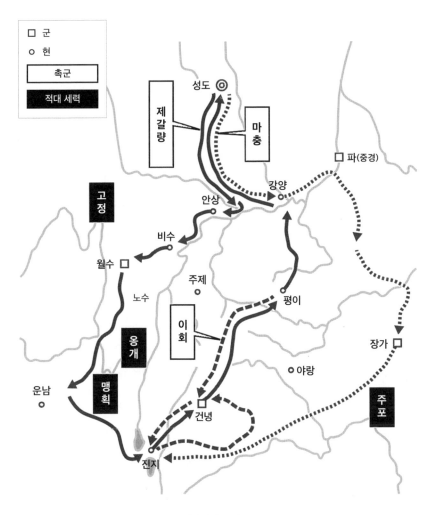

제갈량의 남정(南征)

그 치소를 옮긴 것은 제갈량 말년 때의 일이었다.

건흥建興 11년(233), 마충馬忠이 유주劉胄의 반란을 평정한 것을 계기로 비로소 내강도독의 치소가 건녕군建寧郡으로 옮겨가, 남중은 직접통치로 진전되었다. 그래도 촉한의 남중 통치는 손오의 산월山越(중국 장강 하류 동남부 지역에 거주하던 여러 소수민족) 정책처럼 무력으로 이민족을 강제로 군대에 편입시키는 것이 아니었다. 그것보다는 소금·철 등의 군자를 획득하는, '서남西南 실크로드'로 불리는 교역로를 확보하는 데 주안점을 두었다. 식량과 물자를 계속해서 익주로 보급하게 된 남중은 이로써 익주의 후방기지 역할을 톡톡히 하게 되었다. 이러한 촉한의 남중 통치는 초려대에 제시된 바대로 남쪽에서는 '이민족을 위무'하는 제갈량의 이민족 정책을 밑바탕에 둔 것이었다.

제갈량은 자신의 형주 명사 세력에게 어느 정도 유리한 형식으로 익주 명사들을 명사 사회에 편입시켰다. 그리고 익주 출신자들을 포함한 '촉한 명사 사회'의 자율적 질서로 형주 출신자들의 정치적 우위를 인정하도록 만든 지배 방식이 제갈량 보정 시기의 특징이다. 익주 출신자는 촉한 명사 사회의 위상에 걸맞은 관직에 오를 수 있다는 기대를 품으면서도 형주 명사의 우월성을 인정하게 되었다. 촉한 정권에서 형주 명사의 정치적 우월이라는 귀족제의 맹아가 익주 출신자들에게도 지지를 받은 것은 제갈량이 익주 출신자를 자신의 명사 사회에 끌어들여 촉한 명사 사회를 형성한 데에 있었다.

물론 그 사이에 익주 명사와 호족의 기득권을 침해하지 않으려고 남중 통치로 대표되는 경제정책을 펼친 것, 법의 공정한 적용으로 정치적 안정을 실현한 것, 나아가 촉학을 보호하는 문화정책 등을 펼친 제갈량의 노력을 간과할 수 없다. 그리하여 제갈량은 북벌을 감내할 수 있는 익주 통치를 구축해냈다. '북벌의 베이스캠프' 익주를 완벽하게 다스리기 위해 익주 출신 명사와 호족의 기득권을 보장해준 '정치적 절묘함'의 결과물이었다.

5

제갈량의 포부

출사표, 만세에 전해지는 '충'忠의 문장

제갈량의 뜻은 한실 부흥에만 머물지 않고 '성스러운 한나라에 의한 천하 통일'聖漢大一統에 있었다. 건흥 5년(227) 3월, 제갈량은 중원을 향해 출진하면서 북벌의 정통성을 만천하에 포고하기 위해 그 유명한 〈출사표〉出師表를 후주 유선에게 상주하였다.

선제(유비)께서는 촉한을 창업하신 후 대업(성스러운 한나라에 의한 천하 통일)의 절반도 이루지 못하고 중도에 **붕조**崩殂하셨습니다. 지금 천하는 셋으로 나누어지고 익주는 황폐해졌습니다. 진실로 사느냐 죽느냐 하는, 존망이 걸린 위급한 '때'秋입니다.

그러나 폐하(유선)를 받들어 가까이 모시는 신하들이 궁궐 안에서 경계에 게으르지 않고, 궁궐 밖에서는 충절을 지키는 장수들이 자기 한 몸을 잊고 분골쇄신하고 있으니, 이는 선제의 각별한 은총을 잊지 못해 보답하려 함입니다. 폐하께서는 마땅히 성스러운 귀를 넓게 여시어, 선제께서 남기신 덕을 밝히고, 뜻있는 지사들의 기개를 드넓게 떨쳐주어야만 합니다.

결코 자신을 비하하거나 대의에 어긋난 말로 도의를 잃고 충심어린 간언을 막아서는 아니 될 것입니다. 궁정과 관부官府는 한 몸이 되어야 하니, 상을 주고 벌을 주는 데 차이가 있으면 안 됩니다. 만일 간사하고 죄를 범한 자가 있다면, 마땅히 담당 관청에 넘겨 그 형벌과 상을 논하도록 하여, 폐하의 공평하고 엄명한 정치를 밝혀야 하지, 두둔하거나 사사로운 정에 치우쳐 안팎(궁정과 관부)으로 법률이 다르게 해서는 안 될 것입니다.

- 《삼국지》〈제갈량전〉

'표'表라는 것은 천자에게 올리는 상주문 중에서 가장 공개적인 문장이다. 제갈량은 〈출사표〉를 통해 '성한'聖漢에 의한 '대일통'大一統의 실현이라는 '북벌의 목적'을 밝히고 있다.

그것은 유비의 사망을 표현한 '붕조'崩殂라는 글자에서 단적으로 드러난다. '붕조'는 천자의 죽음을 표현하는 '붕어'崩御와 한나라의 조상으로 여겨지던 요堯임금의 사망을 표현하는 조락殂落을 합친 글자이다. 이로써 유비가 요임금, 곧 성한의 후계자로서 천자가 되어 "대업의 절반도 이루지 못하고 중도에 붕조"했다고 한 대목에서, 그 대업이 바로 "성한대일통"임을 읽어낼 수 있는 것이다.

그것은 그 자체로 북벌의 정통성을 드러내고 전쟁의 목적을 명시하는 역할을 하였다. 그래야만 비록 익주가 피폐하더라도 출병할 수 있는 정당성을 얻을 수 있기 때문이다.

옛 촉나라 신하였던 진수는 조조(위나라)를 정통으로 체현한 《삼국지》에서 유비의 서거를 '조殂'로 표현하였다. 제갈량의 〈출사표〉를 출처로 삼으면서도, 조위를 정통으로 하기 위해 '붕崩'자를 뺐다고 생각해도 좋다. 또한 "가을秋"을 "때時"라고 하는 것은 한 해의 사계절 중 곡식을 수확하는 가을이 가장 중요한 '시기'이기 때문이다.

〈출사표〉는 이후 후한의 쇠퇴 이유를 환제·영제의 실정에서 찾고, 유선 밑에 남아 있는 신하들을 신뢰하면 한실이 부흥할 거라고 의론한다.

그리고 일전하여 자신의 '개인적 정'을 토로한다.

"신은 본래 남양南陽에서 몸소 농사를 지으며 청경우독晴耕雨讀 생활을 하던 평민으로서, 난세에 그럭저럭 목숨이나 부지하려고 제후들에게 가 명성을 구하고 현달顯達하려 하지 않았습니다. 그런데 선제께서는 신의 비천함을 아랑곳하지 않으시고, 송구스럽게도 친히 지체를 낮추면서 세 번이나 신의 오두막으로 왕림하셔서, 신에게 당대의 세상일을 물으셨습니다. 신은 **이 일로 감격하여 선제의 휘하에서 신명을 다해 분주히 움직일 것을 허락하였습니다.** 그 후 한나라가 기울어 전복되려 하고 장판長阪 전투에서 참패하였을 때 실로 중임을 맡았고, 오와의 동맹에 온갖 힘을 쏟고, 그때부터 위급하고 어려울 때 늘 명령을 받들었는데, 그로부터 21년이 지났습니다."

- 《삼국지》〈제갈량전〉

장판 전투란, 건안 13년(208) 유비가 장판에서 조조에게 대패하였으나 장비가 다리를 끊어놓아 포로 신세를 면하고 하구夏口로 줄행랑을 친 뒤, 제갈량을 손권에게 보내 원조를 청한 일을 가리킨다. 그리고 '21년'은 건안 12년(207) 유비가 제갈량의 초려로 세 번째 방문했던 때로부터, 건흥 5년(227)에 제갈공명이 후주 유선에게 북벌의 출사표를 올릴 때까지이다.

'배송지 주'에 인용된 《위략》魏略과 《구주춘추》九州春秋에서는 삼고초려 등은 없고 제갈량이 유비를 찾아갔다고만 전한다. 그러나 배송지는 〈출사표〉에 '삼고'三顧가 명기되어 있음을 이유로 《위략》과 《구주춘추》의 기사를 부정하였다. '표'란 공개를 전제로 하는 상주문인데, 거기에다 거짓말을 쓸수는 없는 노릇이기 때문이다. 제갈량은 삼고초려를 받고 감격하여 유비를 섬기기로 결심했다는 자신의 '개인적 정'을 토로하고 있다. '지인'智人 제갈량의 틈에서 살짝 엿볼 수 있는 정情이 사람의 심금을 울려, '출사표'는 '충'忠을 대표하는 문장이 되었다.

삼고초려 당시, 제갈량이 거주하고 있던 융중隆中은 남양군南陽郡 등현鄧縣인데, 건안 13년(208) 조조가 형주를 영유하자, 양양군襄陽郡 등현이 되었다. 《자치통감》 등에서 제갈량이 살았던 곳을 '양양의 융중'이라고 하는 것은 옳지 않다. 양양군에 등현이 편입되었던 단계에는 제갈량이 융중에 살지 않았고, 예전에 조조가 남양을 양양으로 변경한 결정을 제갈량이 따를 필요가 없기 때문이다. 그렇다고 하더라도, 현재의 남양시에 있는 무후사武侯祠가 아니라 지금의 호북성 양양시에 있는 '고융중'古隆中이라고 칭하는 유적이야말로 제갈량의 고택이다.

선제께서는 신이 진중하다고 생각하시어 붕어할 때 신에게 국가의 대사

호북성 양양시 고융중(古隆中)의 삼고당(三顧堂)

를 부탁하셨습니다. 명령을 받은 이래로 밤낮으로 걱정하고 탄식하며 위
탁하신 일에 공적을 올리지 못하여 선제의 성스러운 명철함을 손상할까
봐 두려웠습니다. 그 때문에 5월에 노수瀘水를 건너 불모의 땅南中으로 깊
숙이 들어갔습니다. 이제 남방은 이미 평정되었고, 병장기와 갑옷도 이미
풍족하므로 마땅히 삼군三軍(전군)을 거느리고 북벌하여 중원 땅을 평정해
야 할 것입니다.

신이 바라는 바는, 우둔한 재능을 다하여 간악하고 흉악한 위나라를 물
리치고 한나라 왕실을 부흥시켜 옛 도읍지(낙양)로 돌아가는 것입니다. **이
것이 신이 선제께 보답하고 폐하께 충성을 다하는 직분이기 때문입니다.**

정황과 도리를 짐작하여 충언을 드리는 일은 곽유지, 비위, 동윤의 책임입니다. 바라옵건대 역적 조씨를 토벌하고 한실을 부흥시키는 성과를 거두게 하여 주십시오. 만약 성과를 거두지 못하면 신의 죄를 다스려 선제의 영전에 아뢰어주십시오. 만약 성덕을 흥성시키는 충언이 없으면 곽유지, 비위, 동윤 등을 처벌해 태만함을 밝히십시오.

폐하께서도 스스로 깊이 마음을 써서 치국의 좋은 방도를 신하들에게 물으시며 올바른 말을 살피고 받아들여 선제의 유언을 잊지 않고 깊이 되새긴다면, 신은 폐하의 황은에 감읍하고, 그 감격을 이기지 못할 것입니다. 이제 곧 멀리 떠나며 표문을 올리니 눈물이 흐르고 앞을 가려 무슨 말을 더 올려야 할지를 모르겠습니다.

- 《삼국지》〈제갈량전〉

노수濾水는 티베트 고원에서 발원하는 장강 본류의 옛 이름으로, 지금의 금사강金沙江이다. 5월에 노수를 건넜다는 것은 건흥 3년(225) 3월, 제갈량이 군사를 거느리고 남정하여 지금의 안녕하安寧河를 따라 남행한 일을 가리킨다. 제갈량은 노수 남쪽을 따라 도하하여 운남성 변경의 소수민족 지구에 들어가 맹획을 사로잡았다. 그리고 그해 가을에는 남방의 익주, 영창, 장가, 월수 등의 반란을 평정하였다.

북벌로 조위를 멸망시키고 한실을 부흥시켜 '후한의 옛 도읍지' 낙양으로 귀환할 거라고 밝힌 뒤 "이것이 신이 선제께 보답하고 폐하께 충성하는 다하는 직분"이라고 하는 구절이 바로 '출사표'의 요점이다.

모든 군사행동은 오로지 폐하 유선에 대한 충성을 위해 행해진다는 것을 드높이 선언하고 있는 것으로, 남송南宋의 문인 안자순安子順(1158~1227)

은 제갈량의 〈출사표〉를 읽고 눈물을 흘리지 않는 자는 반드시 불충한 자라고 말할 정도였다. 진晉나라 이밀李密의 〈진정표〉陳情表가 효, 당나라 한유韓愈의 〈제십이랑문〉祭十二郎文이 우정을 대표하는 글이라면, 〈출사표〉는 무릇 '충'을 대표하는 명문으로 《문선》文選에도 수록되었다. '충'이라는 어휘가 5번 사용되고, 북벌로 한실을 부흥시켜 선제 유비에게 받은 은혜에 보답하는 것이 폐하(유선)에게 충성을 다하는 직분이라고 규정하는 한 문장이 '출사표의 중심'이기 때문에 〈출사표〉는 제갈량의 '충'이 가득 담겨 있다.

다만 제갈량의 '충'은 〈출사표〉에 선제 유비에 대한 추억이 '13번'이나 등장하는 것에서 알 수 있듯이, '7번'밖에 등장하지 않는 폐하(유선)에 대한 충은 유비와의 연결을 연장하는 데 사용된 '충'이라는 점에 유의하고 싶다.

한편 선제 유비를 여러 차례 언급한 것과 더불어 후주 유선에게 하는 부탁의 말이 6번, '반드시', '바라옵건대' 등의 수사까지 합하면 10번에 이른다. 선제 유비의 권위를 빌려 제갈량이 부재중에 유선을 훈도하려 한 의도를 엿볼 수 있다. 그런 가운데 제갈량은 자신이 신임하는 궁중 시중侍中들과 자신의 부재 시 승상부를 책임지는 유부장사들에게 국가의 대사를 의논하라고 거듭 당부하고 있다.

북벌의 또 다른 목적

이런 제갈량의 진심이 통했던 것일까? 다행히 유선은 제갈량을 굳게 믿고 보필하는 신하들의 말을 계속 따랐다. '망국의 암군'暗君으로 유명한 유선이지만, 제갈량을 상부相父(아버지)로 받들며 전혀 의심하지 않았던 그 덕분에 제갈량이 계속 충신일 수 있었는지도 모른다.

북벌의 첫 번째 목적은 '성한대일통'의 실현에 있었다. 《삼국지》〈후주전〉의 '배송지 주'에 인용된 왕은王隱의 《촉기》蜀記에 의하면, 촉한이 멸망할 때 그곳의 "남녀 인구는 94만, 무장한 장졸은 10만 2천"이었다. 이로 미루어 볼 때 촉한은 총인구의 약 10%를 병사가 차지하는 '군사국가'였던 셈이다. 게다가 《삼국지》〈제갈량전〉의 '배송지 주'에 인용된 《한진춘추》에 따르면, 그 군대는 "하나의 주州에서 온 자들이 아니다."고 하니 익주 출신이 아닌 이들이 많았던 것 같다. 이른바 외래의 정복자가 익주를 지배하기 위한 정통성을 확립하기 위한 명분이 "성한대일통"이라는 국시國是였을 것이다. '성한대일통'이라는 국시를 수행하지 않는다면, 촉한은 존립 의의가 없었다. 제갈량은 국가의 존재의의를 내걸고 북벌을 추진하였던 것이다.

북벌의 두 번째 목적은 제갈량이 명사로서 군사력을 장악하는 데 있었다. 유비 생전에 제갈량은 군대를 지휘한 적이 없었다. 방통의 전사로 유비의 입촉이 좌절되자, 형주에서 구원하러 달려가면서 군대를 이끌었던 일이 유일한 예외였다. 이것은 유비에게 불가피한 사태였다. 이때 이외에는 군주권력의 물리적 기반인 군사력은 유비, 그리고 일족이나 마찬가지인 관우·장비가 계속 장악하고 있었다.

손오에서는 손책孫策 이래 계속 오나라 왕의 신임을 유지해온 명사 주유가 군사력을 장악하고 있었다. 그 정도의 신뢰 관계가 제갈량과 유비 사이에는 없었던 것이다

유비가 죽은 뒤 남정·북벌을 감행하면서 제갈량은 군사력을 완전히 장악하였다. 제갈량의 승상부는 촉한의 실질적인 정부로서 기능하고 있었으

며, 조정마저도 포괄하는 거대한 군부 체제를 형성했다. 그것은 위왕魏王(조조)의 국부國府처럼 선양 혁명을 감행할 때 출현하는 패부霸府의 양상마저 띠고 있었다. 그러나 제갈량은 자신의 신념이던 성한대일통의 정신에 따라, 유비가 건국한 계한季漢으로부터 선양을 받은 자신의 '제갈씨 국가'를 일으켜 세우지 않았다. 그러나 그마저도 충분히 가능할 정도의 권력을 북벌을 통해 움켜쥐고 있었다.

제갈량이 스스로 '익주 피폐'를 인정하면서 추진한 북벌은 촉한이라는 국가의 존립 의의인 '성한대일통'의 실현과 '제갈량의 군사력 장악'이라는 두 가지 목적을 달성하기 위해 마련되었던 것이다. 제갈량은 그래서, 북벌 성공을 위해 가능한 온갖 지모를 짜냈다.

제갈량의 유일한 승기, 제1차 북벌

'출사표'를 바친 제갈량은 5만 군사를 이끌고 한중에 주둔했다. 한중과 조위가 지배하는 관중평원關中平原 사이에는 진령산맥이 이어져 앞을 가로막는다. 산간을 빠져나와 관중에 이르는 길에는 자오도子午道·낙곡도駱谷道·포사도褒斜道(사곡도斜谷道)·고도故道·관산도関山道 등 다섯 갈래의 길이 있었다. 가장 동쪽인 자오도는 한중과 장안을 잇는 최단 길이며, 낙곡도는 그 서쪽을 병행하여 달린다. 포사도는 포수褒水를 따라 북쪽으로 가다 미현郿縣에 이르는 길이고, 포사도가 관중 평원으로 빠지는 곳에 오장원五丈原이 있다. 고도는 산관散関을 거쳐 관중 서쪽의 요충지 진창陳倉으로 통했고, 관산도는 더 서쪽인 천수군天水郡으로 빠지는 비교적 평탄한 길이었다.

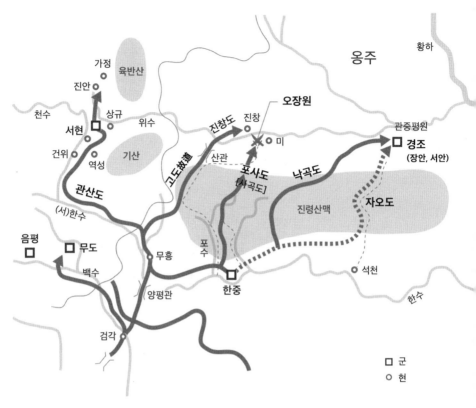

제갈량의 북벌로

　제갈량이 초려대에서 밝힌 기본적인 군사전략은 두 갈래의 부대가 위나라를 공격하는 '양동작전'이었다. 먼저 주력군인 형주군이 형주를 출발해 남양분지를 지나 5~6백여 리를 곧장 달려가면, 조조의 통치 중심지인 허창과 낙양을 공격할 수 있고, 익주와 한중에서 출발하는 다른 갈래의 부대는 조조가 우왕좌왕하는 사이에 중원을 소탕하고 하동을 지나 장안을 취할 수 있다는 작전이었다.

　하지만 이후의 정세는 융중 대책의 전망과 맞아떨어지지 않았다. 형주군 지휘관인 관우가 219년 조조를 전면 공격하는 군사 작전을 폈다. 이때 위나라의 사마의가 오나라에 가 손권에게 관우의 퇴로를 습격하자고 제안하자, 손권은 대장 여몽을 보내 강릉을 쳤고, 관우 부대는 전멸하고 관우 역시 처형을 당하고 말았다. 이에 격노한 유비가 오나라 정벌이라는 무리수를 두다 대패하자, 형주를 완전히 잃고 말았다. 북벌을 시작하기도 전에 기본 전략이 삐걱거린 것이다.

그래도 제갈량은 양동작전을 모색했다. 관우를 구원하지 않아 유비의 원망을 받고 조위로 망명하여 조비의 총애를 받았지만, 그의 사후에 자신의 지위에 불안을 느끼고 있던 맹달孟達에게 조위를 등지고 내부에서 호응하도록 설득한 것이다. 이 내응 공작은 성공했고 맹달은 반란을 일으켰다. 그러나 순식간에 사마의에게 평정되고, 또다시 형주 북부에서 중원으로 가는 진로는 가로막혀버렸다.

제갈량이 양동작전을 고집한 것은 진령산맥을 넘으려면 행군이 여의치 않은 잔도棧道를 지나야 하기 때문이었다. 이런 상황에서도 제갈량은 북벌을 감행한다. 건흥 6년(228), 제갈량이 48세 때였다.

용맹하기로 소문난 위연魏延은 자오도를 통해 일거에 장안을 떨어뜨리는 전술을 주장했다. 그러나 이것은 성공하면 승리의 열매는 크지만, 협공을 당하면 잔도가 불타서 후퇴할 길이 없어 촉군이 전멸할 위험성도 높았다. 제갈량은 위연의 전술을 채용하지 않고, 자신은 잔도가 적어 대군을 움직이기에 가장 안전한 관산도를 통해 천수군을 공략하려 했다. 그리고 조자룡과 등지鄧芝에게는 포사도를 따라 진군해 미현郿縣을 노리는 양동작전을 펼치도록 했다. 국력이 우세한 조위에 대항하여 직접 장안·낙양을 공격하는 것이 아니라, 장안에서 양주涼州에 이르는 길을 차단하여 양주를

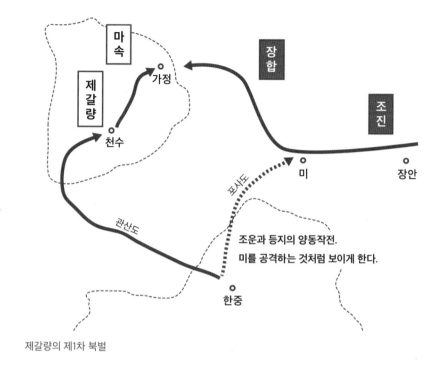

제갈량의 제1차 북벌

확보하고, 서역으로 통하는 길과 이민족을 장악하여 조위와 싸울 후방 거점을 만들려고 했던 것이다. 비범한 전술이라 할 수 있다. 사실 제갈량의 승기는 이 '제1차 북벌'밖에 없었다.

이 작전은 공명심에 불타던 위나라 대장군 조진曹眞이 주력부대를 미현으로 집결시키는 틈을 타 천수군을 점령하고, 남안군南安郡·안정군安定郡도 공략하여 양주를 반으로 갈라놓는 데 성공했다. 그러나 농서태수隴西太守 유초遊楚는 수비를 굳건히 하며 원군을 기다렸고(《삼국지》〈장기전張旣傳〉의 '배송지 주'에 인용된 《위략》), 양주자사涼州刺 서막徐邈도 양주병에 금성태수金城太守의 군사를 합쳐 동쪽으로 진격했다.(《삼국지》〈서막전徐邈傳〉)

위나라 명제明帝(조예)는 친히 서둘러 장안으로 출진함과 동시에 대장군 조진에게 미현을 지키게 하고, 손오를 대비하고 있던 노장군 장합張郃을 불러들여 선봉으로 삼고 양주를 구원토록 하였다. 제갈량의 주력부대인 본군이 양주를 함락시킬 때까지 장합을 저지시키면 차후에 장합을 전군으로 요격할 수 있었다. 반대로 장합을 저지하지 못하면 위나라의 양주군과 장합에게 동서 양쪽으로 협공을 당해 제갈량의 본군은 대패할 수밖에 없었다. 그래서 제갈량은 장합이 양주로 진군하지 못하도록 저지할 곳을 가정街亭으로 정하고, 이곳에 마속을 보내 지키게 하였다

주어진 조건에서 최선을 다하다

마속은 천수군 동북쪽인 가정에서 장합을 맞아 싸우다, 계책에 빠져 물이 없는 산 위에 포진하고 말았다. 제갈량은 마속이 출전할 때 "산 위에 진을 치지 말라"고 명령했다. 큰 길목을 지키면 소수의 병사일망정 대군을 막을 수 있기 때문이다. 그런데 마속은 대승에 눈이 멀어 명령을 무시하고 산 위에 진을 치고 말았다. 제갈량의 후계자로 인정받기 위해서, 제갈량에게 명받은 이상의 전공을 올리고자 마음에 안달이 났던 것이다. 부장 왕평王平은 제갈량의 지시대로 큰길에 진을 치자고 재삼 간청했지만, 마속은 귀를 닫아버렸다.

가정에 도착한 장합은 산 위에 마속군이 있는 것을 보고 물길을 끊어버렸다. 물길이 끊기자 촉군의 사기가 떨어졌다. 장합은 이때를 놓치지 않고 맹공을 가해 마속을 크게 무찔렀다. 그러나 왕평의 군사들이 군고軍鼓를

처 울리며 정연하게 멈춰 서자, 장합은 복병을 경계하며 추격을 단념했다.

마속의 어이없는 실수로 제1차 북벌은 실패하고, 제갈량은 군사를 몰아 한중으로 되돌아가 눈물을 흘리며 책임소재를 묻고 마속의 목을 베었다. 또 자신까지도 벌을 받고 승상에서 3등급을 깎아 우장군으로 물러나 패전의 책임을 짊어졌다.

건흥 6년(228) 제2차 북벌에 즈음하여 제갈량이 상주하였다는 〈후출사표〉後出師表는 예로부터 진위 논란이 거세다. 진수의 《제갈씨집》, 《삼국지》에는 수록되지 않았고, 손오의 대홍려大鴻臚였던 장엄張儼의 《묵기》黙記에 의해 전해져 오며, 표문 안에 조운의 사망 연도가 《삼국지》의 기술과 다르기도 해서 예로부터 위작 혐의를 받아온 것이다.

그러나 조위에 대한 현황 인식, 선제(유비)라는 낱말의 빈도, "주적 조위를 벌하지 않으면 대업이 망하고 만다"는 북벌의 의의 표명, 그리고 "오로지 사력을 다하여 죽을 때까지 애쓰는 일을 한시도 멈추지 않겠다"(국궁진력鞠躬盡力)는 북벌에 대한 강한 결의는 제갈량의 진짜 글이라고 볼 만하다.

오나라의 육손이 침범을 시도한 위나라 장수 조휴를 석정石亭에서 무찔렀다는 소식을 들은 제갈량은 제2차 북벌을 개시하였다. 이번에는 고도故道를 지나 산관散關을 넘고 진창陳倉을 공격했다. 조위의 수장은 학소郝昭였다. 난공불락의 진창 공략을 위해 제갈량은 운제雲梯라고 불리는 사다리차와 성문을 파괴하는 충차衝車를 이용했다. 이어 정란井闌이라는 노櫓에서 성 안으로 화살을 비 오듯 퍼붓고, 흙을 실어 해자를 메우고 거세게 공격하였는데, 이중 성벽에 가로막혔다. 마지막에는 땅굴을 파서 공격하였지만, 학소는 모든 것을 방심하지 않은 채 대응하였고, 이윽고 제갈량도 모든 계책이 동나버렸다.

진창은 함락되지 않았고, 촉군의 군량도 바닥을 보이고, 장안에서 조진이 구원군을 이끌고 몰려오는 바람에 제갈량은 군사를 물렸다. 당시의 무기 능력으로 성을 함락시키기 위해서는 많은 시일이 필요하였다. 그러나 군수물자 보급의 어려움은 충분한 시일을 제갈량에게 허락하지 않았다.

건흥 7년(229) 제갈량은 진식陳式에 명해 조위의 무도군武都郡·음평군陰平郡을 공격하게 하였다. 사실 제2차 북벌은 제3차 북벌을 위한 양동작전이었다. 제1차 북벌로 양주涼州를 경유하면 험난한 잔도를 피해 한중에서 장안으로 진격할 수 있는, 즉 거꾸로 말하면 장안에서 한중으로 쳐들어오는 길을 위나라에게 드러내 보여 주는 꼴이므로, 그 길을 막을 필요가 있었던 것이다.

더욱이 이 지방에는 티베트계 이민족인 저족氐族·강족羌族이 거주하고 있었으므로 그들을 우군으로 삼을 목적도 있었다. 조위는 곽회郭淮를 파견하여 진식을 맞아 공격하도록 하였다. 그래서 제갈량은 스스로 군사를 이끌고 조진의 선봉장인 왕쌍王雙을 쓰러뜨리고, 곽회도 물리쳤다. 이 공적에 따라 제갈량은 우장군에서 다시 승상의 자리에 복귀했다. 가정에서의 패전을 만회하기 위해 양주로 통하는 길을 계속 엿보고 있던 와중에 양주 천수군 출신인 강유를 중용한 것도 이 전술에 따른 인재 등용의 맥락이었다. 이에 대응하여 조위는 조진에게 자오도에서 공격해 들어가게 했지만, 제갈량에게 격퇴당했다.

건흥 9년(231) 제갈량은 제4차 북벌을 감행하였다. 이번에는 목우木牛를 이용하여 군량을 수송하고, 관산도關山道를 통해 기산祁山을 포위했다. 전초전을 벌인 후 사마의가 이끄는 조위의 주력군과 결전을 치러 대승을 거두었다. 다섯 차례의 북벌 중에서 주력군끼리의 결전은 오직 이 싸움뿐이었다.

그러나 제갈량은 이번에도 철수해야만 했다. 군량을 계속 보급할 수 없었던 탓이다. 그 책임자는 이엄李嚴이었다. 이엄은 제갈량이 그 재능을 높이 평가한 형주 명사이다. 그러나 아무리 능력이 뛰어난 이엄일지라도 잔도를 통해 군량을 보급하는 운수 작업은 매우 어려웠다. 그의 실패에는 동정의 여지도 있었다. 그러나 이엄은 보급 실패를 얼버무리려고 했다. 이엄은 처벌을 받고 서민으로 강등되었다. 그래도 이엄은 제갈량이 언젠가 용서해줄 것이라 믿고 있었다. 훗날 제갈량의 사망 소식을 듣고 이엄은 병사한다. 자신이 쓰일 날이 두 번 다시 오지 않을 거라는 통한을 남기며.

건흥 12년(234), 제갈량은 사곡(포사도)을 통해 오장원으로 나아갔다. 군량 부족에 시달렸던 지난 일을 거울삼아, 제5차 북벌에서는 목우유마木牛流馬로 군량을 운반하고, 사곡수斜谷水 강변에 땅을 개간하여 인근 농민과 함께 둔전을 하여 식량 확보에 힘썼다. 이 군둔으로 제갈량을 괴롭혔던 군량 문제는 어느 정도 해소되는 듯했다.

위나라 총사령관 사마의는 제갈량의 후방 공급선이 너무 길어 지구전을 오랫동안 펼 수 없다는 것을 알고 상규를 굳게 지키면서 전투를 피했다. 제갈량은 온갖 방법을 궁리했지만 사마의는 꿈쩍도 하지 않은 채 요지부동이었다. 지구전을 고집하는 사마의와 지략을 겨루다, 제갈량은 결국 식량 공급이 부족하여 철군하였다. 234년 제갈량은 사곡에서 출병해 오장원에 주둔하면서 둔전을 조성해 위와 장기전을 벌일 작정이었다. 하지만 병이 깊어져 끝내 진중에서 사망하고 만다. 촉한 군대는 제4차 북벌 때 추격해 온 장합을 쓰러뜨린 효과도 있어서였는지, 위군의 추격을 받지 않고 한중으로 물러날 수 있었다.

이렇게 다섯 차례나 펼쳐진 북벌의 경위를 살펴보면, 제갈량의 뛰어난 군사적 능력을 알 수 있다. 외교를 통해 손오의 협력을 이끌어 냈고, 곤란하기 그지없다는 삼군 퇴각을 무사히 수행했고, 군량 보급의 어려움도 극복했고, 패전 후에도 책임소재를 분명히 밝혀 촉한의 사기를 유지했다. 위나라보다는 훨씬 열악한 촉한의 현실이라는 조건 아래에서 최선을 다한 최고사령관이라고 말할 수 있다.

제갈량이 울면서 마속을 참수할 수밖에 없었던 까닭

북벌의 승기는 1차밖에 없었다. 그 패전의 원인은 제갈량의 마속 발탁에 있었다.

《삼국지》〈마량전〉에 의하면, 유비는 임종할 무렵 제갈량에게 이런 충고를 한 적이 있었다.

"마속은 늘 실력 이상의 말을 하고 있소. 무겁게 쓸 수는 없는 노릇이니, 그대는 그 점을 충분히 헤아리시오."

주위 사람들도 가정을 지키는 수장에는 위연이나 오의吳懿가 임명될 것이라고 생각했다. 그래도 제갈량은 마속에게 중임을 맡겼다.

마속의 형으로 '백미'白眉라 칭송된 마량은 손오와의 이릉대전에서 죽었고, 방통도 촉으로 들어올 때 전사했으며, 서서는 조위에서 벼슬아치를 하고 있었다. 이 때문에 양양 집단의 옛 친구는 얼마 남지 않았다. 장기전으로 전개될 조위와의 전쟁에서, 48세의 제갈량은 자신의 후계자가 될 수 있는 '젊은 재능'에게 승패를 걸었다. 바로 그러했기에 제갈량은 "울면서 마속을 참수"하는, 즉 읍참마속泣斬馬謖할 수밖에 없었다. 제갈량이 '형주 명사' 마속의 실패를 비호하면 익주 출신자들의 지지를 토대로 성립한 촉한은 와해되어 버리기 때문이다. 그래서 제갈량은 마속을 죽여 병사들을 위로하고, 상주문을 올려 이렇게 말했다.

"신은 미미한 재능으로 분에 넘치는 직무(승상)를 담당하여, 직접 깃발과 도끼를 잡고서 삼군을 이끌고 싸우러 나갔습니다. 그러나 삼군을 격려하며 법규와 명령을 훈도하지 못했고, 대업에 임해서는 신중하지 못하여 가정에서 명령을 어기는 잘못을 범하고, 기곡箕谷에서는 경계를 늦추는 실책을 범하였습니다.

그 책임은 모두 신이 사람을 부당하게 쓴 데 있습니다. 신은 사람을 알아보는 명철함이 없으며 일을 처리함에 어두운 면이 많습니다. **《춘추》에 "책임은 온전히 원수元帥에게 있다"**고 하였습니다. 신의 직무에 근거하여 이것은 타당합니다. 청컨대 신이 스스로 직위를 세 등급 강등하여 그 책임을 다하도록 해 주십시오."

- 《삼국지》〈제갈량전〉

승상보다 3등급 낮추어 우장군右將軍이 되겠다는 상주문에서 제갈량이 전거로 삼은 《춘추》는 《춘추좌씨전》 선공宣公 12년 조條에 인용된, 한헌자韓獻子가 환자桓子(순림보荀林父)에게 '원수'元帥의 책임을 설파한 대목이다.

제갈량이 닦은 형주학은 유교를 실천하기 위해 《춘추좌씨전》을 존중했다. 제갈량이 《춘추좌씨전》을 형벌의 기준으로 삼고 있었음을 알 수 있다. 이렇게 제갈량은 마속을 베고 스스로에게도 처벌을 내려 승상에서 우장군으로 강등되어, 익주에서 북벌 패전의 책임을 졌다. 이 덕분에 제갈량에 대한 익주의 지지는 흔들리지 않았다. '공公'을 취지로 삼는 제갈량의 인사 人事 특징이 여기에 있다.

진수는《삼국지》에서 제갈량을 다음과 같이 평하였다.

제갈량은 승상이 되어 백성을 위무하고 따라야 할 예의와 법도를 보여주었으며, 관직을 간략하게 하고 시의적절한 정책을 펼쳤으며, 진실한 마음으로 공정한 정치를 행하였다. 충성을 다해 그 시대에 이로움을 준 자에게는 비록 원수일망정 반드시 상을 주고, 법률을 어기고 태만한 자에게는 비록 가까운 사람이라도 반드시 벌을 주었다. 죄를 인정하고 반성하는 마음을 가진 자에게는 중죄를 지었다한들 용서해 주었으며, 진실을 말하지 않고 말을 교묘하게 꾸미는 자에게는 비록 가벼운 죄를 지었다 하더라도 반드시 사형에 처했다.

선행을 하면 작은 일이라도 상을 주지 않은 적이 없고, 악행을 저지르면 사소한 것이라도 처벌하지 않은 적이 없었다.

온갖 사무에 정통하고 사물의 근원을 이해하였으며, 명목을 따르고 실질을 구하며 허위로 가득한 자와는 함께 일을 도모하지 않았다. 그 결과 **촉나라 안의 사람은 모두 제갈량을 존경하고 아꼈으며, 형벌과 정치가 비록 엄격해도 원망하는 자가 없었다. 이는 마음을 공평하게 쓰고, 상을 주고 벌을 주는 일을 분명히 했기 때문**이다. 제갈량은 정치를 숙지하고 세상을 다스리는 이치를 터득한 뛰어난 인재로서 춘추시대의 관중, 전한의 소하蕭何라는 명재상에 필적할 만하다고 말할 수 있다.

- 《삼국지》〈제갈량전〉'평'評

그런 뒤 진수는 "제갈량이 해마다 군대를 움직이고도 성공하지 못한 것은 임기응변의 지략이 그의 장점이 아니었기 때문"이라고 말한다. 이 부분은 제갈량을 폄훼하는 것이라 하여 진수는 후세 학자들로부터 호되게 비판받았는데, 진수의 제갈량 평가는 위에서 인용한 부분부터 읽어야만 하지 않을까 한다.

무엇보다 제갈량은 특히 근검하고 청렴하여 재산을 축적하지 않았다. 집에 있는 15경의 밭과 뽕나무 800그루도 유비가 익주를 얻은 후 상으로 준 것이었다.

6

촉, 이념에 순교하다

승상 제갈량의 후계자들

제갈량이 전쟁터에서 죽은 뒤 촉한을 이끈 인물은 장완蔣琬(?~246)과 비의費禕(?~253)였다.

장완·비의의 보정기(235~252) 때 촉한은 조위를 정벌하려는 출병을 멈추고 '익주 토착정권'으로서 정권의 존속을 도모하였다. 따라서 촉한 명사 사회에서 익주 명사의 중요성이 높아졌다. 마충馬忠이 국정의 중심인 상서대 책임자 평상서사平尚書事에 취임한 것을 필두로 정권의 요직에 익주 명사의 진출이 두드러졌다. 한편 형주 명사 세력은 감퇴하였지만, 그래도 촉한 명사 사회가 존속하고 있었기 때문에 거기에서 높은 평가를 받은 장완·비의의 지배는 안정세를 유지했다.

이러한 상황에서 촉한의 국정을 운영해 나가려면 형주 명사와 익주 명사의 대립이 유발되지 않도록 엄청난 포용력이 필요했다. 장완은 탁월한 실무 능력 외에 넓은 도량과 침착함을 겸비하고 있었다.

당시는 원수元帥(제갈량)를 막 잃었던 때라 먼 곳이든 가까운 곳이든 간에 두려워하고 있었다. 장완은 뽑혀서 모든 벼슬아치 위에 있게 되었지만 슬퍼하는 모습도 없고 기뻐하는 낯빛도 없이 정신을 하나로 모으고 행동거지가 차분하여 평소와 똑같았다. 이로부터 뭇사람은 장완을 점점 믿고 따르게 되었다.

- 《삼국지》〈장완전〉

동조연東曹掾 양희楊戲는 성격이 대범해서 장완과 이야기를 나눌 때 대답을 하지 않는 경우가 있었다. 어떤 사람이 양희를 깎아내리려고 장완에게 말했다. "양희가 웃어른을 업신여기는 태도가 너무 심합니다." 그러나 장완은 자신의 의론에 양희가 반대할 때는 응답도 하지 않는 것을 두고 "그것이 양희의 쾌활함이다"《삼국지》〈장완전〉)라고 받아들였다.

또 독농督農 양민楊敏이 장완을 헐뜯으며 이렇게 말했다. "장완은 일을 치를 때 우왕좌왕하고 모호해 정말로 전임자(제갈량)에 못 미친다." 어떤 사람이 이 말을 장완에게 보고하며, 조사하자고 건의하였다. 그러자 장완이 대답했다. "내가 전임자에게 미치지 못하는 것은 당연하며 조사할 필요가 없다." 훗날 양민은 어떤 사건에 연루되어 옥에 갇혔다. 사람들은 일찍이 양민이 장완을 욕하였으므로 사형을 면치 못할 것이라고 짐작했다. 하지만 "장완은 개인적인 감정에 따라 판단하는 사람이 아니므로 양민은 엄중한 형벌을 받지 않았다. 장완이 좋아하고 싫어하는 감정과 도의를 지닌 태도는 모두 이와 같았다."(《삼국지》〈장완전〉) 제갈량을 잇기 위해서는 이 정도의 도량이 필요했던 때였다.

장완 외에도 우수한 인재로 평가받은 형주 명사가 여럿 있었다.

이를테면 요립廖立은 일찍이 제갈량으로부터, "방통과 요립은 초楚 땅의 양재良才로서 후세에 전해질 제왕의 사업을 보좌하여 일으킬 수 있는 자들"이라는 인물평가를 받음으로써 방통과 어깨를 나란히 하던 형주 명사였다. 그런데 요립은 자신의 재능과 명성이 제갈량 다음간다고 자부했음에도 불구하고 한직에 임명되어 이엄 등의 아래에 있게 되자, 마음속으로 불만을 품고 울적한 채 즐거워하지 않다가 마침내 유비와 관우의 무능력한 면모를 까발리기에 이르고, 또한 많은 명사를 비방하였다. 제갈량은 요립의 경거망동을 그대로 방치하면 형주 명사들의 사이뿐만 아니라 익주 명사들과의 관계도 악화될 듯싶었다. 그래서 요립을 폐하여 서민으로 강등시키고 문산군汶山郡으로 내쫓았다.(《삼국지》〈요립전〉)

양양 집단으로 남아있던 상랑向朗도 있다. 그러나 상랑은 가정 전투에서 마속이 패하고 도망칠 때 그 상황을 알면서도 검거하지 않고 묵인했다. 상랑은 마속과 평소 사이좋게 지냈을 뿐만 아니라 같은 형주 명사인 양양 집단이기 때문에 두둔한 것이다. 이런 면모를 제갈량은 가장 싫어했다. 이런 비위를 그대로 놔두면 익주 명사의 지지를 잃게 될 것이기 때문이었다. 제갈량은 마속을 벰과 동시에 상랑을 면관하고 그 죄를 밝혔다.(《삼국지》〈상랑전〉)

자신이 제갈량의 후계자에 가장 가깝다고 스스로 생각했던 자는 양의楊儀였다. 양의는 북벌을 수행하는 제갈량을 보좌하며 부대편성과 군량 계산에 탁월한 능력을 보였다. "제갈량은 양의의 재간을 매우 아끼고 위연의 용감함에 의지하였으므로 늘 두 사람이 사이좋게 지내지 못함을 안타까워하며 그들 중 한쪽으로 치우쳐 한쪽을 버리는 것은 차마 하지 못했다." 그러나 장완과는 대조적으로 양의는 도량이 매우 좁아, 일찍이 상사였던 유파劉巴와 성향이 맞지 않아 좌천됐고, 북벌 때에는 위연과 대립했고, 제갈량이 죽은 뒤에는 위연을 반란으로 내몰고 주살했다. 양의는 "스스로 나이나 관리가 된 시간이 장완보다 앞서며, 재능도 그를 뛰어넘고, 스스로 공훈이 가장 크다고 생각하고는 마땅히 제갈량 대신 정권을 잡으리라 마음먹었다." 하지만 장완이 승상 후계자로 뽑혔기 때문에 원망하고 분하게 여기는 모양을 목소리와 얼굴빛에 감추지 않고 불만을 터뜨리다, 서민으로 강등당하고 한가군漢嘉郡으로 쫓겨났다. 그래도 양의는 유배지에 이르러 다시 글을 올려 장완을 비방하다 체포되었고, 끝내 자살했다.(《삼국지》〈양의전〉)

카리스마 지도자 사후의 조정형 인사

이렇게 보면, 제갈량이 사람을 보는 안목의 정확성뿐만 아니라 역으로 '촉한의 인력 부족'도 파악할 수 있다. 그래도 장완은 제갈량 사후 촉한의 국정을 잘 다스렸고 사망한 해에는 강을 따라 내려가 조위를 토벌할 계획까지 세웠다. 국력이 회복되었다는 증표였을 것이다. 그러나 장완은 이를 실행하기도 전에 병사하고, 조위에 대한 반격은 비의와 강유姜維(202~264)에게 맡겨졌다. 형주 명사가 정치적으로 우월한 촉한 정권에서는 '카리스마 지도자' 제갈량이 사망하자 익주 명사와의 화합을 이룰 수 있는 '조정형 정치인'이 필요하였다. 그런 인물이 바로 장완이고, 또한 비의였다.

일찍이 북벌을 수행할 때 "장군 위연과 양의가 서로 미워하여 한자리에 앉을 때마다 늘 언쟁을 했다. 어떤 때는 위연이 칼을 들어 양의를 죽이려 들이댔고, 양의는 얼굴에 눈물을 가득 흘렸다. 비의는 으레 두 사람 사이에 앉아 간언하고 훈계하며 시시비비를 구별하고 깨우쳐주었다. 제갈량이 죽을 때까지 위연과 양의가 각기 가진 재능을 발휘한 것은 비의의 노력과 조율 덕분이었다."《삼국지》〈비의전〉) 이처럼 비의는 제갈량이 좋아하는, 도량이 넓고 실무 능력도 뛰어난 '조정형 정치가'였다.

장완의 뒤를 이은 비의는 북벌을 갈망하는 강유에게 이렇게 타일렀다. "우리는 승상(제갈량)에 훨씬 못 미치오. 그 승상조차 중원의 땅을 평정할 수는 없었습니다. 요행을 바라며 단판으로 승부를 결정지으려 해서는 아니 되오." 그리고는 강유에게 만 명의 병사만 내주었다.《삼국지》〈강유전〉姜維傳의 '배송지 주'에 인용된 《한진춘추》)

강유는 불만스러웠겠지만, 비의는 조위를 공격하지 않으면 '성한대일통'이라는 국시國是를 잃고, 지나치게 공격해도 위험해지는 촉한의 대외정책을 발군의 '균형감각'으로 통제하고 있었다. 그 균형감각은 내정에도 영향을 미쳤다. 제갈량 보정기 때부터 형주 명사의 정치적 우월성은 비의 때에도 계속되었다. 비의는 마충·장익張翼과 같은 익주 명사를 적극적으로 요직에 올려 '형주 명사와 익주 명사의 균형'을 잡아갔다. 그 결과 강유가 집권할 때에는 형주 명사의 우월성을 거의 찾아볼 수 없게 된다.

일찍이 손권으로부터 "대단한 그릇"이라는 평가를 받은 비의는 매우 밝고 개방적인 성격이었다. 이 때문에 정월 대연회(253)에서 경계를 풀고 즐거이 술을 마시다 만취해 있다가 조위에서 항복해온 장수 곽순郭循의 칼에

찔려 죽었다. 비의가 사망함으로써 촉한 정권의 내부 붕괴가 시작되어 갔다.

승상의 뜻을 이어받은 강유

강유는 원래 위나라를 섬기다가 제1차 북벌 때 스물일곱의 나이로 제갈량에게 귀순하면서 발군의 활약을 펼쳤다. 중호군中護軍·정서장군征西將軍까지 출세한 강유는 서쪽 지방의 풍속에 익숙하고 자신의 재능과 무력에 자부심을 가졌다. 때문에 강족羌族을 아군으로 꾀어내어 농隴(감숙성)부터 서쪽 땅을 조위로부터 빼앗으려고 했다. 제갈량의 제1차 북벌의 뜻과 발상을 계승한 것이었다.

연희延熙 16년(253) 비의가 세상을 떠났다. 강유가 병권을 잡아 그의 군사행동을 억제하는 자가 없자 제갈량의 군사적 기본 전략(북벌)을 되살렸다. 위장군衛將軍 강유는 거의 해마다 북쪽으로 출병하였다.

연희 17년(254)에 농서隴西로 출격하여 적도현狄道縣 이간李簡의 항복을 받고, 양무에서는 위나라 장수 서질徐質의 목을 베고 매우 많은 성을 빼앗고 하관河關·적도·임조臨洮 세 현의 백성을 이주시켰다. 이듬해 거기장군 하후패夏侯霸와 함께 도수洮水 전투에서 조위의 옹주자사雍州刺史 왕경王經을 격파하고, 적도성에서 왕경을 포위했다. 그러나 위나라 정서장군 진태陳泰(진군의 아들)가 병사들을 이끌고 와 포위망을 푸니, 강유는 퇴각하였다.

연희 19년(256) 강유는 공적에 따라 대장군으로 승진했다. 그리고 다시 조위를 공격하여 진서대장군 호제胡濟와 상규上邽에서 합류할 예정이었다.

그러나 호제는 약속을 어기고 오지 않았다. 이로 인해 단곡段谷 전투에서 위나라 대장군 등애鄧艾에게 대패하고 수많은 전사자가 속출하자 촉한 내부에서 원망의 소리가 커졌다. 강유는 패전을 사죄하고, 책임을 지기 위해 스스로 벼슬을 삭탈해 달라고 간청하여 후장군·행대장군사行大將軍事로 강등되었다.

경요景耀 원년(258), 강유는 대장군으로 복귀하였다. 그리고 녹상서사로 국정을 총괄하는 위치가 되었지만, 아홉 차례나 북벌을 진행해 국력이 소진되었고 내정도 점차 부패해가자, 제갈량이 형성한 촉한 명사 사회는 분열되어 갔다. 강유는 양주涼州 천수군天水郡 출신으로, 제갈량으로부터 "충성스럽고 부지런하며 생각이 치밀한 양주의 최고 인물"(《삼국지》〈강유전〉)이라는 인물평가를 받고 촉한 명사 사회의 일원이 된 터였다. 따라서 익주에는 지연도 없고, 혈연도 없어 그 세력 기반이 약했다. 촉한 명사 사회에서 의지할 수 있는 거라곤 제갈량의 평가뿐이었고, 장완과 비의가 지연에 기반해 형주 명사들로부터 받은 지지를 기대하기는 애초부터 불가능하였다.

촉나라의 분열과 유선의 항복

강유 보정기(253~263)의 형주 명사는 평상서사平尙書事 제갈첨諸葛瞻(제갈량의 아들)·동궐董厥, 상서령 번건樊建, 우대장군 염우閻宇 등이 대표적이다. 그들은 동향 출신자로서 계속 지연을 이어온 하나의 정치세력이었다. 그것은 처음 조정을 통솔하게 된 제갈첨에게 형주 명사인 종예宗預를 설득하여 함께 방문하려고 한 동향인 요화廖化의 행동을 통해서도 이해할 수 있다.

이들 형주 세력은 비의가 죽은 후 강유의 끊임없는 대외 적극책에 비판적이었다. 또한, 진수의 스승이자 이 시기 촉학을 대표하는 초주譙周는 장완·비의 보정기에는 전학종사典學從事로서 촉한의 학문을 통괄하는 자리에 앉아 장완·비의의 정치에 협력하였다. 그런데 강유 보정기에 북벌이 거듭되자 〈구국론〉仇國論을 저술해 출병에 반대했다. 이러한 상황에서 촉한이 성립한 이후 촉학에서 금기시했던 "한나라를 대신할 자는 당도고當塗高(위나라)"라는 참언讖言이 떠돌았다.

촉한 멸망 한 해 전(262)에 궁궐 안의 큰 나무가 아무 까닭 없이 저절로 쓰러졌다. 초주는 "많아지고曹 커져魏 약속한 기일이 다가온다. 갖추어서備 주었다면禪, 어떻게 되돌리겠는가?"라고 기둥에 써 붙였다.《삼국지》〈두경전〉杜瓊傳) 그 배경에는 다음처럼 현학에 기초한 참어讖語, 즉 예언이 있었다.

두경은 연희 13년(250) 80세로 세상을 하직했다. 그는 《한시장구》韓詩章句 10여 만 자를 저술했다. 하지만 자식들에게 전수하지 않았으므로 그의 참위학讖緯學을 배워 전승한 자가 없었다. 초주는 두경의 말을 기초로 하여 비슷한 현상을 보고 다음과 같이 서술했다.

《춘추전》을 보면 진晉나라 목후穆侯가 태자의 이름을 '구'仇라 하고, 그 동생 이름을 '성사'成師라고 했다. 진나라 대부 사복師服이 이렇게 말했다.

"주군이 아들 이름을 지은 것이 이상하구나! 사이좋은 짝을 비妃라 하고 원수 같은 짝을 구仇라 하는데, 오늘 주군은 태자의 이름을 '구'라 하고 동생의 이름을 '성사'라 했으니 혼란의 징조가 나타나기 시작한 것이며, 형이 폐위될 것이다."

그 뒤 정말 사복의 말대로 되었다. 한나라 영제靈帝는 두 아들의 이름을 사후史侯와 동후董侯라고 지었는데, 이들은 즉위하여 황제가 되었다가 모두 나중에 면직되어 제후가 되었으니 사복의 말과 비슷하다.

선주(유비)는 휘를 비備라고 했는데, 그 글자를 풀이하면 '구'具(완결하다)라는 뜻이다. 후주(유선)는 휘를 선禪이라 하였는데, 그 글자를 풀이하면 '수'授(주다)이다. 이는 유씨가 국통을 완결하여 다른 성씨에게 주어야 한다는 것이다. 의미상으로는 진나라 목후나 한나라 영제가 아들의 이름을 지은 것보다 더욱 처참하다.

- 《삼국지》〈두경전〉

촉학은 여기서 제갈량의 보호를 계기로 결속했던 촉한과의 관계를 단절하고 본래의 참언("한나라를 대신할 자는 당도고")으로 되돌아갔다. 유비가 '구비'具備한 촉한이라는 국가가 유선 때 선양된다는 촉학의 견해를 토대로, 초주는 '촉한의 조위曹魏 선양'을 예언했던 것이다. 그리고 스스로 그 참언을 실현하는 행동을 취한다.

강유에게 반발한 익주 명사는 촉학 학자뿐만이 아니었다. 강유 보정기에 익주 출신자 중에서 최고위에 올랐던 좌거기장군 장익은 익주를 피폐하게 만드는 강유의 출병을 정면으로 반대했다. 강유는 장익의 세력을 무시할 수 없어 늘 데리고 다니면서 그 이반을 경계했다. 강유가 유일한 기반으로 삼고 있던 '중앙군'에서도 익주 명사는 북벌을 반대하고 있었던 것이다.

이렇게 촉한 명사 사회는 '위나라에 대한 강경책'을 취하는 강유, 이런 강유에게 협력하지 않는 형주 명사, 익주의 보전을 바라는 익주 명사라는 세 가지 분파로 분열했다. 이것을 틈타 유선의 총애를 받았던 상서령 진지陳祗와 환관 황호黃皓가 실권을 쥐었다. 그러나 그들의 권력은 토지 및 농민

파악과 군사력 재건이라는 국가기반 강화를 배경으로 한 것이 아니었다. 촉한 명사 사회의 분열에 따른 궁궐 내 권력투쟁의 결과로 조정 권력을 장악한 것에 불과했다. 촉한에는 약체화·멸망의 길밖에 남지 않게 된 것이다.

촉의 멸망, 그리고 전설의 시작

일찍이 제갈량의 북벌을 꽁꽁 틀어막았던 사마의는 그 이후 조위의 실권을 장악하였다. 그 둘째 아들 사마소司馬昭는 조위로부터 선양을 받기 위해 종회와 등애를 활용하여 촉한 멸망이라는 공적을 세우겠다는 야심찬 계획을 세운다. 그때 강유는 답중遝中에서 둔전을 하고 있다가 위나라 대군의 촉한 정벌 소식을 듣게 되었다.

강유가 유선에게 급히 표를 올렸다.

"듣자 하니 종회가 관중에서 병사들을 훈련시켜 우리를 쳐서 취하려 합니다. 마땅히 장익과 요화를 보내 각 군대를 지휘하여 양안 관구와 음평 교두를 나누어 지키도록 하여 미리 막아야 합니다."

하지만 환관 황호는 귀신이나 미신의 말을 믿고 적군은 끝내 오지 않을 것이라고 말해 유선에게 이 일을 진행시키지 말라고 했는데, 신하들은 아무것도 몰랐다.

- 《삼국지》〈강유전〉

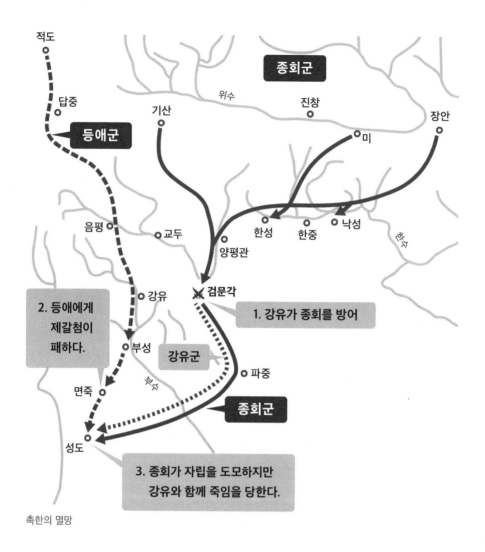

촉한의 멸망

　지원군은 고사하고 답장도 받지 못한 강유는 고전 후 어쩔 수 없이 검
각劍閣에 틀어박혔다. 종회가 검각을 공격하는 동안 강유의 배후로 돌아서
쳐들어온 자가 등애였다. 등애는 음평부터 길 없는 길로 진군해 강유江曲를
점령했다. 면죽綿竹마저 떨어지면 성도까지 일직선이었다.

유선은 '제갈량의 아들' 제갈첨에게 7만 군사를 내주고 면죽에서 등애와 맞서 싸우게 했다. 제갈첨은 스스로 군대를 이끌고 등애군에게 돌격하였다. 그러나 제갈첨은 화살을 맞고 낙마했다. 그리고 절규했다. "나는 죽어서 나라의 은혜를 갚을 때까지 진력했다."《삼국지》〈제갈량전〉부附〈제갈첨전〉) 이리하여 검을 뽑고, 스스로 생을 마쳤다. 성벽 위에 있던 맏아들 제갈상諸葛尙은 부친의 죽음을 지켜보고 말을 채찍질해 출격하고, 전장에서 죽었다. 등애는 그 충의에 감동하여 제갈첨 부자를 합장해 주었다.

종회에게 항복했던 강유도 처자식과 함께 등애의 위나라 군사들에게 죽임을 당했다. 진수는 《삼국지》〈강유전〉에서 이렇게 평하였다. "장완은 정직하고 엄숙하며 위엄이 있고, 비의는 너그럽고 널리 사랑하였다. 이들은 모두 제갈량이 정한 규범을 이어 따르고 변경한 것이 없었다. 그러므로 변방에 우환이 없고 나라가 화평하며 통일되었다. 다만 작은 촉나라를 통치하는 기술과 행동하지 않으면서 다스리는 순리를 완벽하게 이해하지는 못했다. 강유는 문무를 두루 갖추고 공명을 세우려는 포부가 있었으나 병사들을 경시하고 군사력을 남용했으며, 분명하게 결단을 내렸지만 조밀하지 못해 결국 죽음에 이르렀다."

위나라 대장군 등애가 강유를 깨뜨리고 이미 성도까지 쳐들어왔다는 소식을 들은 유선에게, 뭇 신하들이 오나라로 달아나자는 등 남중(운남성)으로 도망치자는 등 하는 가운데 "단지 초주만이 항복을 권유했다. 그래서 유선은 결국 초주의 건의에 따랐다. 유선에게 근심이 없고 한 국가의 백성이 의지할 곳을 얻은 것은 초주의 계책을 썼기 때문"《삼국지》〈초주전〉)이었다. 등애에게 항복하기를 반대한 유선의 다섯째 아들 유심劉諶은 유비를 모시는 소열묘昭烈廟에서 자결하였다. 촉한은 이로써 멸망하였다.

경제景帝
전한前漢

중산정왕 유승

유웅

유홍

유비
선주先主

이　　영　　선禪
후주後主

거　순　심　찬　종　요　선璿
　　　　북지왕　　　　　　　　태자

유씨 가계도

소열묘는 현재 제갈량을 중심으로 모시는 사천성 성도의 무후사武侯祠로 바뀌었다. 물론 유심이 자결한 소열묘 그 자체가 아니라 후세의 재건이다. 다만 무후사 안에는 유비의 능침인 혜릉惠陵이 존재하며, 현관문의 편액에는 '한 소열묘'漢昭烈廟라고 크게 쓰여 있다. 여기에 촉한에 순국하지 않은 유선이 모셔지지 않은 것은 매우 유명한 이야기이다.

단순히 '소열묘'가 아니라 '한'漢 소열묘로 쓰인 것처럼 '한'은 중국의 고전古典이 되었다. 무후사에는 촉'한'을 망국의 나락으로 빠트린 유선의 동상이 있었던 것 같지만, 여러 번 파괴되어 소멸했다. 이에 반해 다섯째 아들 유심은 아직도 모셔져 있다.

그것은 '고전 중국'古典中國 격인 '한漢나라'의 '존속' 그 이념을 위해 순국했기 때문이다. 이처럼 '한'漢이라는 나라는 '한족漢族의 나라' 중국에게 특별하고, 제갈량은 그 '한'이라는 고전 중국의 최후의 지킴이였다. 이 '한나라 이념'의 지평 위에서 촉한을 정통으로 내세우는 나관중의 소설《삼국지연의》가 탄생하고, 관우를 신으로 모시는 관제묘가 세워지게 된 것이다.

그런데 뭇 신하 중에서 유파와 법정이 무후사의 군신 무리에 끼지 못

사천성 성도(成都) 무후사(武侯祠)에 있는 유비의 능묘 문. 한 소열묘(漢昭烈廟).

탁현(涿縣)의 삼의궁(三義宮)에 있는 소삼의전(少三義殿). 유선은 이곳에 모셔져 있다.

하였다. 청나라 도광제 29년 유원劉沅의 사상에 기초해 현재의 무후사 원형이 정해질 때 "소열(유비)의 순신純臣(진실한 신하)이 아니다"라고 하여 배제되었다. 유비의 총용에 의해 제갈량과 세력 다툼을 벌였던 법정, 유비의 미움을 받으면서도 제갈량에게 중용된 유파는 후손들에게 함께 제사를 받지 못하고 있는 것이다. 유비와 제갈량의 힘겨루기는 이리하여 무승부일지도 모른다.

참고로 유비의 고향인 탁현의 '삼의궁'三義宮에는 유비·관우·장비 세 사람의 상을 모시는 '삼의전'三義殿 옆에 '소少삼의전'이 있다. 유선은 그곳에 관흥關興(관우의 차남)·장포張苞(장비의 장남)와 함께 모셔져 있다.

제5장

오나라,
지역과 함께
생존하다

적벽赤壁 출토의 노弩.
노(쇠뇌)는 석궁이라고도 한다. 그 방아쇠 손잡이 부분에
여대呂大의 이름이 새겨져 있다.

강동의 오나라, 육조六朝의 시작

중국사에서 오나라의 위상

삼국 시대의 나머지 한 나라는 손씨의 오나라, 즉 손오孫吳이다. 오나라의 역사적 의의를 따지기 위해서는 먼저 중국사 속에서 이 지역의 위상을 확인하지 않으면 안 된다. 그래야만 비로소 오나라를 깊이 이해할 수 있기 때문이다.

원래 한漢 제국과 수·당 제국에 끼인 '220년부터 589년까지'를 중국사에서는 '위진남북조'魏晉南北朝라고 한다. 여기서 '삼국시대'는 '위'魏라는 한마디로 정리되어버리고, 촉한·손오의 존재는 역사에 매몰되어 있다. 조위曹魏를 정통으로 하는 진수의 《삼국지》 역사관의 반영이다.

이에 반해 이 시대를 '육조'六朝시대라고 부르는 경우가 있다. 하나의 시

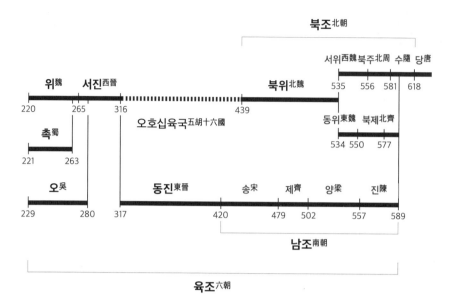

육조시대(六朝時代, 위진남북조시대)

대에 두 가지의 호칭이 있는 경우는 드물다. 육조란 건업建業에 수도를 둔 오吳·동진東晉·송宋·제齊·양梁·진陳 등 '6개 왕조'를 일컫는다. 여기서 송·제·양·진은 남조南朝와 같은 뜻이지만, 손오와 동진은 위진남북조의 '위진' 魏晉과 같지 않다.

조위曹魏는 220년부터 265년까지 화북華北을 지배하고, 진晉은 265년에 건국된 서진西晉이 280년부터 317년까지 중국 전체를 지배했으며, 317년부터는 동진東晉으로서 강남에서만 420년까지 이어진다. 한편 손오는 229년에 건국되어 280년에 멸망하였기 때문에 육조시대라는 명칭은 서진의 통일기가 빠지는 등 시대가 연속되지 않는 것이다.

따라서 보통은 그곳에서 발달한 한민족 문화가 북방민족이 건국한 북조 문화와 다르기에 육조문화라고 부른다고 설명한다. 그러나 손오 때에는 북방도 서방도 한족漢族 국가이고, 또한 서진의 문화도 배제된 상황인데 어째서 이러한 호칭이 성립된 것일까?

육조라는 호칭은 동진東晉에서 진陳까지의 국가들, 즉 '동진·송·제·양·진'이 자신의 기원을 손오에서 찾았기에 생겨난 개념이다. 여기에는 지역에서 생존한 손오가 강남 개발로 이룬 의의의 크기가 반영되어 있다.

이것은 역대의 삼국정윤론三國正閏論(삼국 가운데 조위와 촉한 어느 쪽이 정통인가)에서 배제되어 온 손오가, 그리고 소설《삼국지연의》에서 익살스러운 광대 같은 역할을 한 손오가 삼국 중에서 자신들을 국가의 기원으로 인식하는 시기가 분명히 있었다는 증거이다. 그것은 손오 사람들이 지역과 함께 산 증명이기도 하다. 그것을 궁리해 보기 위해 간보干寶의 《수신기》搜神記부터 이야기를 시작해보자.

오나라를 정통으로 여기는 간보의 《수신기》

동진東晉(317~420) 초기에 간보가 저술한 《수신기》는 천자, 사인士人(선비), 신선, 방사方士(도사), 이매魑魅(도깨비), 요괴나 괴이한 동식물 등에 관련된 470여 개의 설화를 분류하여 수록한 책이다. 근대에 노신이 《중국문학사》를 저술했을 때 '소설 시조始祖'의 하나로서 '지괴志怪 소설'이라고 분류했기 때문에 문학 작품으로 여겨지기도 한다.

하지만 《수신기》는 천자에게 일어나는 서상瑞祥(상서로운 조짐)과 재이災異를 천인상관설天人相關說에 근거해, 각각의 설화에 대한 해석과 사응事応(하늘의 포폄褒貶에 대한 인간 반응)을 드러내는 〈오행지〉五行志와 비슷한 기술 방식을 가진 역사서이다. 다만 천인상관설을 뒤흔드는 듯한 서상과 재이에 대해, 가령 요괴의 생성 이유 등을 해명하는 이야기는 소설과도 통하는 새로움이 있다.

《수신기》가 수록한 사례에는 삼국 시대에 취재한 것이 있는데, 그중에서도 동진과 건국建國 지역을 함께하는 손오에 관한 것이 많다. 이것들 가운데에는 손오를 부정적으로 보는 사례도 있다.

가령 우길于吉의 저주로 죽는 손책孫策 이야기가 소설《삼국지연의》에 도입된 것이 대표적이다. 그래서 손오에게 비판적인 저작으로 여겨지기도 한다. 그러나 조조가 도술인 좌자左慈에게 농락당하고, 또 신이神異를 드러낸 배나무를 베는 바람에 병을 얻었고, 또한 조비曹丕와 조예曹叡도 그 무식함을 조롱당하고 있듯이, 도사나 방사에게 비판받는 군주는 비단 손씨에게만 한정되지 않는다. 게다가 《수신기》는 손오를 정통시하는 것과 관련된 손책과 손권의 '이상 출산'을 전하고 있다.

손견孫堅의 부인은 임신한 뒤 **달이 그녀의 품속으로 들어가는 것을 꿈꾸고 맏아들 손책孫策을 낳았다.** 둘째 아들 손권孫權을 회임하게 되자, **태양이 품속으로 들어오는 꿈을 꿨다.** 그리고 손견에게 이렇게 물었다.

"옛날에 책을 잉태하여 달이 제 품에 들어오는 꿈을 꾸었습니다. 지금 다시 해가 저의 품 안으로 들어오는 것을 꿈꾸었는데, 어째서입니까?"

손견이 대답했다.

"해와 달이라는 것은, 음양의 정情이고 귀함을 약속하는 상징이오. 내 자손들이 발흥할 것이오."

- 《삼국지》〈손파노오부인전〉孫破虜吳夫人傳의 '배송지 주'에 인용된 《수신기》

이것은 천명을 받은 국가 창시자의 어머니가 그 국가의 수호신인 오제五帝와 교제함으로써 제왕을 잉태한다는 '감생제설'感生帝說에 가까운 이상 출산의 기록이다. 이미 말했듯이 감생제설은 정현의 육천설六天說의 전제가 되는 사고방식이다. 이러한 설화를 《수신기》에 수록한 것은 간보가 손오를 건국한 손권 그리고 형 손책이 천명을 받았다고 생각했다는 것을 보여준다.

또한 《수신기》는 손오의 군주에게 천인상관설을 적용하는 사례도 수록한다.

> 오나라의 경제景帝(손휴孫休, 손권의 여섯째 아들) 이후, 의복 제도는 상의上衣를 길게 하고 하상下裳을 짧게 하였다. ……귀명후帰命侯(손호孫皓, 손권의 손자)가 욕정을 위로 드러내고, 아래로는 사람들을 가난에 찌들게 할 상이다.
> - 《당개원점경》唐開元占経 권140에 인용된 《수신기》

《송서》宋書〈오행지〉에는 이것에 대한 간보의 해석이 남아 있다. 간보는 손휴(경제, 재위 258~264) 때 상의가 길고 하상, 즉 아랫도리옷이 짧은 복제가 행해진 것에 대하여, 위가 췌택贅澤(사치)이고 아래가 빈곤의 상을 나타내는 '복요'服妖라고 해석한다. '복요'란 하늘이 인간의 악정에 감응해 사람들로 하여금 이상한 복장을 입게 한다는 천견天譴이다. 천견이라는 하늘의 꾸지람을 삼가 받고 정치를 선정으로 고치지 않으면 혁명이 일어난다. 사실 손호(재위 264~280)는 오나라를 멸망하게 하는 마지막 군주가 되었다. 《송서》〈오행지〉에 기록된 간보의 해석은 손오의 멸망을 그 사응事応으로 삼고 있다. 이것이 천인상관설, 다시 말해서 하늘과 인간은 서로 밀접하게 관련되어 있고, 서로 영향을 주고받는다고 하는 유교적 교의에 근거한 재이 災異 사상이다.

물론 여기에는 손호(귀명후)에 대한 비판을 볼 수 있다. 다만, 그것을 천인상관설에 입각한 재이 사상으로 설명하는 한, 손오라는 국가는 천벌을 받는 대상, 즉 천인상관설이 적용되는, 천명을 받은 정통국가로 인식하게 된다. 간보의 《수신기》는 그것에 입각한 뒤 삼국을 대등하게 취급하는 사례를 든다.

위·촉·오 삼국은 대등하다

옛 촉한의 신하 진수는 《삼국지》에서 조위를 정통으로 삼고 '본기'本紀를 세웠으나, 촉한·손오에는 '열전'列傳만 두었다. 즉 조위를 군주, 촉한·손오를 신하로 취급하였다. 여기서는 위나라·촉나라·오나라 삼국이 대등하지 않다.

이에 반해 옛 손오의 신하인 육기陸機(261~303, 육손의 손자, 서진의 관리)는 후술하는 바대로, 조위·손오·촉한 등 삼국을 대등하게 다루는 삼국정립 鼎立의 역사관을 보여 주었다.

옛 손오 계열의 신하인 간보도 육기와 마찬가지로 서진西晉이 직접 선양을 받은 조위뿐만 아니라 손오·촉한도 정통국가로 인식했다. 진晉이 솥발처럼 정립한 삼국 모두를 계승했다고 보는 것이다.

오나라는 건국된 지 오래되지 않았고 신뢰 관계가 견고하지 않으니, 변경에 주둔하는 수장^{守將}은 모두 그 처자를 볼모로 삼고, 이름을 붙여 보질^{保質}이라고 하였다. 어린아이와 소년 중에서 같은 환경에서 함께 노는 사람이 매일 수십 명은 있었다.

영안^{永安} 2년(259) 3월, 한 명의 낯선 아이가 나타났다. ……눈에 빛이 밖으로 번쩍번쩍 넘쳐흐르고 있었다. 아이들은 그 아이가 겁이 나서 이곳에 온 까닭을 물었다. 그 아이는 그래서 "너희들은 나를 싫어하니? 나는 사람이 아니라, 형혹성^{熒惑星}(화성)이야. 너희에게 말하고 싶은 것이 있어. **'삼공三公은 없어지고, 사마^{司馬}로 하나가 될 거야.'**"라고 말하였다. ……

이때 오나라의 정치는 준엄하였으므로 굳이 이를 보고하지 않았다. 이후 5년 만에 촉나라가 멸망하고, 6년 만에 조씨의 위나라가 망하고 사마씨의 진^晉나라가 세워졌다. 이리하여 오나라가 망하고 사마씨의 진으로 흡수되었다.

- 《삼국지》〈손호전〉^{孫皓傳}의 '배송지 주'에 인용된 《수신기》

이 설화에서는 화성(형혹성)이 아이로 변신해 "삼공은 없어지고, 사마씨로 하나가 될" 것이라는 예언을 전하고 있다. 《수신기》에도 큰 영향을 미친 후한의 사상가 왕충^{王充}의 《논형》^{論衡}에 따르면, 세상의 동요는 형혹성이 노래하게 한 음악이라고 한다. 영안 2년(259) 한 해 전에 경제^{景帝}(손휴)는 자신을 옹립했던 대장군 손침^{孫綝}을 죽이고 친정을 시작하였다. 그로부터 4년 뒤 염흥^{炎興} 원년(263)에 촉한은 멸망하고, 6년 후인 함희^{鹹熙} 2년(265)에 조위는 서진에게 선양하였고, 2년 뒤인 천기^{天紀} 4년(280)에 손오는 멸망하였다. 다소 차이는 있지만, 예언대로 위·촉·오 삼국은 멸망의 길로 향했다.

형혹성의 예언에서 주목할 대목은 "삼공은 없어지고, 사마씨로 하나가 될 것"이라는 말이다. 《송서》〈오행지〉는 '삼공'과 '사마'에 대해 간보의 다음과 같은 해석을 전하고 있다.

간보는 "이후 4년 만에 촉나라는 망하고, 6년 만에 위나라가 멸망했으며, 21년 만에 오나라는 평정되었다. 이 때문에 **구복**九服은 진晉으로 돌아갔다. 위나라는 오나라, 촉나라와 함께 나란히 전국戰國 시대를 이루고 있었다. '삼공은 망하고 사마에 이르리라'는 뜻이다."라고 말하고 있다.

- 《송서》〈오행지〉

구복은 《주례》에 토대를 둔 세계관이다. 경도京都(천자가 사는 수도)를 중심으로 한 왕기王畿(수도권)와 ①후복侯服 ②전복甸服 ③남복男服 ④채복采服 ⑤위복衛服(이상은 중국), ⑥만복蠻服 ⑦이복夷服 ⑧진복鎭服 ⑨번복藩服(이상은 이적夷狄)의 거주지역으로 나뉜다.(《주례》 '직방씨'職方氏)

구복으로 분류되는 천하는 중국뿐만 아니라 이적夷狄(오랑캐)의 거주지를 포함하고 있다. 그것을 진晉나라가 통일한 것이라고 한다. 진나라의 통일 이전에 존재했던 '삼공'을 간보는 조씨·유씨·손씨로 해석하고 있다. 즉 서진의 진수처럼 조위만을 정통으로 삼는 것이 아니라 조씨·유씨·손씨가 다투던 시대를 '삼국 시대'로 파악하는 것이다. '삼국정립'의 발상이다.

여기에는 손오의 후계자로서 실질적으로 강남을 지배한 동진東晉을 이념적으로, 삼국을 모두 계승한 서진의 후계자로서 중국, 그리고 이적의 거주지를 모두 통일했다는 주장이 포함되어 있다. 간보는 '동진의 역사가'로서 화북이나 촉은 오호五胡(흉노·갈羯·선비·저氐·강羌이라는 다섯 종류의 이민족 총칭)에 점령되었지만, 동진은 어디까지나 천하(구복=중국+이적)의 정통 지배자라고 말하고 있는 것이다. 삼국을 병립으로 파악하고, 서진·동진을 분리하지 않고 '삼국(위촉오)·양진兩晉(서진과 동진)'으로 역사를 묶는 방식이다. 손오-동진으로 이어지는 육조라는 사고방식은 나오지 않는다. 단, 오나라를 위나라·촉나라와 대등하게 인식하는 것이 중요하다.

육조 의식의 맹아

'육조'六朝라는 역사의 단락에 큰 영향을 미친 것은 《수신기》에 기록된 장후신蔣侯神 신앙이다. 간보는 오나라를 위·촉과 대등하게 인식하면서 동진과의 계승 관계를 설파하는 설화도 함께 수록하였다.

장후신은 '손권의 능묘' 장릉蔣陵이 조영된 장산蔣山에 장왕蔣王으로 모셔진 지방신地方神이다. 《수신기》의 기술에 따르면 그 제사의 시작은 손권 때로 여겨진다. 장후신 신앙은 육조를 통해 이루어졌다. 그중에서도 남북조 대립을 결정지은 태원太元 8년(383)의 비수淝水 대전(화북을 일시적으로 통일한 전진前秦의 부견符堅을 동진의 사안謝安이 격파한 싸움) 이후 장후신은 남조南朝의 수호신이 되었다. 중원을 지배하는 북조北朝만을 정통으로 삼지 않고 남조의 정통성을 보증하는 신앙이다.

이처럼 강남을 지배함으로써 중원과 대등할 수 있다는 자신감은 처음에는 손권에게 없었다. 유비(촉한의 소열제)와 조비(조위의 문제)를 격퇴하고, 황무黃武 원년(132) 독자적인 원호元號를 세우면서도 손권은 황제로 즉위하지 않았다. '황'黃무武라는 원호는 '황'黃초初라는 원호를 사용한 조위와 마찬가지로, 한漢나라의 화덕火德(붉은색)을 계승하는 토덕土德(황색)을 보여준다. 같은 토덕인 조위가 토중土中인 낙양에서 하늘에 제사를 지내는 이상, 손권은 강남에서 황제로서 하늘에 따로 제사를 지낼 수 없다고 판단했다. 이로 인해 황제에 즉위하고 천자가 된 사실을 하늘에 보고하지 못했다. 즉 하늘에 제사를 지내지 않은 것이다.

그런데 황룡黃龍 원년(229), 손권은 천자로 즉위하였다. 손권은 '황제의 기운이 동남에 있다'는 동남쪽의 운기와 황룡이 나타났다는 서상瑞相을 바탕으로 한나라의 화덕이 변한 토덕임을 선언하였다. 오나라로 침입해 온 유비를 이릉에서 대파하고, 조비의 침공을 막은 자신감이 강남에서의 즉위를 재촉하였을 것이다.

한나라의 화덕을 토덕으로 계승한다는 것은 조위도 주장하였으므로 손오의 정통성은 불안정했다. 그래서 후술한 바대로, 손호는 '토덕 조위'의 멸망을 계기로 '동남'東南(양주揚州 회계산會稽山)에서 승하한 금덕金德 우왕禹王을 표창한다. 이에 따라 손오는 동남쪽의 운기와 우의 금덕을 결합하는 독자적인 정통성을 지니게 되는 것이다.

물론 조위를 계승하는 금덕을 주장한 것은, 마찬가지로 금덕을 내세우는 서진의 정통성과 중복된다. 서진의 역사가 진수는 그래서 《삼국지》에 손호孫晧가 우왕을 현창하고 금덕을 내세운 일을 기록하지 않는다. 그러므로 손오의 금덕이 동진東晉에 어떻게 계승되었는지를 명확하게 밝힐 수는 없지만, 동진이 서진의 금덕을 답습하면서 손오의 금덕과 동남의 운기를 계승할 때 그 수단 중 하나를 장후신 신앙에서 찾은 것은 어색하지 않다. 그것은 강동의 토지신인 장후신이 금덕이었음을, 《수신기》가 다음과 같이 전해주고 있기 때문이다.

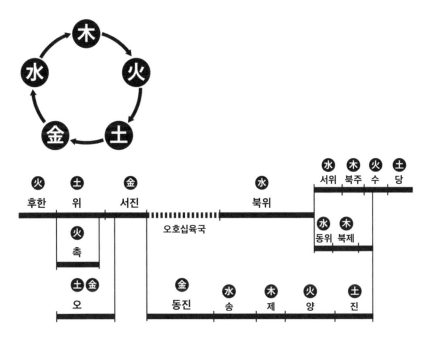

각 국가와 오덕(五德, 목木·화火·토土·금金·수水)

장자문蔣子文이라는 자는 광릉군廣陵郡 사람이다. ……후한 말기 말릉현 秣陵縣의 위尉가 되어 도적을 추격하다가 종산種山 기슭에 다다랐지만, 도적에게 습격을 당해 이마에 상처를 입었다. 그래도 장자문은 인印을 매단 인끈綬을 풀어 도적을 포박했으나 얼마 후 죽었다. 오나라 선주先主(손권)가 처음으로 장자문을 길에서 볼 때 **백마를 타고 백우선**白羽扇**을 들고** 평소와 같은 모습을 하고 있었다.

장자문은 "나는 **이곳의 토지신**이 된다. 나를 위해 사당을 세워다오. 그렇지 않으면 벌레가 귀에 들어가 재앙을 입을 것이다."라고 말했다. 오주吳主(손권)는 이를 요언妖言이라고 생각했지만, 훗날 벌레가 사람의 귀에 들어가는 사고가 터지고, 모두가 죽어 나갔지만, 의사가 치료하지 못했다.

또한 장자문은 "나를 모시지 않으면 큰불이 날 것"이라고 말했다. 이 해에 자주 큰불이 났다. 오주는 이를 염려하여 장자문을 봉건하여 도중후都中侯로 삼고, 인수印綬를 더해 묘당을 세웠다. 종산을 장산으로 고쳐 부르고, 그것에 따라 장자문의 영혼을 표창했다.

- 《예문유취》藝文類聚권79 '영이부'靈異部 하下에 인용된《수신기》

이 설화에 의하면 장후신을 모셨을 시기는 손권 때이다. 그런데 장자문은 백마를 타고, 백우선을 들고 있다. 금덕의 상징 색깔인 흰색을 드러내고 있다.

그래서 이 설화는 장릉蔣陵에 매장되어 있는 손권을 대제大帝로 추앙하고, 조위를 잇는 금덕을 주장한 손호 때에 행해진 '장후신 제사'의 기원을 손권 시기에서 찾기 위해 창작되었을 가능성이 크다. 그리고 흰옷을 입은 장후신은 스스로를 강동의 '토지신'이라고 선언하고 있다. 동남쪽의 운기에 기초해 즉위한 손권은 그 신위神威를 보고 '토지신' 장후신에게 제사를 지냈다고 하는 것이다. 이렇게 해서 '손오의 건국자' 손권과 장후신은 연결되었다. 여기에서 손오가 '육조의 시작'으로 인식되는 계기가 생겨났다.

삼국을 통일한 서진이 '팔왕八王의 난'으로 혼란에 빠지고 마침내 유연劉淵의 전조前趙에게 멸망하자, 낭야왕琅邪王 사마예司馬睿(동진 원제元帝, 재위 317~322)를 도와 강남에 '서진 망명정권' 격인 동진東晉을 건국한 '낭야 호족' 왕도王導는 자식이 병에 들자, 장후신을 신앙으로 믿었다. 그러한 신앙의 확산에 힘입어 동진에서는 성제成帝(사마연司馬衍, 재위 325~342) 시기부터 국가 차원에서 장후신에게 제사를 지냈다. 손오가 주창하던 동남쪽의 운기와 금덕을 계승하여 옛 손오 영토에, 옛 손오 신하의 지지를 받아 성립한 동진은 백색을 상징으로 하는 금덕의 속성을 지닌 장후신 신앙을 계승함으로써 강동을 지배하는 손오의 정통성을 계승했던 것이다.

지역을 기반으로 삼은 오나라

또 이후의 장후신 신앙 전개를 검토해 보면, 서진에서는 조위, 동진 초기에는 삼국 모두의 정통성을 계승한다고 알려진 동진이 손오만을 계승했다고 이해할 수 있는 설화가 있다.

유적부劉赤斧라는 자는 꿈에 장후신에게 부름을 받고 주부主簿라는 벼슬아치가 되어야만 했다. 날마다 재촉을 하므로, 장후신의 묘소에 가서 사정을 하소연했다.

"어머니는 늙고, 아이는 약해 사정이 절박하므로 용서해 주실 수 있겠습니까? 회계會稽의 위변魏邊은 재예才藝가 많아 신을 잘 섬깁니다."

그렇게 말하고 머리를 조아리고 찧자 피를 줄줄 흘렸다. 묘당을 지키는 신직神職이 대답했다.

"그저 비굴해지려고만 생각하는군. 위변은 어떤 사람이고 어찌 이것이 가능한가?"

유적부는 계속해서 간곡히 부탁했으나 허락을 받지 못하고 죽었다. 이 이야기는 〈지괴전〉志怪傳을 출전으로 한다.

- 《법원주림》法苑珠林권66 〈원고〉怨苦 편

이 설화는 명나라 때 만들어진 《수신기》의 집본輯本(여러 글을 모은 책)에 수록되어 있는데, 《법원주림》이 "지괴전을 출전으로 한다"고 명기한 것처럼 동진의 효무제孝武帝(사마요司馬曜, 재위 372~396) 때 상서좌승尚書左丞이 된 조태지祖台之의 《지괴》志怪에 수록된 이야기이다.

거기서 장후신은 꿈에 나타나 유적부를 주부 벼슬아치로 삼으려 했는데, 이를 거부한 유적부는 결국 죽고 만다. 유적부라는 이름은 화덕으로 붉은색을 상징으로 하는 한漢나라, 손오와 같은 시대의 나라로는 촉한을 가리킨다. 유적부는 고사하며, 그 자리에 위변을 앉히려고 했지만, 허락을 받지 못했다. 위변은 명나라 때의 집본 《수신기》에서 '위과魏過(위나라의 잘못)'로 되어 있다. 이는 조위를 가리킨다는 것을 쉽게 알 수 있다.

따르지 않는 촉한(유적부)은 죽고 조위(위변)는 상대도 하지 않는다. 그런 힘을 가진 것이 손오의 수호신이고, 동진이 제사를 지내던 장후신이라고 동진 말기의 《지괴》는 전해주고 있는 것이다. 여기서 삼국은 더 이상 대등하지 않다. 삼국 전부를 진나라가 계승했다는 간보의 《수신기》보다도 손오를 중시하는 '육조'화가 진전되고 있다.

손오의 계승자로서 동진의 위상을 정통화하기 위해 장후신에게 제사를 지냈다. 그것을 전해주는 《수신기》의 삼국 시대 역사 인식은 그래도 '삼국정립'을 정통으로 하는 단계에 머물러 있었다. 이에 반해 동진 말기에 성립된 《지괴》에서 장후신은 촉한도, 조위도 정통으로 삼지 않고, '손오'만을 '정통'으로 현창하고 있다. 여기서 육조라는 개념이 형성된 단초를 엿볼 수 있는 것이다.

지역에서 생존한 손오의 존재 형태가 이렇게 손오를 기원으로 간주하는 '육조'라는 개념을 형성해 갔다.

그런데, 어려운 이야기는 여기까지로 하고, 인사^{人事}를 중심으로 오나라와 지역과의 관계를 알아보도록 하자.

대의명분과 호족과의 대립

손견, 무력으로 세력을 넓히다

손오 정권의 기초를 다진 손견孫堅(155~191)은 양주揚州 오군吳郡 부춘현富春縣 출신이다. 거병할 때에 막내 동생 손정孫靜과 조카 손분孫賁도 병사들을 이끌고 참여했기 때문에, 손씨는 일족이 넓게 퍼진 호족이라고 여겨도 좋다. 그러나 오군을 대표하는 네 가문의 호족, 즉 '육陸·고顧·장張·주朱'라는 '오군吳郡 사성四姓'에 비하면 약소한 호족에 불과했다. 손견의 대두는 오로지 개인적인 무력에 의존하였기 때문에 오군이라는 지역을 기반으로 하지 않았다.

손견은 황건적의 난 때에 우중랑장 주준朱儁에게 좌군사마佐軍司馬로 임명되었고, 군공을 쌓아 별부사마別部司馬로 승진하였다. 이어 양주涼州에서

변장과 한수가 반란을 일으켰을 때 진압을 맡은 동탁이 아무런 성과도 거두지 못하자 영제는 장온張溫을 거기장군에 임명하여 토벌토록 하였는데, 장온은 손견을 참군사參軍事로 삼았다. 손견은 장온에게 불손한 태도를 취하는 동탁을 참하라고 진언했지만, 장온은 결단을 내리지 못했다. 그 후 손견은 장사長沙의 도적 구성區星이 난을 일으키자 장사태수로 임명되어 구성을 진압했을 뿐만 아니라, 이웃 군인 영릉군·계양군의 난도 토벌하여 형주 남부 3군을 평정했다.

한나라 영제가 세상을 떠나자 동탁은 한나라 왕조의 정치를 제멋대로 전횡하고, 수도 낙양에서 거리낌 없이 행동했다. 여러 주와 군에서 나란히 의병을 일으켜 반反동탁 의용군이 조직되자, 손견은 다시 군사를 일으켰다. 형주자사 왕예王叡가 협력을 거부하자 그를 죽였다. 일찍이 '명사' 왕예는 '무인'武人에 불과한 손견을 무시했었다. 그렇다고는 해도 훗날 서예가 왕희지王羲之 등을 배출한 '낭야 왕씨'의 선조를 죽인 일은 손견 집단에 명사가 진입하기 어렵게 만들었다. 손견은 출신 지역인 오군을 거점으로 삼지 않고, 또 명사 집단을 끌어들이지도 않으면서 오로지 '자신의 무력'만을 바탕으로 세력을 키워나갔다.

손책·손권에게 무장집단을 물려주다

그런 손견에게 병졸과 군량을 제공한 군웅이 원술袁術(155~199)이었다. 원술은 형주의 남양南陽을 거점으로 삼기 위해 왕예를 제거하고 싶었다. 손견은 그 임무를 완수했다. 원술은 손견을 행파로장군行破虜將軍·영예주자사

領豫州刺史로 임명하기 위해 상주문을 올렸지만, 동탁이 이것을 받아들일 리 없었다. 이후 손견은 스스로 '파로장군'이라고 하였지만, 설령 정식 임명이라 하더라도 '파로'는 잡호장군 호칭이고, 신하를 벽소할 권한이 없었다. 당연히 영예주자사도 실질적 권한이 없었다. 손견은 이렇듯 후한의 관직 제도로는 자신의 세력을 확대할 수 없었다.

반동탁연합군의 맹주인 원소를 비롯해 많은 군웅이 근거지 확보에만 열을 올리고 정작 동탁과의 싸움을 게을리 하는 가운데, 손견은 양인陽人 전투에서 동탁의 도위都尉 화웅華雄을 베었다. 소설《삼국지연의》에서는 관우가 베었다고 알려진 화웅을 토벌한 자는 손견이다. 동탁은 손견의 용맹을 두려워하여 화의를 청하면서 손견의 자제를 원하는 주군의 통치자로 임명하겠다는 조건을 내세웠다. 하지만 손견은 귀를 씻고, 일언지하에 거절했다.

동탁이 낙양을 불태워 파괴하고 후한의 황제릉을 도굴한 후 장안으로 천도하자, 손견은 낙양에 제일 먼저 당도했다. 그리고 동탁이 파헤친 한나라 황제들의 능묘를 덮고 정돈하며 한실에 대한 충의를 다했다. 진시황의 진秦나라에서 유방의 한나라로 전해 내려오면서 '황제의 증표'가 된 '전국옥새'傳國玉璽를 입수한 것이 이때의 일이었다. 전국옥새는 진시황이 승상 이사에게 명하여 '수명어천, 기수영창'受命於天 旣壽永昌 여덟 글자를 새긴 황제전용 옥새다. 이는 하늘에서 명을 받았으니 그 수명이 영원히 번창하리라는 뜻이다.

손견을 따른 신하는 거병 초기부터 수종해오던 동향인 수백 명을 제외하면, 출신지인 오군과 회계군 등 강동江東에서 모은 자들이 아니었다. 가령 황개黃蓋가 빈천했기 때문에 땔나무를 하러 다니면서 병법을 배웠듯이, 손견 집단은 지역에 세력을 둔 호족을 지지기반으로 삼지 않았다. 손견의 신하들 중에 손오 정권이 건국된 강동 출신으로 전전專傳(한 사람만을 기록한 전기)을 지닌 자는 주치朱治뿐이다. 다른 사람들은 손견이 온 나라를 돌아다니며 싸우던 도중에 수종한 사방의 용사들이었다. 이들은 사회 하층부 출신으로 손견과 의리로 결속하여 신종하고 있었다.

이후 손견은 원술의 명에 따라 형주를 정벌하러 가서 유표 수하의 무장 황조黃祖와 싸우다 화살을 맞고 죽었다. 향년 37세, 동란을 헤치며 질풍노도처럼 살다간 생애였다. 손견의 일생은 두 아들 손책과 손권에게 두 가지 유산을 남겼다.

첫째는 '한나라에 대한 충의'다. 약 400년 동안 이어진 한나라의 권위는 매우 강력하여 한실 부흥을 내건 유비와 헌제獻帝를 허도로 영접한 조조 모두 한나라에 대한 충의를 대의명분으로 내세웠다. 한편 원술·원소처럼 한나라를 대체하려던 세력은 자멸하였다. 한나라에 대한 손견의 충의는 이윽고 '손씨 정권의 책사' 장굉張紘에 의해 한나라를 바로잡고 돕는다는 뜻인 '한실광보'漢室匡輔라는 이념으로 승화되었다.

둘째는 대대로 섬긴 무장들이다. 손견이 죽은 후 그의 군사 세력은 원술에게 흡수되어 구심력을 잃었다. 이를테면 고리(원래의 부하)였던 환해桓楷는 신임 장사태수長沙太守 장선張羨에게 조조에게 붙으라고 권유했고, 그 자신도 조조 밑으로 달려갔다. 그러나 정보程普·한당韓當·주치·황개처럼, 손견과 의리로 뭉쳤던 장수들은 집단이 붕괴된 후에도 손씨에게 끝까지 충성을 다했다. 적벽대전 때 장소張昭 등의 항복론이 압도적인 가운데 주유의 지휘 아래 조조와 결전을 치른 주역은 이들 손견 이래의 무장 신하들이었다. 이들이 손씨의 군사적 기반이 되었다.

손견의 일생은 손씨 집단에게 한실 부흥을 위해 싸웠다는 대의명분과 손견과 의리로 뭉친 훈구 무장세력 집단이라는 기반을 마련해주었다.

'오군 사성'과의 대립

손견이 죽은 뒤 맏아들 손책(175~200)은 부친의 옛 신하 여범呂範 등의 도움으로 얻은 수백 명의 군사를 이끌고 손견의 뒤를 이었다.

그러나 그 대우는 원술의 사병이나 다름없었다. 태수에 임명해주겠다는 약속을 믿고 손책이 공략한 구강군九江郡·여강군廬江郡은 모두 원술의 직속 부하에게 태수 자리를 빼앗겼다. 손책은 원술에게 이용만 당했다. 게다가 여강군을 공격했을 때 손책은 '오군 사성'으로 불리는, '오군'이라는 지역에서 큰 영향력을 가진 사람들과 결정적으로 대립하는 사건을 일으켰다.

아직 강동에 세력을 확립하지 못했을 때 손책은 아버지의 뒤를 잇자 여강태수 육강陸康을 찾아갔다. 아버지가 거점을 확보하지 못한 채 횡사한 것을 거울삼아 고향 오군에 거점을 마련할 참이었다. 과거에 아버지 손견은 육강의 조카가 구원을 요청했을 때 주저하지 않고 군사를 보내주었었다. 육씨는 손책에게 '빚'이 있었던 셈이다. 그러나 육강은 손책을 얕잡아보고 있었다. 손책이 전에 육강을 방문했지만, 육강은 만나주지 않고 주부더러 손책을 접대하라고 하여 손책은 늘 마음속으로 괘씸하게 생각하고 있었다.(《삼국지》〈손토역전〉) 육씨와 손씨는 같은 오군 출신이었다. 하지만 육씨가 '오군 사성'이라는 불리는 호족의 필두인 데 비해, 손씨는 손견의 무력으로 급속히 세력을 키운, 이른바 벼락출세한 소호족이었다. 그래서 손책은 육강의 태도에서 벼락출세한 자에 대한 멸시감을 느꼈을 것이다.

이후 원술이 손책에게 여강군을 공격하라고 명하자, 손책은 여강태수 육강의 일족 백여 명 중 절반 가까이를 살육했다. 단순히 군을 함락시킨 게 아니라 개인적인 보복을 가한 것이다. 이에 따라 손씨와 육씨 및 육씨와 혼인 관계를 맺은 '오의 4성'과의 대립은 피할 수 없게 되었다.

손책의 사람됨은 용모가 수려하고 우스갯소리를 좋아하며 성격이 활달하고 다른 사람의 의견을 잘 듣고 사람을 기용하는 데 탁월했다. 그러므로 선비와 백성은 그를 만나기만 하면 마음을 다하지 않은 이가 없고, 기꺼이 그를 위해 죽었다.

- 《삼국지》〈손토역전〉

하지만 육강 일족의 주멸로 오군·회계군이라는 강동의 핵심 지역 출신 명사들과 손책의 관계는 악화일로로 치달았다. 예를 들어 회계군의 명사 성헌盛憲은 공융에게 '장부의 영웅'이라고 평가되어 오군 태수 등을 역임했지만, 손책에게는 협력하지 않았고, 훗날 조조를 섬기려고 할 때 손권에게 죽임을 당했다.(《삼국지》〈손소전〉孫韶傳의 '배송지 주'에 인용된 《회계전록》會稽典録)

그리고 성헌이 효렴으로 추천한 오군의 명사 고대高岱는 손책을 모욕하다 옥에 갇혔다. 많은 사람이 고대의 구명을 탄원했지만, 민심이 그에게 쏠릴 것을 저어한 손책에게 죽임을 당했다.(《삼국지》〈손토역전〉의 '배송지 주'에 인용된 《오록》吳録) 또 회계군의 명사 주방周方은 단양군丹陽郡 태수로 있다가 손견의 조카 손분과 오경吳景의 공격을 받아 단양군을 포기하고, 나중에 왕랑王朗의 편에 섰다가 손책에게 죽임을 당하고 만다.

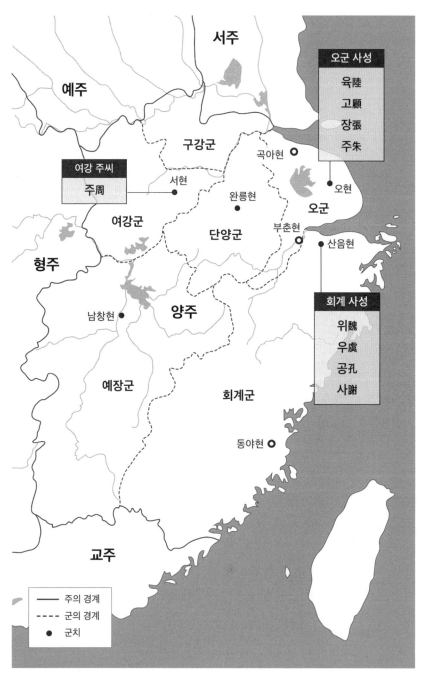

서주

예주

오군 사성
육陸
고顧
장張
주朱

구강군

곡아현 ⭕

여강 주씨
주周

서현 ●

완릉현 ●

오현 ●

오군

여강군

단양군

부춘현 ⭕

산음현 ●

형주

회계 사성
위魏
우虞
공孔
사謝

남창현 ●

양주

예장군

회계군

동야현 ⭕

교주

―――― 주의 경계
- - - - 군의 경계
● 군치

오군의 사성과 회계군의 사성(강동 명사의 출신지)

이러한 대립 관계를 개선하려는 노력을 손씨가 게을리 한 것은 아니었다. 손권의 동생인 손익孫翊은 성헌의 고리인 규람嬀覽과 대원戴員에게 예를 극진히 갖추어 중용하였다. 그러나 결국 손익은 그들에게 살해되었고, 이를 조사하러 갔던 손하孫河도 암살당하고 말았다.

손씨 집단이 강동에서 지배권을 확립하기 위해서는 오군·회계군의 호족·명사들과의 화해가 절실했다. 그러나 육강 일족을 주멸한 손책에게 그것은 어려운 과제였다. 그 해결은 손권에게 넘겨졌다.

의형제 주유와의 결속

'오군 4성'과 대립했음에도 불구하고, 손책이 강동을 지배할 수 있었던 이유는 주유의 지지 덕분이었다. 손견의 무력과 한실에 대한 충의를 인정한 주유는 직접 손책을 찾아가서, 아버지 손견이 화북에서 전쟁터를 누비며 전투를 벌이고 있을 때 손책과 어머니를 여강廬江으로 맞이하였다. "손견의 아들 손책은 주유와 나이가 같으며, 두 사람의 우정은 남달랐다. 주유는 스스로 길 남쪽의 큰 저택을 손책에게 주어 머물게 하고, 어머니께 절을 하고 서로 물자를 융통하며 돕고 지냈다."《삼국지》〈주유전〉 이윽고 주유는 스물네 살의 나이로, 손책이 원술과 결별할 무렵 군사를 이끌고 합류하여, 강동에서 손책이 자립하는 데 큰 역할을 하게 되었다.

양주자사揚州刺史 유요劉繇는 본래 주도州都인 수춘현壽春縣이 원술에게 점거되자 곡아현曲阿縣을 거점으로 원술과 맞섰다. 손책은 단양군丹陽郡을 지배하는 장인 오경吳景을 돕고, 유요를 꺾자고 원술에게 제안하면서 강동 평정을 노렸다. 흥평 2년(195) 유요와 싸우기 위해 강동에 파견된 손책은 유요를 물리치고 단양군 북부와 오군 북부를 제압하고, 다음 해 건안建安 원년(196)에 회계태수 왕랑을 항복시키고 오군 남부와 회계군을 지배하에 두었다.

그리고 건안 2년(197), 원술이 황제를 참칭하자, 손책은 원술과의 관계를 끊고 강동에서 자립했다. 이때 조조는 표를 올려 손책을 토역장군討逆將軍으로 삼고 오후吳侯로 봉했다. 원술은 고립되고, 결국 멸망했다.

원술이 패사敗死한 후 그의 처자는 고리인 여강태수 유훈劉勳에게 의지하다가 손책에게 정복당했다. 원술의 딸은 손권의 후궁으로 들어갔고, 원술의 손녀도 손권의 아들 손분孫奮에게 시집갔다. 지배 지역이나 전략, 인적 세력 등에서 손씨는 원술의 형주荊州·양주揚州 지역의 패권을 계승했다고 말할 수 있다. 다만 손씨와 원술은 정권 존립의 기반에 둔 이념이 달랐다. 손책이 집단의 지침을 요구하자 책사 장굉張紘은 '한실광보'漢室匡輔를 권유한다.

지금 주군(손책)께서는 선후先侯(손견)의 법도를 이으셨고, 용맹한 무장이라는 명성이 있습니다. 만약 단양군에 몸을 의탁하고, 군사를 오군과 회계군에서 모집한다면 형주와 양주를 하나로 묶을 수 있고 구적仇敵(유표)에게 복수할 수 있습니다. 장강을 근거로 삼아 무위와 은덕을 크게 떨치고, 모든 악을 주멸하고 **'한나라 황실을 도와서 바로잡으면'**漢室匡輔 이러한 업적은 제나라의 환공桓公이나 진晉나라의 문공文公과 같을 것입니다. 그 지위는 단지 울타리 밖을 지키는 제후에 머물지 않을 것입니다.
  - 《삼국지》〈손토역전〉의 '배송지 주'에 인용된 《오력》吳歷

장굉은 손책에게 춘추시대 제나라 환공이나 진나라 문공이 주周나라 황실을 광보匡輔(보필)했던 것처럼 한나라 황실을 도와서 바로잡을 것, 즉 패자覇者가 될 것을 진언했다. 이를 받아들인 손책은 자신의 손으로 천하를 통일하는 게 아니라 '한실광보'를 집단의 기치이자 목적으로 내세웠다. 이에 공명한 인물이 양주 여강군 서현舒縣 출신의 주유였다.

이른바 '여강廬江 주씨周氏'는 후한시대 양주를 대표하는 명문이었다. 선조 주영周榮은 원소·원술의 조상 원안袁安의 심복으로, 외척인 두헌竇憲을 배척한 반외척파로 높은 명성을 얻었다. 태위였던 종조부 주경周景은 반환관파의 중심이었으며, 당인 진번陳蕃·이응李膺·두밀杜密이나 '순욱의 아버지' 순곤荀緄을 고리로 두는 등 후한 말기 명사들 사이에서 높은 평가를 받았다. 종부從父 주충周忠 역시 관직이 태위까지 올랐다.

이러한 선조를 둔 주유는 "비록 술을 많이 마신 뒤일지라도 연주한 악곡의 음이 틀리면 주랑周郞이 뒤돌아보았다"고 알려질 정도로 음악에 정통했으며, "키가 크고 건장하며 아름다운 용모를 갖추었다"고 《삼국지》〈주유전〉에 명기될 정도로 용모가 빼어난 양주 굴지의 명사였다.

후한의 조정을 어지럽힌 환관에 저항한 당인의 흐름을 이어 받은 가문인 주유는 손견이 후한 황실에 충의를 다한 것에 깊이 공감했을 터이다. 또한 '이세삼공'二世三公의 가문으로서 문생·고리를 통해 황건적의 치열함과 동탁의 전횡, 그것을 깬 손견의 무용을 전해 들었다고 봐도 무방하다. 그것이 손책과 결속한 이유다. 양주 굴지의 명사 가문이 손씨에게 가담하자 손씨 집단은 단순한 군사집단에서 지역을 지배하는 군웅할거 정권으로 질적 전환을 이루게 되었다. 나아가 손책은 장굉, 장소 등 '북래'北來(북쪽 지방에서 내려온) 명사들도 우대해 정권의 안정화를 꾀했다. 이로써 손씨는 출신지인 강동에 세력을 펼쳐 나갔다.

또 손책과 주유는 의형제이자 인척 관계이기도 했다. "주유는 손책을 따라 환현皖縣을 쳐서 함락시켰다. 당시 교공橋公의 두 딸을 사로잡았는데 모두 절세의 미인이었다. 언니 대교大橋는 손책에게, 동생 소교小橋는 주유에게 시집을 갔다."《삼국지》〈주유전〉) 이밖에도 주유의 딸이 손권의 태자 손등孫登에게 시집을 갔고, 주유의 맏아들 주순周循이 손권의 딸을 아내로 얻는 등 양가는 겹겹이 혼인 관계를 맺었다. 훗날의 일이기는 하지만, 장군 호칭밖에 없는 손권을 신하들이 별로 존중하지 않는 가운데 주유만이 먼저 손권에게 경의를 표함으로써 군신 사이의 상하관계가 확립되었다고 한다.

이때 손권의 직위는 토로討虜 장군이었다. 그래서 뭇 장군과 빈객은 손권에게 예를 갖추는 것이 여전히 간략했다. 그런데 **주유만 유독 일찍부터 앞장서 경의를 표하며 존경을 다했다.** 이에 그들도 신하로서의 예절을 지켰다.

- 《삼국지》〈주유전〉

이를 통해 양주에서 '여강 주씨'의 영향력이 얼마나 컸는지, 손씨의 군주 권력이 얼마나 불안정했는지를 엿볼 수 있다. 손씨가 '한실광보'를 내세워 한나라의 권위를 이용하려고 한 이유다. 단, 패자覇者를 지향하는 목표는 강동이라는 지역의 지배자로 머무르는 것이 아니었다. '오군 사성'과 갈등을 빚고 있던 손책은 중원으로의 진출을 서두른다.

건안 5년(200), 손책은 조조와 원소가 관도에서 싸우는 틈을 타 배후의 허를 찔러 허도를 습격하고 헌제를 빼앗아 맞이하려고 계획했다. 하지만 이를 한창 준비 중이던 손책은 출발하기도 전에 근거지에서 암살되었다.

범인은 오군 태수를 지낸 허공許貢의 문객이었다. 앞서 손책이 허공을 죽이자 허공의 작은 아들과 문객은 장강으로 달아나 숨었다. 손책이 혼자 말을 달려 나가자 갑자기 허공의 문객과 마주쳤는데, 순간 그 문객이 손책을 쳐서 상해를 입혔다. 손책의 상처는 매우 심했다. 손책은 이윽고 죽고 만다. 그때 나이 스물여섯이었다.

이렇게 강동에 대한 지배권은 마지막까지 안정되지 못했던 것이다. 손책이 사망할 때 남긴 유언에 그 이유가 담겨 있다.

> 손권을 불러 인수를 차게 하고 손책이 말했다.
> "강동의 병력을 동원하여 적과 아군의 양쪽 군대가 대치하는 사이에 기회를 보아 결단을 내리고, 천하의 영웅들과 패권을 다투는 일은 네(손권)가 나만 못하다. 하지만 어진 인재를 선발하고 능력 있는 자를 임용하여, 그들이 각자의 마음을 다하도록 하며, **강동을 지키는 일은 내가 너에게 미치지 못한다.**"
> - 《삼국지》〈손토역전〉

강동을 안정적으로 지배하기 위해서는 육강을 죽인 자신보다도, 당시에 어렸던 손권이 더 적합하였다. 유언을 받은 손권은 강동 명사와의 관계 개선에 전력을 쏟았다.

포부를 활용한 인맥 구축

명사들을 회유하다

손권(182~252)은 건안 5년(200) 형 손책의 후사를 잇자, 강동 명사와의 관계개선으로 강동 지배를 안정시키고자 했다.

주유와 장소, 이 두 명사에게도 적극적으로 정권에 참여해달라고 독려하였다. 그 결과 손책 시기에는 정권과 거리를 두고 있던 제갈근諸葛瑾과 노숙魯肅·보즐步騭 등 북래 명사들이 정권에 참여했다. 한편 강동 명사를 대표하는 오군의 육손陸遜(183~245)도 출사했다. 육손은 손책에게 육강이 멸족을 당했을 때의 생존자였다. 여강에서 포위를 당한 육강이 일족 가운데 약자들을 오군으로 피난시켰을 당시 육손은 그 집단을 이끌었다. 그런 육손이 손권에게 출사했을 뿐만 아니라 손책의 딸을 아내로 맞이한 것은 손씨

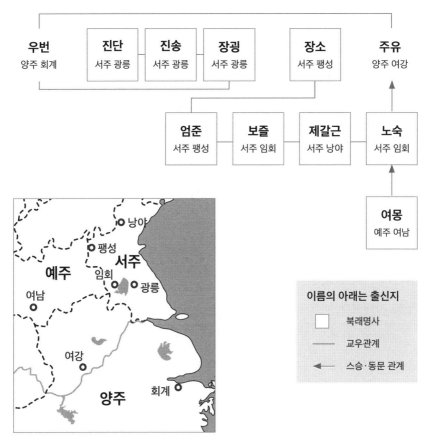

오나라의 북래(北來) 명사 상관도

와 강동 명사의 타협을 상징하는 것이었다.

손권이 이렇게 적극적으로 인재를 등용한 결과, 손권 시기에는 북래 명사가 39명, 오군 출신 15명, 회계군 출신도 1명이 손씨 정권에 참가했다. 오군·회계군이라는 강동에서의 출사자가 증가한 점에도 주목할 만하다.

다만 이로 인해 손씨와 강동 출신자 간의 진정한 화해가 곧바로 이뤄졌다고 단언할 수는 없다. 이를테면 '육강의 아들' 육적陸績은 손권에게 거리낌 없이 직언을 퍼붓다가 울림 태수鬱林太守로 좌천되었고, 자신이 사망하는 날을 예언하며 만사輓詞(죽음을 애도하는 시가)를 지었는데, "한나라 지사有漢志士 육적"이라고 썼다.《삼국지》《육적전》 손오의 존재를 인정하지 않고 자신은 어디까지나 '한나라'의 지사라고 한 것이다.

따라서 손씨와 육씨의 혼인 관계에 의한 결합은 육씨가 적대관계를 지속할 수 없을 만큼 장강 유역에서의 손씨 세력이 확대된 결과이지, 강동 명사들이 손씨에게 마음으로 복종한 것은 아니었다. 회계군의 명사 우번虞翻은 손권에게 간언을 계속하다 유배형에 처해졌고, 회계군의 명사 위랑도 죽임을 당할 뻔했다. 손씨 측에서도 강동의 지배를 안정시키기 위해 육씨의 협력이 필요했던 것에 불과했다. 이런 양측의 타협 위에서 손오는 강동을 지배했다.

때문에, 화북을 통일한 조조의 남하는 손오 정권이 안고 있던 이런 모순을 가시화시켰다. 그리고 이때 독자적인 '천하삼분지계'를 바탕으로 유비와의 동맹을 실현하고 적벽대전을 승리로 이끄는 데 큰 공을 세운 자가 바로 노숙(172~217)이다.

노숙의 손오 자립책

노숙은 서주徐州 임회군臨淮郡의 호족이다. 노숙은 주유에게 군사 물자를 지원해 명사가 되었다.

여기에 따른 일화가 있다. 노숙은 천성이 베푸는 것을 좋아했다. 그때는 천하가 혼란스러웠으므로 노숙은 집안일에는 힘쓰지 않고 재물을 많이 풀고 땅을 팔아서 가난한 이를 구제하고 명사들과 사귀기를 즐겼다. 그래서 고향 사람들의 환심을 샀다. 주유는 거소현의 장이 되자 수백 명을 데리고 노숙을 방문해 자금과 식량을 청했다. 노숙은 곧장 쌀 3천 곡이 쌓인 곳간을 가리키며 주유에게 주었다. 주유는 노숙이 비범한 인물이라고 확신했다.

한편 향리가 전란에 휘말리자, 노숙은 원술이 기강도 없고 함께 공업을 세우기에는 부족하다고 생각해, 주유에게 의탁하기 위해 강동으로 떠났다. 그 후 한때 손책에게 출사했으나 중용되지 못하였고, 할머니의 귀장歸葬(타향에서 죽은 사람을 고향에 데려가 장사 지냄)을 위해 고향으로 돌아갔다. 노숙은 태어나면서부터 아버지를 여의고 할머니 손에 자란 터였다.

이에 주유는 노숙에게 편지를 써서 강동으로 돌아와 달라고 부탁하며, 이제 갓 후사를 이은 손권에게 노숙을 중용할 것을 강력히 권유했다. 손권은 노숙에게 정권의 방침을 물었다. 노숙은 앞으로 손권이 취해야 할 전략으로서 '천하삼분지계'天下三分之計를 헌책했다.

조조는 강하고, 한나라는 부흥할 수 없습니다. 그러므로 장군(손권)께서는 **강동을 차지해 거점으로 삼고, 천하가 정족**鼎足(천하를 3개의 솥발처럼 삼분하여 그 한편을 손권이 지배)하는 상황을 만들어내고, 천하의 변화를 살펴야 하는 것입니다. 그런 다음 조조가 힘써야 할 일이 많을 때를 이용하여 강하태수 황조黃祖를 제거하고, 나아가 형주의 유표를 쳐서 장강 유역을 차지해 근거지로 만든 다음 황제라 칭하며 천하 통일을 도모해야 합니다. ……손권은 이에 노숙을 더욱 귀중히 여겼다.

- 《삼국지》〈노숙전〉

제갈량의 '초려대'가 수단으로서의 '천하삼분'인 데 반해, 노숙은 천하삼분을 '목적'으로 삼고 있다. 그러나 이때 손권은 '한실광보'를 손씨 집단의 방침으로 내걸고 있었다. 그런데 노숙의 천하삼분지계는 '한실광보'와 다를 뿐만 아니라, '성스러운 한나라에 의한 대일통'을 부정한다는 점에서 후한의 국교인 유교를 일탈하는 혁신적인 주장이었다.

그래서 유교를 존중하는 명사 장소는 노숙을 이단시하고 중용하지 말라고 손권에게 간언했다. 그러나 손권은 노숙을 높이 평가했다. 훗날 손권이 황제로 즉위했을 때 "일찍이 노숙은 내가 이렇게 될 것을 예언해 주었다"라고 노숙을 추억했다. 주유조차 입에 담지 못했던 '손권의 황제 즉위'를 제일 먼저 입 밖으로 내뱉은 자가 노숙이라는 인물이었다.

제갈량의 초려대는 어디까지나 '대일통', 즉 중국 전역을 대상으로 하는 데 반해, 노숙의 천하삼분지계는 '강동이라는 지역이 어떻게 살아남을 것인가'에 중점을 둔 전략이라는 점이 특징이다. 유럽 전역에 필적하는 국토와 인구를 가진 중국의 통일을 유지하기란 지극히 어렵다. 그렇다고 화북을 통일한 조조를 강동에서만 상대하기도 어렵다. 그래서 노숙은 천하를 삼분하기 위해 '제3세력'으로 유비(당초는 유표)를 육성한다는 독창적인 전략을 세웠던 것이다. 그리고 '천하삼분'이라는 '목적'을 이루기 위해 제3세력을 만드는 노력을 아끼지 않았고, 유비의 형주 영유를 지원했다.

적벽대전에 앞서 사신으로 파견된 노숙은 유비와 회견하고, 제갈량에게도 형 제갈근과 친구임을 알리며 교우관계를 맺었다. 제갈량과 함께 손권과의 연합을 유비에게 진언해 승낙을 받은 노숙은 그 증거로 제갈량을 오나라에 파견한 '촉의 사신' 신분으로 데려온다.

항복론이 한창인 상황에서 노숙은 손권을 강동에 정족시키기 위해 주유와 함께 조조를 격파한다. 주유와의 인맥이 노숙의 뜻을 실현시킨 것이다.

사실 주유의 전략은 노숙과 달랐다. 주유는 조조 타도로 한실을 광보하고자 하였다. 2대에 걸쳐 한나라의 태위를 배출한 명문 '여강 주씨'의 자부심이 거기에 있었다.

> 조조는 비록 그 명의는 한나라의 승상을 가탁하고 있지만, 그 **실질은 한나라의 적**입니다. 장군(손권)께서는…… 천하를 종횡무진 누비어, **한나라 황실을 위해** 잔학하고 더러운 조조를 제거해야 합니다.
>
> -《삼국지》〈주유전〉

주유는 한나라 승상이라는 직위를 도둑질한 역적 조조를 무너뜨리고, 손권이 한나라를 부흥시켜야 한다는 대의명분을 주장했다. 이것이 바로 손견 이래 손씨 집단의 이념인 '한실광보'이다.

다만 후한의 헌제를 영접해 옹립하고 화북을 완전히 지배하고 있는 조조의 패권에 대항하는 책략으로는 구체성이 떨어졌다. 가령 조조의 손아귀에 있는 헌제를 어떻게 되찾을 것인가? 수단마저 제시하지 못했다. 그래도 주유가 그것을 주장한 이유는 '한나라 황실을 위해서'였다.

한나라의 굴레에서 자유롭지 못하면 지역과 생존하는 발상은 나오지 않는다. 노숙의 전략은 한나라의 부흥에 집착하지 않은 만큼 현실적이었다. 그래서 조조와 계속 싸워와 조조군에 대한 정보를 숙지하고 있는 유비가 필요했다. 더구나 유비는 현재 조조 수군의 주력으로 있는 형주의 유표 수군의 정보도 갖고 있고, 그 내부에는 유비에게 호의를 가진 자까지 있다. 때문에 '유비의 사신' 제갈량을 지원하여 손권을 설득하고 '오촉 동맹'을 맺고자 한 것이다.

항복록과 주전론

조조는 건안 5년(220) 관도대전에서 원소를 대파한 뒤, 건안 12년까지 7년 동안 원씨 집단을 몽땅 멸망시켰다. 중원의 패자가 된 조조는 남방의 형주로 눈을 돌려 천하 통일을 추구했다. 때마침 죽은 형주자사 유표의 아들 유종을 항복시키고 양양을 차지했다. 장판파에서 유비마저 쫓아낸 조조는 강동에 웅거하는 손권에게도 귀순을 요구하는 편지를 보냈다. '조조에 의한 대일통'이 눈앞에 펼쳐졌다.

한편 손오에서는 장소, 진송秦松 등 북래 명사들을 중심으로 조조에게 항복해야 한다는 여론이 고조되고 있었다. 장소가 귀순을 주장한 이유는 주전론을 편 노숙이 손권에게 한 말에서 알 수 있다.

조금 전 조조에게 항복하자고 주장한 사람들의 의론을 살펴보았는데, 오로지 장군(손권)을 잘못되게 하려는 것뿐입니다. ……이제 저(노숙)는 조조에게 귀순할 수 있습니다만, 장군께서는 그리 하실 수 없습니다. 무엇 때문에 이렇게 말하겠습니까?

지금 제가 조조를 맞이한다면 **조조는 당연히 저의 이름을 향리로 부쳐서, 그 명위名位를 품등品等하게 할 것입니다.** 그 결과 받게 될 직책은 오히려 하조종사下曹從事(주·군에서 상급 관리)보다 낮지는 않을 테니, 소가 끄는 수레를 타고 관리와 병졸들을 뒤따르게 하며 사림士林과 교유하고, 관직에 있는 해가 쌓이면 주목이나 군 태수는 될 수 있을 것입니다. 장군께서 조조에게 항복하신다면 앞으로 어느 곳에 몸을 의탁하시겠습니까? 원컨대 서둘러 큰 계획을 정하고, 항복을 주장하는 자들의 의견을 쓰지 마십시오.

- 《삼국지》〈노숙전〉

조조가 형주를 정복했을 때 항복을 주도했던 채모蔡瑁 등 형주 명사들은 그 명성에 힘입어 조조 밑에서 그 나름의 대우를 받았다. 조조가 형주 명사들을 대상으로 시행한 '명위 품등'名位品等, 즉 '명성에 기초해 지위를 평가하고 벼슬을 내리는' 것은 군郡의 중정관中正官에게 임관 희망자의 명성을 품평하게 하는 '구품중정제도'의 기원으로서 주목할 만하다. 장소 등이 항복론을 편 것은 조조의 이 정책 때문이었다.

노숙은 이것을 간파했다. 노숙은 자신과 같은 명사들은 동료사회에서 교유하면 언젠가 주군州郡의 지배자가 될 수 있을 거라고 말하며, 항복론의 논거를 명확히 꿰뚫고 있다. 장소 등 북래 명사들은 자신들의 사회적 명성에 상응하는 지위에 더해, 손오 정권을 귀순하도록 설복했다는 공적을 쌓으면 조조 정권에서의 후한 대우를 기대할 수 있었던 것이다.

또 북래 명사들이 항복을 주창한 까닭은 명사의 존립이념 때문이기도 했다. 무릇 명사의 연원은 후한 말기 '당고의 금'을 당한 당인黨人이다. 당인에게는 환관과 외척의 전횡으로 와해되어 가던 후한을 재건한다는 정치적 목적이 뚜렷했다. 당인들은 유교를 핵심으로 하는 인물평가를 바탕으로 자율적 질서를 만들어냈다. 이를 계승하여 형성된 명사 집단 가운데에 한나라에 충성심을 품은 자가 태반이었다. 따라서 명사는 원칙적으로 '성한대일통'을 이상으로 품고 있었다. 헌제의 실권을 빼앗았다고는 하나, 여하튼 '한나라'를 재흥시킨 조조가 한나라로 귀순하라고 요구하면 응하지 않을 수 없다는 가치관이 여전히 강력했다. 오히려 노숙처럼 '성스러운 한나라를 부흥시킬 수 없다'는 논리를 펴는 자가 이단적이었다. 조조는 그래서 형주로 원정을 떠나기 직전에 승상의 자리에 올랐다. 장소가 조조에게 귀순하자고 주장한 것은 명사가 지닌 유교적 가치관으로는 당연했고, 또한 조위 정권하에서 한나라 부흥에 힘쓰는 것은 명사의 책무이기까지 했다.

이런 가운데 강동 명사들은 대부분 침묵을 지켰다. 적벽대전이 일어나기 3년 전 즈음에는 오군의 명사 심우沈友가 손권은 한나라 황실을 업신여긴다고 비판했다가 죽임을 당했다.(《삼국지》〈오주전〉의 '배송지 주'에 인용된 《오록》吳錄) 손권도 강동 명사에 대한 무력탄압을 계속했던 것이다. 이 때문에 많은 강동 출신자들은 침묵한 채 '노숙의 주전론'이 '강동을 자립'시키는 전략임에도 불구하고, 의론의 대세였던 '항복론'을 지지했다.

적벽대전을 앞두고 정권의 모순이 표면화된 손오에서 조조와 적극적으로 싸우려 한 사람은 손권과 노숙, 주유 및 군부뿐이었다고 봐도 무방하다. 그러한 부정적인 환경 속에서 주유는 중의를 주전론으로 이끌었고, 노숙이 주장하는 유비와의 동맹을 맺고 조조와 싸웠다. 실제로는 주유의 전술에 의문을 품은 유비가 적극적으로 싸우지 않았으므로, 적벽대전에서는 주유가 거의 단독으로 조조를 물리쳤다.

적벽대전의 승리로 손권의 군주 권력이 확립되면서 손오는 독립정권으로 자립할 수 있었다. 싸움은 주유의 주도로 시작되어 주유의 지휘로 승리를 거머쥐었다. 주유가 오나라를 지켜낸 전쟁이었다. 손오에서 주유의 지위와 영향력은 그 어느 때보다 높아졌다.

주유의 전략은 결국 '손오에 의한 천하 통일'이었다. 주유 자신이 익주의 유장을 토벌하고 마초와 연합하여 장안으로 출진하는 한편, 손권은 강동의 군사를 이끌고 공격해 올라가 조조를 협공하자는 작전을 세웠다. 그러나 주유는 '손오대일통' 전략을 목표로 익주 침공을 준비하던 도중에 후사를 노숙에게 맡기고 젊은 나이에 병사했다. 36년의 짧디짧은 생애였다.

4

명사들과의 힘겨루기

노숙과 여몽의 커다란 차이

적벽대전 때 휘하 병력을 온전히 지킨 유비는 조조가 달아나자 형주 남부를 공격해 빼앗고 이곳을 영유했다. 노숙은 천하삼분지계의 실현을 위해 손권은 물론이거니와 주유조차 반발한 유비의 형주 지배를 측면에서 강력히 지원했다. 그리고 유비가 다른 지배지를 얻을 때까지 '형주를 유비에게 대여한다'는 안에 따라 양 진영을 조율하였다.

손권이 형주를 유비에게 대여했다는 소식을 들은 조조는 충격을 받은 나머지 붓을 떨어뜨렸다고 한다. 조조의 관점에서 보자면, 조조에게 대항할 만한 제3세력으로서의 유비를 육성한다는 노숙의 오묘한 기본 전략의 크기가 당사자인 유비나 손권 이상으로 놀라웠을 것이다.

물론 손권은 유비가 익주를 점유하자 형주 남부의 삼군, 즉 장사長沙·영릉零陵·계양桂陽의 반환을 요구했다. 하지만 유비는 이 요청을 거절했다. 이에 손권은 여몽을 보내 취하도록 했다. 이때 노숙은 단독으로 관우와 만나 형주를 분할했다. 소설《삼국지연의》에서는 '단도회'單刀會라고 하여 관우가 노숙을 압도하는 장면으로 묘사하였다.

노숙은 관우에게 회견을 요청했다. 각자 병마를 백 걸음 떨어진 곳에 머물게 한 뒤 장군끼리 단도를 차고 만났다. 노숙이 관우를 나무라며 말했다.

"주군(손권)께서 작은 땅인 강동에 머물면서 일전에 형주 땅을 빌려준 까닭은 당신의 군대가 조조에게 패하고 멀리서 몸을 의탁하러 왔는데, 의지할 밑천이 없었기 때문이었소. 이제 익주를 점령했는데도 빌려준 형주 땅을 반환할 의지도 없고, 단지 3개 군만 돌려달라고 요구하는데도 또한 들은 체 만 체 하고 있소."

노숙의 말이 아직 끝나지도 않았는데, 어떤 자가 대꾸했다.

"무릇 땅이라는 것은 단지 덕 있는 사람에게 돌아가는 것일 뿐인데, 어찌 늘 소유할 수 있겠는가!"

노숙이 목소리를 가다듬고 그를 꾸짖었는데, 말투나 낯빛이 매우 근엄했다. 관우는 칼을 잡고 일어서면서 말했다.

"이것은 본디 나라의 중차대한 일이니, 이 사람이 어찌 알겠습니까?"

그러고는 관우가 그 사람을 눈빛으로 물러나게 하였다.

- 《삼국지》〈노숙전〉

그러나 역사적 사실은 어땠을까? 오히려 역사적 사실로는 노숙이 관우를 압도하고 있다. 결국 조조가 한중으로 쳐들어왔기 때문에 익주마저 잃을 것을 두려워한 유비는 손권과 화해를 하고, 상수湘水를 경계로 형주의 남부를 분할해 주었다. 노숙은 정당한 외교 교섭으로 관우가 반론을 펼칠 수 없도록 하고, 형주의 절반을 탈환했던 것이다.

물론 유비나 관우는 오나라에 들끓는 반대론을 무릅쓰고 형주를 빌려준 자가 노숙임을 잘 알고 있었다. 노숙은 천하삼분을 실현하기 위해 제갈량의 외교를 지지했고, 적벽대전 이후에는 형주를 유비에게 빌려주었으며, 오나라의 여론을 설득시켜 천하삼분의 기본을 완성했다. '삼국시대'라는 형상을 만든 것은 조조도 제갈량도 주유도 아니었다. 그 구상은 노숙에게서 싹텄으며, 노숙의 재능으로 이루어진 것이다.

그러나 노숙은 마흔여섯의 나이로 단명하였다. 그 후계자는 노숙에게 높이 평가받은 여남군 부파현 출신의 여몽呂蒙(178~219)이었다.

노숙이 병을 얻은 후, 여몽은 오나라의 군권을 장악하자 조조를 격퇴해 양주를 지키고, 관우를 죽이고 형주를 빼앗았다. 그로 인해서 '손유孫劉동맹'은 파탄나고 형세가 조조에게 유리해졌다. 여몽은 주유·노숙과는 달리 가난한 집안에서 혼자 힘으로 노력해 출세한 입지전적인 인물이었다.

젊은 시절부터 전선에서 싸워왔던 여몽은 학문을 닦지 못했다. 손권은 여몽에게 "장군이라고 함은 널리 학문을 닦고 세상사나 병법에도 통달해야 한다."(《삼국지》〈여몽전〉)고 말했다. '유장'儒將이 되라는 당부였다. 단지 무력이 뛰어난 것만으로는 부대장은 맡을 수 있어도, 방면군 사령관이 되고, 더 나아가 국가의 주력군을 이끌 수는 없는 노릇이었다. 손권이 여몽에게거는 기대의 크기를 알 수 있다. 여몽은 손권의 걱정을 받아들여 분발하여 공부를 시작했다.

예전에 손오의 주력군은 주유가 이끌었다. 주유가 죽은 후에는 주유의 유언으로 노숙이 계승했다. 노숙은 여몽을 용맹하기만 한 무장으로 가볍게 여겼다.

그런데 어느 날 여몽과 이야기를 나누며 그 성장세에 놀라, "자네는 이제 오나라의 아몽阿蒙(발전이 없고 학식이 하잘것없는 사람을 이르는 말)이 아니네." 라고 말하였다. 여몽은, "무릇 사나이란 사흘을 만나지 않으면 마땅히 눈을 비비고 다시 살펴보아야 합니다."라고 대답하였다. '괄목상대'刮目相對라는 고사성어의 유래이다. 그리하여 여몽은 노숙의 재평가를 높게 받은 명사가 되었다.

노숙은 '천하삼분지계'를 바탕으로 유비와의 동맹을 외교의 기본노선으로 삼았다. 이에 반해 여몽은 관우를 타도하고 형주를 탈환해야 한다고 생각했다. 노숙이 여몽을 재발견한 점은 관우에 대한 대비를 논리정연하게 설명했기 때문이다. 그러나 여몽에게는 노숙처럼 대국大局을 판단할 수 있는 전략이 없었다. 노숙은 중국 전역 가운데서 '강동'이라는 지역을 생각하며, 강동이라는 지역을 지키기 위해서는 형주를 관우와 절반씩 나누는 것을 마다하지 않았다.

이에 반해 여몽에게는 형주의 관우를 깨기 위한 전술밖에 없었다. 그로 말미암아 손유 동맹이 파탄 나고, 천하삼분이 위태롭게 되리라는 것을 내다볼 안목이 여몽에게는 없었던 것이다. 조조와의 협공으로 관우를 죽이고 형주를 회복한 여몽은 남군南郡 태수로 임명되지만, 머지않아 마흔두 살에 병사했다.

적벽 주전론자들이 죽은 후

손권의 군주 권력은 적벽대전의 승리로 강화됐다. 그러나 적벽대전을 승리로 이끈 주유(210년 사망)와 노숙(217년 사망) 및 그 후계자인 여몽(219년 사망)은 잇달아 유명을 달리하였다. 그 뒤로는 적벽대전 때 항복론을 주창한 장소와, 그 항복론을 침묵의 찬성으로 지지했던 강동 명사들만이 남았을 뿐이다.

이후 손권은 군주 권력 강화를 위해 강인한 의지로 장소와 강동 명사를 압박하기 시작했다. 그 화살은 먼저 '회계군의 명사' 우번虞翻으로 향했다.

우번은 손책이 회계군을 지배할 때부터 공조리功曹吏라는 벼슬아치로 인사에 관여했고, 양양군의 방통이나 오군의 육적과 같은 명사와 폭넓은 교우관계를 맺고 있었다. 또 5대에 걸쳐 가학으로 '맹씨역'孟氏易을 전했고, 《주역》의 주석을 저술하여 공융에게 보냈으며, 순상荀爽이나 정현·주충朱忠의 여러 학설을 비판한 오나라의 대표적 유학자였다.

후한이 멸망하고 위나라가 성립되자 군신은 손권에게 상장군·구주백九州伯을 칭하도록 권유하였다. 황제라고 칭할 정통성이 없는 상황에서 자립을 하기 위한 칭호였다. 그러나 손권은 이를 받아들이지 않았고, 건안 26년(221) 11월 위나라에 신종臣從하여 오왕에 봉해지고 구석九錫을 받았다. 관우의 원수를 갚으려는 촉한의 유비가 쳐들어와 조위에게 복종할 필요가 있었기 때문이다.

이때 우번은 술에 취한 척하며 땅에 엎드려 손권의 오왕 취임을 비판했다. 이것이 손권의 역린을 건드렸다. "손권은 이때 매우 화가 나서 직접 칼로 우번을 찌르려고 했다. 곁에서 모시고 앉아 있던 자들 가운데 두려워하지 않는 이가 없었는데, 오직 대사농 유기劉基만이 일어나 손권을 끌어안으며 간언했다."《삼국지》〈우번전〉)

하지만 손권은 조조의 공융 살해를 예로 들며 우번의 주살을 정당화했다. 이에 북래 명사 유기는 조조의 공융 살해에 세상 사람들의 비난이 쏟아졌다는 것을 상기시키고, 우번을 살려주고 명사를 존중해야 한다고 설파하였다. 손권은 어쩔 수 없이 따랐다.

그러나 용서를 받은 우번은 이후에도 군주 권력을 강화하려는 손권에게 계속 반발했다. 손책에게 망한 '회계 사성'의 생존자로서 맺혀 있던 감정이 우번을 부추긴 것일까?

우번은 성품이 소탈하고 간략하고 정직하여 술을 마시고서 여러 차례 실언을 했다. 손권이 장소와 신선을 논할 때 우번은 장소를 손가락으로 가리키며 말했다.
"그들은 모두 죽은 사람입니다. 당신은 신선을 말하고 있는데, 세상에 어찌 선인仙人이 있겠습니까?"
손권은 우번에게 화난 일이 처음이 아니어서 우번을 교주로 쫓아버렸다.
- 《삼국지》〈우번전〉

우번은 결국 귀양을 간 교주交州에서 생을 마감한다. 손오를 대표하는 유학자의 불우함은 한나라를 존중하는 유교를 가치 기준의 근저에 둔 명사 집단과 손권이 대치했음을 상징했다.

비로소 독립정권을 세운 황제 손권

장소張昭(156~236)는 서주徐州 낭야군의 조욱趙昱 및 동해군의 왕랑과 어깨를 나란히 하는 서주 팽성국彭城國의 명사였다. 같은 주의 다른 군국郡國 출신자와 이름값을 같이 한다는 것은 장소가 주州 수준의 높은 명성을 가졌음을 증명한다.

손책이 죽을 때, "만약 중모仲謀(손권)를 크게 쓸 수 없으면 그대 스스로 취하라(손권을 대신하여 군주가 되라)."《오력》吳歷는 유언을 남기며, 후사를 맡겼다고 한다. 유비와 제갈량의 관계를 방불케 하는 이야기이다. 그러나 장소는 제갈량처럼 주위로부터 대우를 받지 못했고, 제갈량의 일화와 비슷하다기보다는 누군가 '창작'한 기사記事라고 여겨진다. 게다가 장소는 제갈량처럼 승상이 될 수 없었다.

유비의 동정(오나라 공격)을 계기로 조위에게 조공을 바치고 오왕에 봉건된 손권은 자신의 자율성을 강화하기 위해 승상을 두었다. 이때 명사 집단의 여론은 당연하다는 듯 장소를 밀었다. 그러나 손권은 승상이라는 관직은 일이 많고 바쁜 자리라는 구실을 내세워, 북래 명사 손소孫邵를 승상에 앉힌다. 손소가 사망하자 명사 집단은 다시 장소를 승상 후보로 추천하였다. 그러나 이번에도 손권은 장소의 강직함을 이유로 고옹顧雍을 승상으로 삼았다. 손권은 명사 집단의 의지에 맞서 장소를 승상으로 임명하지 않음으로써, 명사의 자율적 질서에 군주의 인사권이 휘둘릴 수 없다는 것을 명백하게 보여주며 군주 권력을 확립하고자 한 것이다.

건안 27년(222) 6월, 손권은 이릉에서 유비를 격퇴하였다. 그 후 9월, 신종하는 증거로 조위가 명령한 인질 요구를 거부했다. 촉한으로부터 밀려

온 전쟁 위기를 극복하였기에 더 이상 위나라에 종속적인 태도를 취할 필요가 없어졌기 때문이다. 이후 공격해 온 조위군을 격파한 뒤 손권은 황무黃武로 개원하였다. 사실상 '독립정권'의 성립이었다.

그리고 황무 2년(223) 정월에는 건상력乾象曆를 채용하여, 오나라가 한나라의 화덕火德을 잇는 토덕土德 국가임을 분명히 하였다. 책력을 바꾸는 것은 시공을 지배한다는 증거였다. 그래도 손권은 신하의 권유를 거부하며, 스스로 황제에는 오르지 않았다. 이미 후한이 조위에 의해 멸망해 '한실광보'를 이룰 수 없었던 손권은 정통성의 부재 때문에 황제 즉위의 기회를 잡지 못했던 것이다.

조위가 건국된 지 9년째인, 황룡黃龍 원년(229) 4월, 황룡과 봉황이 나타났다는 상서로운 조짐에 따라 손권은 비로소 황제 자리에 올랐다. 즉위를 하늘에 아뢰는 고천문告天文은 손권이 즉위해야 할 정통성으로써 동남(강동은 중국의 동남쪽)의 운기運気가 높아지고 있다는 점과 서상瑞祥이 거듭해서 출현했다는 점을 들고 있다.(《삼국지》〈오주전〉吳主傳의 '배송지 주'에 인용된 《오록》吳錄) 그러나 조위·촉한과 비교하면 손오의 정통성이 박약하다는 점은 부인할 수 없는 사실이었다. 그래도 '동남의 운기'를 강조한 점은 손오의 지역성 중시로 주목할 만하다.

'동남의 운기'를 중시한 것은 천자로서 가장 중요한 의례인 하늘을 모시는 교사郊祀를 지낼 수 없다는 것을 의미한다. 교사를 지내는 곳은 유교의 경의에 따라 토중土中(중국의 중앙. 낙양)으로 규정되어 있으며, 손권도 이를 이유로 교사를 요구하는 신하들의 진언을 거부했다. 정통성 결여를 가장 절감한 당사자는 손권이었을지도 모른다. 그런 약점을 안고 있었기 때문일까? 손권은 국내의 명사들을 억제하기 위해 즉위할 때 명사의 대표인 장소를 욕보였다.

손권은 제위에 오르면서 백관을 초청하여 연회를 베풀고, 제위에 오르도록 한 공적을 주유에게 돌렸다. 장소는 홀笏을 들고 마찬가지로 주유의 공덕을 칭송하려 하였다. 아직 장소가 입을 열기도 전에, 손권은 **"조조에게 항복하라는 장공張公(장소)의 계책**을 썼다면 지금쯤 이미 남에게 음식이나 얻어먹는 처지가 되었을 것"이라고 말하였다. 장소는 크게 부끄러워하며 땅에 엎드려 진땀을 흘렸다.

- 《삼국지》〈장소전〉의 '배송지 주'에 인용된 《강표전》江表傳

손권은 군주 권력의 존립기반 중에서 가장 강력한 것은 적벽에서의 군사적 승리라는 사실을 방패막이로 삼아 만인 앞에서 장소를 욕되게 하였다. 그것으로 장소의 명사로서의 권위와 장소에 대한 명사 집단의 지지를 깨부수려 했던 것이다.

그럼에도 손오의 명사 집단이 장소를 지지한 까닭은 명사로 살아온 장소의 삶의 방식에 공감했기 때문이었다. 손권의 호랑이 사냥에 간언하고, 예를 벗어난 주연을 중지시키고, 거리낌 없이 의견을 개진하여 손권의 기분을 상하게 함으로써, 장소는 궁중 출입마저 금지 당했다. 또 조위에서 온 사신이 무례하자 무릎을 꿇렸고, 주周·한漢을 모범으로 삼아 손오의 조정 의례를 가다듬고, 《춘추좌씨전해》春秋左氏傳解와 《논어주》論語注를 집필했다. 이처럼 장소가 명사로서 유교를 살아가는 방식의 핵심으로 삼고 모범을 보인 것이 손오 명사들의 동경이 되고, 결국 장소를 지탱해 준 셈이었다.

인사권을 둘러싼 공방

장소를 승상에 임명하라는 명사 집단의 여론을 누르고, 손권으로부터 초대 승상에 지명된 손소孫邵는 손씨 집안사람이 아니다. 청주青州 북해군北海郡 출신으로, 같은 군의 공융에게 '낭묘廊廟의 인재', 즉 '조정에 설 만한 재능'이라는 평가를 받았으며, 장소·등윤滕胤·정례鄭禮 등과 함께 손오의 의례를 제정한 북래 명사이다.

당연히 《삼국지》에 전전專傳을 지닐 만한 명성과 지위가 있었지만, 독립된 열전은 없다. 《지림》志林을 저술한 동진東晉의 우희虞喜에 의하면, 처음으로 손오의 역사서를 저술한 항준項峻·정부丁孚 등의 저서에는 수록하였던 전전을 장온張溫(후한의 장온과는 다른 인물) 일파의 위소韋昭가 《오서》에 넣지 않는 바람에 전전이 없어졌다고 한다.

장소를 정점으로 하는 손오 명사 사회에서 자율적 질서를 깨는 형태로나마 승상으로 임명된 손소를 그 기록에서 말살했던 것이다. 참고로 진수의 《삼국지》는 장소를 신하들의 열전 중에서 필두에 싣는다. 그 다음가는 2대째의 승상이 고옹顧雍이다. 아마 위소의 《오서》에 그 역시도 독립된 열전으로 기록되어 있지 않았을 것이다.

손소를 향한 공격은 여기서 그치지 않았다. 손소는 장온·기염曁豔으로부터 탄핵을 받았다. 그 배후에 있는 손오 명사 사회가 자신을 바라보는 따가운 눈빛을 느꼈을 것이다. 손소는 손권에게 승상 사임을 청했다. 그러나 손권은 허락하지 않았다. 장소를 지지하는 손오 명사 사회의 자율적 질서에 맞서 군주의 인사권이 우월하다는 것을 보여주기 위해서였다.

손소를 공격한 장온은 '오군 사성' 출신으로, 아버지 장우張尤도 손권을 섬겨 관직이 동조연東曹掾에 이르렀다. 장온은 출사 전부터 북래 명사 유기와 '오군 사성' 출신인 고옹으로부터 "전종全琮과 짝을 이룰 만하다", "이제 필적할 만한 인물이 없다" 등의 높은 평가를 받고 있었다. 강동 출신인 장온에 대하여 강동의 고옹뿐 아니라 북래의 유기도 높은 인물평을 해주었다는 점에서, 지역의 틀을 초월한 손오 명사 사회의 형성을 엿볼 수 있다.

이런 가운데 그 누구보다도 장온의 장래를 촉망했던 이가 장소였다. 손오 명사 사회의 정점에 군림한 장소로부터 높은 평가를 받은 장온은 명사 사회의 자율적 질서를 관철시키기 위해 손소를 눈엣가시로 여기며, 그를 제거하기로 마음먹었다.

장온은 선조랑選曹郎(인사관)에 오군의 기염, 서주 광릉군의 서표徐彪 등 강동·북래의 명사를 함께 등용하여 명사의 자율적 질서에 입각한 인사를 수행했다. 특히 인물평가를 좋아하는 기염은 장온 밑에서 청의淸議(명사의 가치 기준에 합치하는 여부를 판단하는 인물평가)를 행하여 명사의 가치 기준에 어긋나는 자들을 강등시켰다. 이로 인해 지위가 강등되지 않은 자는 열에 한 명밖에 되지 않았다고 한다.

이에 대해 손권은 영을 내려 장온을 '군주 권력의 인사권을 침해하는 자'라고 엄격하게 비판했다.

"장온은 가원賈原에게 '그대를 추천하여 어사가 될 수 있게 해주겠다'고 하였고, 장강蔣康에게는 '그대를 임용하여 가원을 대신하도록 해주겠다'라고 꾀었다. 이것은 제멋대로 **국은**國恩을 팔아서 자신의 세력을 늘리려는 행위이다. 그의 사악한 마음을 살펴보면, 못할 짓이라곤 없다. 과인(손권)은 차마 그의 시신을 저잣거리에 드러내게 할 수는 없기에, 지금 내쫓아 본군으로 돌아가 하급관리의 일을 맡도록 하겠다.”

- 《삼국지》〈장온전〉

손권은 장온을 유폐시킬 때 내린 '영令에서 장온의 인사를 '국은', 즉 나
라의 은혜를 파는 짓이라고 단죄했다. 손권은 장온이 명사들 사이의 자율
적 질서에 기초해 인사를 운용하는 것은 본래 군주에게 귀속되어야 할 인
사권이기 때문에 '국은'을 전횡하는 행위로 받아들인 것이다.

이에 반해 촉한에서는 제갈량에 의해 명사의 자율적 질서에 입각한 인
사가 이루어졌으며, 조위에서도 구품중정제도를 통해 명사의 자율적 질서
가 인사에 반영되었다.

그러나 손권은 이것을 인정하지 않고 기염을 자살로 몰아넣은 장온을
실각시켰다. 손권이 군주 권력 확립을 위해 명사를 죽이면서까지 인사를
일원적으로 관리하려고 한 것을 알 수 있다.

강동을 위하여

권위와 권력

제갈량이 전권을 장악한 촉한이라면 몰라도, 조위 역시 명사의 자율적 질서를 구품중정제도를 통해 인사에 반영한 까닭은 '명사들의 지지'가 없으면 국정이 혼란스러워져 국가가 존립할 수 없었기 때문이었다.

손권도 장소와 장온에 대한 대응처럼 늘 명사와 대치했던 것만은 아니다. 그중에서도 후계자가 될 태자 손등孫登을 위해서 명사 사회와 군주 권력의 기반인 군부軍部에서 골고루 인재를 모아 그 지지를 구했다. 보필자로 오군 출신의 육손을 두고, 태자사우太子四友로 제갈각諸葛恪(제갈근의 아들, 낭야군), 장휴張休(장소의 아들, 팽성군), 고담顧譚(고옹의 손자, 오군), 진표陳表(진무의 아들, 여강군)를 선택하여 강동 명사(육손·고담)·북래 명사(제갈각·장휴)·군부(진표)

로 균형을 맞춘 정권이 형성될 방향성을 제시하였다.

또한 사경謝景(남양군)·범신範愼(광릉군)·조현刁玄(단양군)·양도羊衟(남양군)와 같은 빈객을 거느린 동궁東宮에서는 명사들의 '인물 품평[目]'이 작성되는 등 손오 명사 사회가 전면적으로 개화하고 그 자율적 질서가 열려 있었다. 기염 사건 때, 장온과 같은 '오군 사성' 출신인 육손·육모陸瑁·주거朱據가 명사 사회의 질서를 일방적으로 밀어붙이는 장온의 인사에 동조하지 않았던 까닭은 이렇게 명사 집단에 대한 군주 측의 '화해의 손짓'이 있었기 때문이다. 손오의 군주 권력과 명사 집단은 공조의 길을 찾기 시작했던 것이다.

그러나 양측의 세력 다툼은 여전히 마침표를 찍지 못했다. 요동의 공손연公孫淵을 둘러싼 정책으로 손권과 장소가 충돌한 것이다.

조위에게 공격을 당해 궁지에 몰린 요동의 공손연이 손오에 귀순을 제의하자, 손권은 기꺼이 연왕燕王에 봉하려 했다. 그러나 장소는 공손연을 신뢰할 수 없다며 반대했다.

그러나 손권은 장소의 반대를 무릅쓰고 사자를 파견했다. 의견을 무시당한 장소는 화를 내며 병을 핑계로 입조하지 않았다. 이를 괘씸하게 여긴 손권이 장소의 집 문을 흙으로 틀어막자, 장소도 문 안쪽에서 흙을 쌓아 봉쇄하고 결코 입조하지 않겠다는 태도를 보였다.

적벽대전에서 수군이 승리한 것처럼 손오의 활로는 바다에 있었다. 손권은 왜국을 탐색하는 등 동방해상으로의 진출도 시도하고 있었다. 왜국이 조공하고 있던 공손씨公孫氏는 손오의 대외 진출에 있어 중요한 상대였던 것이다. 그런데 공손연이 손오와의 연결을 알아챈 조위의 회유책에 응하여 손권의 사자를 죽이고 말았다.

잘못을 깨달은 손권은 장소의 집으로 찾아가서 사과하려고 하였으나 장소는 응하지 않았다. 화가 치밀어 오른 손권은 문에 불을 지르며 장소를 위협했다. 장소는 더욱 문을 굳게 닫아버렸다. 손권은 사람을 시켜 불을 끄고 문밖에 오랫동안 서 있었다. 이윽고 아들이 장소를 부축해 문밖으로 나오자, 손권은 수레에 장소를 태우고 궁궐로 돌아와 장소에게 깊이 사과했다. 이 사건이 한창이던 때, 손권은 장소에게 다음과 같이 말하였다.

"오나라의 사인士人들은 궁궐로 들어오면 나를 배알하지만, **궁궐 밖으로 나가면 그대(장소)에게 절을 하오.** 내가 그대를 존경하는 것이 또한 지극한데, 그대는 여러 차례 사람들 앞에서 나를 모욕하였고, 나는 늘 국가 안녕의 계책을 잘못 세워 그대를 죽이게 될까 걱정했소."

- 《삼국지》〈장소전〉

손권은 군주를 중심으로 한 오나라의 국가 질서가 궁중에서는 통용되더라도 명사들 사이에서는 존중받지 못하는 현실을 문제 삼고 있었다. 오나라의 명사·호족들은 손권의 군주 권력보다 장소의 권위를 더 존중하고 있다는 지적이다.

한 국가 안에서 군주 권력이 사회적으로 권위가 서지 않는 것은 군주 권력을 약화시키는 큰 요인이 된다. 손권이 치열하게 싸운 이유가 여기에 있었다. 그러나 손권은 장소를 굴복시키지 못했다. 아무리 황제라도 귀족의 자율적 질서에 기초한 사회적 권위에 개입할 수 없었던 '중국 귀족제'의 특징, 그 맹아를 여기에서 찾을 수 있다.

따라서 손권은 강다짐으로라도 군주 권력의 강화에 힘쓸 수밖에 없었다. 중서랑 여일呂壹과 진박秦博을 군주의 눈과 귀가 되어주는 '교사'校事(스파이)로 임명하고 관료들을 탄핵하도록 했다. 탄핵은 승상의 고옹에까지 이르렀다.

그러나 교사제도는 관료의 비위를 감찰하여 군주 권력을 강화한다는 당초의 목적을 달성하지 못한 채 교사로 임명된 여일의 개인적 권력만 키웠을 뿐이었다. 나중에 손권은 여일의 총용을 신하들에게 사죄하며 신뢰 관계를 회복하려 했다. 그러나 교사의 설치는 '군주 권력 강화'라는 본래의 의도와는 달리 오히려 명사 집단의 반발을 불러와 군주에 대한 신뢰감을 실추시켰다.

후계자 구도에서 크게 실책한 손권

적오赤烏 4년(241) 황태자 손등孫登이 사망하였다. 손등은 여일의 전횡을 비판했으며, 형벌을 완화하고 요역을 중지해야 한다는 관치寬治를 주장하여 손권뿐만 아니라 명사들에게도 기대를 받았던 황태자였다.

손등을 대신하여 왕부인王夫人의 아들인 손화孫和(손권의 셋째 아들)가 황태자로 책봉되었으나, 왕부인은 손권의 딸인 전공주全公主와 불화하였다. 이 때문에 왕부인은 황후로 책립되지 못했을 뿐 아니라 참언을 받고 근심 속에서 죽었다. 그런 가운데 황태자 손화에 대한 손권의 총애도 차츰 식어갔다.

이에 손화의 동복동생인 노왕魯王 손패孫覇(손권의 넷째 아들)가 전공주의 지원을 받아 황태자의 지위를 노리게 됐다. 이로써 '이궁二宮 사건'이라고 불리는, 황태자 손화와 노왕 손패의 후계자 다툼이 시작되었다.

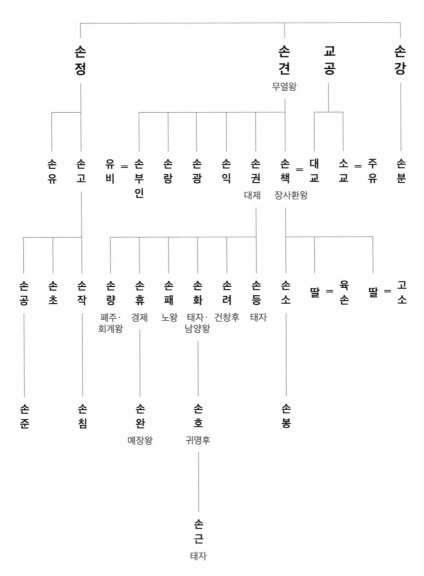

손씨(孫氏) 가계도

애당초 이궁 사건의 원인은 손권에게 있었다. 손화를 태자로 세웠으면서 노왕에 봉한 손패를 손화와 똑같이 대우했기 때문이다. 손권이 손패를 우대하자, 총신들은 손패에게 줄을 서기 시작했다. 손권이 가장 사랑했던 보부인步夫人과 동족 보즐步騭, 손권의 신임이 두터운 무장 여대呂岱, 전공주의 사위인 전종全琮 등이 손패의 근신집단이었다. 이에 비해 승상 육손을 필두로 한 황태자파는 명사로서의 유교적 이념인 적장자 상속에 기초하여 황태자 손화를 지지하였다. 즉 이궁 사건은 유교적 가치 기준을 준수하고자 한 명사를 주체로 하는 황태자(손화)파와 손권의 군주권 강화의 앞잡이 노릇을 한 근신 세력 노왕(손패)파의 대립으로 파악할 수 있다.

따라서 손권은 군주 권력의 강화를 위해서 황태자파를 일방적으로 탄압했어야 했다. 그것이 명사 집단과의 힘겨루기에서 승리하는 방법이었다. 그러나 이궁 사건은 결국 쌍방 처벌의 형식을 취하였다. 손권은 황태자 손화를 폐위함과 동시에 노왕 손패에게도 자살을 명하는 양성패兩成敗(쌍방을 같이 처벌)로 어린 손량孫亮(손권의 일곱째 아들)을 황태자로 세웠다. 손권은 끝내 군주 권력 강화를 관철시키지 못한 셈이었다.

게다가 이 사이에 "손권은 궁궐 안의 사자를 승상 육손에게 자주 보내 힐문하자, 육손은 화가 나서 탄식하다가 죽음에 이르렀다. ……육손은 충성스럽고 간절함이 지극하여 나랏일을 걱정하다 죽었으니 사직의 신하라고 할 만하다."《삼국지》〈육손전〉) 육손의 존재는 '오군 사성'과의 대립을 잠재적으로 안고 있는 손씨에게 군주와 '오군 사성'과의 화해의 상징이었다. 육손의 죽음은 결국 국가 권력을 약화시켰다.

육손은 산월山越(손오의 영역에 거주하며 복종하지 않는 주민) 토벌, 강동 호족의 세력 확대, 유교 수호·상업 비판, 농업 중시·조세 경감이라는 관치를 내내 주장하였다. 강동의 권익보전을 총괄했다고 평가해도 좋다. 군주권력 강화로 이어질 법한 조조와 같은 혁신적 정책이나, 제갈량처럼 조씨와 건곤일척의 승부를 통해 한나라를 지키는 정책을 제시한 적은 없었다. 즉 육손은 '강동'이라는 지역을 위해 살았다. 손씨의 군주 권력 강화를 위해 복무하는 군부가 이릉대전 때 육손의 지휘를 따르지 않은 까닭은 군주를 위해서가 아니라 지역을 위해 사는 관료인 육손의 생존방식에 반발했기 때문일 것이다.

손권의 죽음 이후

손권은 이궁 사건 이후 육손의 아들 육항陸抗에게 사죄하였다. '오군 사성'의 중심으로서 지연·혈연과 혼인 관계 네트워크로 지탱되고 있던 육씨를 탄압할 수 없었던 것이다. 여기에서 명사에 대한 탄압이 실패로 끝나고 정권 운영에 부심하는 손권의 모습을 엿볼 수 있다.

이궁 사건은 군주 권력과 명사 집단 쌍방에 모두 상처를 입혔고, 국력도 소진시켰다. 손권은 이러한 국력의 쇠퇴와 어린 손량의 황위 계승에 불안감을 느끼다가 신봉神鳳 원년(252)에 훙거薨去하였다.

손권은 후사를 제갈근의 맏아들 제갈각諸葛恪(203~253)에게 맡겼다. 손권 사후 제갈각은 군주 권력 강화에 애쓰던 중서령 손홍孫弘을 배제하고, 교사 제도를 폐지하고, 세금을 감면해 주며 조정의 은택을 확대하는 관치를 베풀었다. 제갈각은 명사 집단의 가치 기준에 의거한 정치를 펼쳤던 것이다. 이를 뒷받침한 것은 성숙해진 손오 명사 사회였다.

이미 술회한 바대로, 유기가 장온을 "전종과 견줄 만하다"라고 평하였고, 태자 손등의 빈객들 사이에서 '인물 품평'이 활발하게 이루어졌듯이, 명사들의 자율적 질서의 가시적 표현인 인물평가는 손권 시기보다 무르익었다. 조위에서는 명사들 사이의 인물평가를 국가 인사제도로 끌어올린 구품중정제가 제정되었다. 손오에서도 조위의 중정관과 거의 동일한 태공평太公平이라는 관직이 설치되었다.

《포박자》抱樸子〈자서〉自敍에 의하면, 태공평은 이윽고 그 명칭이 대중정大中正으로 변하고, 그 아래에 중정中正이 설치되었다. 이러한 관직의 존재는 '손오 명사 사회'가 자율적 질서를 국가의 관제질서로 반영시키는 수단을 갖고 있었음을 의미하며, 명사 사회의 성숙과 함께 그것을 더욱 발달시키는 제도적 조건이 정비되었다는 것을 보여준다.

그러나, 이런 명사 사회의 지지가 있었음에도 제갈각은 실각하고 말았다. 합비신성合肥新城 전투에서 패퇴한 뒤 조위를 무리하게 침공하였기 때문이다. 숙부 제갈량이 갖고 있었던 배려심, 군부 장악, 명사 집단의 일체화, 군주와의 신뢰 관계 유지 등이 제갈각에게는 부족했다. 실패를 반성하지 않고 자신의 권력을 전제화한 제갈각은 북벌에 대한 원성과 탄식의 목소리가 높아지는 가운데, 본래 노왕파였던 손준孫峻(손견의 동생인 손정孫靜의 증손자)에게 암살당한다.

그러나 제갈각을 타도한 손준, 그리고 할아버지가 같은 손준에게 떠밀려 정권을 장악한 손침孫綝은 명사와 대치하는 정책을 편 탓에 단기간에 무너졌다. 손침을 타도하고 즉위한 손휴孫休(손권의 여섯째 아들, 오나라 3대 황제)는 명사 정권의 재건을 통해 손오의 안정을 꾀했다.

영안永安 6년(263), 동맹국 촉한은 조위에게 멸망했다. 국제정세가 악화되는 가운데 손휴는 급사하고, 모든 과제는 손호孫皓(오나라 4대 황제, 재위 264~280, 손권의 셋째 아들 손화의 아들)에게로 넘겨졌다.

지역을 사수하다 멸망하다!

그런 가운데서도 '육손의 아들' 육항陸抗은 필사적으로 손오를 지탱해왔다. 영안永安 2년(259), 진군장군鎮軍將軍이 되자, 서릉西陵에서 백제성까지의 군사지휘권을 부여받았고, 건형建衡 2년(270) 주적朱績이 사망함에 따라 신릉信陵·서릉西陵·이도夷道·낙향樂鄉·공안公安에 걸친 군대의 총지휘를 맡았다. 봉황鳳凰 원년(272)에 서릉독西陵督 보천步闡이 배반하고 서진西晉에게 항복하자 오언吾彦 등 뭇 장수들을 이끌고 가 주멸했다. 그러나 군사행동이 계속되면서 강동 사람들은 피폐해져만 갔다. 육항은 휴식을 찾고자 상주한다.

지금 손오에서는 장수들이 개인적 명성을 얻고자 군사들을 한없이 동원하여 무사의 덕을 떨어뜨리고 있습니다. 그 결과 수많은 비용이 들면서도 사졸들은 초췌해졌고, 적의 침공은 무장들의 사사로운 싸움으로 줄어들지 않고, 우리 쪽만 큰 손실을 보고 있습니다. ……
부디 적극적인 확대책은 잠시 멈추고, **사졸과 민초의 힘을 길러**, 상대의 단점이나 틈을 노려 때를 기다리는 행동을 하도록 하십시오. 그렇게 하지 않으신다면 회한을 남기실 것입니다.
- 《삼국지》〈육손전〉부附〈육항전〉

육항은 강동 지역의 힘을 키우고, 그 뒤에 싸울 것을 주장하고 있다. 따라서 국경에 군사를 주둔시키면서도 적극적으로 싸움을 걸지 않았다. 오히려 서진의 양호羊祜 장군과는 적이면서도 두터운 교분을 맺었다. 어느 때엔 술을 양호에게 보내주니 양호는 독이 들어 있을지도 염려하지 않고 마셨다. 한편 육항이 병이 났을 때 양호가 약을 보내자 육항은 진심으로 감사하며 이를 복용했다.

물론 이것을 보고받은 손호는 육항을 힐책했다. 봉황 3년(274) 여름, 육항은 양호와의 관계를 변명하면서 형주로부터의 침공에 대비하기 위해 서릉군西陵郡의 수비를 강화해야만 한다고 간언하였으나 실패하였다. 그해 가을, 육항은 죽었다. 육항의 예상대로 형주에서부터, 그리고 촉으로부터 진晉나라 군사들이 두 갈래로 침입해와, 오나라는 멸망하고 말았다.

지역에 매몰된 결과

오나라 망국 군주 손호의 생각

오나라 망국의 군주가 된 손호는 '폭군'이라고 칭해지는 경우가 많다. 그러나 거기에 사료적인 편향이 많다는 것은 배송지가 이미 지적하고 있다. 사실 손호는 즉위하자마자 진휼賑恤을 베풀고, 궁녀를 아내가 없는 남자와 짝을 맺어줘 '명주'明主라 불렸고, 격변하는 국제상황에 대응해 무창武昌으로 천도하고, 세병世兵(손오의 신하가 가지고 있던 세습적 병사)을 완전히 폐지하고 중앙군을 강화하는 등 중앙집권화를 위한 시책을 착착 실행하였다.

특히 손권의 건국 이래 지배의 정통성이 확립되지 못한 점을 감안하면, 서진이 조위를 멸망시킨 일을 계기로 '동남의 운기'와 하나라 우왕禹王을 연결함으로써 새로운 정통성을 찾고자 시도한 것이 중요하다. 손오를 금덕金德

으로 자리매김한 그 개혁은 서진과 금덕이 중복되어 서진西晉 진수의 《삼국지》에는 기재되지 않았다. 하지만 현재까지 남아 있는 '국산비'國山碑에 손호의 생각이 남아 있다.

국산國山이란 오군吳郡에 있는 산의 이름이고, 국산비는 그곳에서 손호가 봉선封禪(천자가 하늘과 산천에 제사를 지내는 행사) 의례를 거행한 일을 밝히고 있다. 손호는 원래의 이름인 이리산離裏山을 국산으로 개명함과 동시에, 이곳을 '중악'中嶽이라고 칭하였다.《태평환우기》太平寰宇記 권92 〈강남동남도사〉 江南東南道四) 한나라 때 중악은 무제가 동악東嶽 태산泰山에서 봉선을 하기 전 오른 숭산嵩山을 말한다. 손호가 국산을 이 산에 비유한 것은 자신의 지배 지역인 '강동'이 세계의 중심이라고 여기는 '소중화'小中華 사고방식이다.

국산비는 손오의 치세를 현창하고, 그것에 하늘이 감응했다는 내용을 서술한 뒤 손호의 즉위부터 발생한 29가지 상서로운 조짐과 그 발생 건수를 거론한다. 그중에도 금덕을 상징하는 백白·옥玉·석石과 관계가 있는 예는 13가지에 이른다. 특히 '금책청옥부'金冊青玉符는 우왕이 입수했다는 백덕白德을 상징하는 비서祕書의 형상과 유사하여, 손호가 우왕의 금덕에 견주어 자신의 정통성을 내세웠다는 것을 단적으로 보여준다. 또한, 국산비는 건국 초기부터 손씨의 오나라가 내세웠던 '동남의 운기'를 상징하는 '황기자개'黃旗紫蓋가 오·월 지방에 나타났다는 사실도 언급되어 있어, 건국 이래 손오의 정통성인 동남쪽의 운기와 우왕의 금덕이 결합되어 있다.

국산비에 나타난 바대로, 건국 이래 정통성의 불안정에 시달려온 손오는 이렇게 천새天璽 원년(276)에 이르러 '동남의 운기'와 '우왕의 금덕'을 결합해 손오의 독자적 정통성을 창조하는 데 성공했다. 그러나 때는 이미 늦었고 천기天紀 4년(280), 손오는 사마씨의 서진에게 멸망했다.

육항의 자식들은 앞날이 엇갈렸다. 육안陸晏·육경陸景은 망국의 비탄에 빠져 스스로 목숨을 끊었다. 한편 육기陸機·육운陸雲은 태강太康 연간(280~289)에 낙양으로 가서 진나라의 사공司空 장화張華에게 높이 평가받았다. 장화는 옛 촉한의 신하 진수도 높이 평가하였다. 장화로부터 높이 평가받은 육기·육운은 서진의 대표적인 문학자가 되었다. 두 사람은 옛 손오의 신하로서 차별을 받았지만, 그래도 강동을 대표하는 '오군 사성'의 일원으로 서진의 역사에 이름을 새긴 것이다.

《오서》를 저술해 조조를 폄하하다!

위나라의 흐름을 잇는 서진 귀족들은 '망국' 오나라 출신의 육기에게 차갑게 굴었다. 하지만 장화는 예외였다. '유비의 스승' 노식의 증손자 노지盧志는 뭇 사람 앞에서 육기에게 "육손·육항은 너와 어떤 사이냐"고 물었다. 물론 할아버지와 아버지인 것을 알면서도 굳이 휘諱(망자의 이름)를 거론하며, 중원에서 보자면 '오나라의 승상 따위란 하찮다'고 비아냥거렸던 것이다. 육기는 "자네와 노육盧毓·노정盧挺의 관계와 같다"라고 하며, 노지의 조부와 부친의 휘를 언급하며 대항했다.

육기는 손오의 멸망 원인은 어리석은 군주에게 있지 신하에게는 없다는 것을 〈변망론〉辨亡論으로 정리했다. 또한 《오서》를 저술해 손오의 군주와 신하의 사적이 서진에게, 그리고 후세에 전해지기를 바랐다. 아우 육운陸雲도 이에 협력하고 자료를 수집했다.

어느 날 조조의 유물이 모여 있는 업성鄴城에 간 육운은 그 모양새를 써서 형에게 보냈다. 육기는 저작랑著作郎으로서 조조의 유령遺令을 읽고 〈조위무제문〉弔魏武帝文을 지었다. '위나라 무제 조조를 조문하는 글'이라는 뜻의 이 문장은 "난세의 간웅" 조조가 사랑하는 여성에게 남긴 마음을 본 육기의 놀라움부터 시작한다. 놀란 까닭은 다음과 같다.

위무제(조조)가 후계자 조비에게 남긴 유언이나, 네 명의 자식에게 계책을 남긴 것을 보건대, 나라를 다스리는 계략이 원대함은 물론이거니와 가문을 융성하게 하는 가르침도 또한 넓고 크다는 것을 알 수 있다. ……

(그러나) 딸(고성공주)과 막내아들 조표曹彪를 언급하며, 네 아들에게 "너희들에게 맡기노라"라고 말하고 눈물을 흘렸다. 슬프도다. 예전에 조조는 천하를 구제하는 일을 책무로 여겼는데, 이제 임종을 앞두고 다른 이에게 사랑하는 자식을 보살펴 달라고 맡긴 것이다. ……하지만 **규방의 여자들에게 연약한 계집애처럼 마음을 너무 빼앗기고**, 집안사람들이 마땅히 해야 할 일까지 배려하는 것은 너무나도 자잘하게 신경 쓰는 것에 불과하다.

무세가 또 말했다.

"나의 비첩과 가희들은 모두 동작대銅雀臺에 살게 하라. 동작대의 당 위에는 여덟 척이 되는 상床과 얇고 깨끗한 휘장을 펼쳐두며, 아침저녁으로 말린 고기와 고슬고슬한 밥을 올려라. 매월 초와 보름에는 휘장을 향하여 가무를 펼치게 하라. 너희들은 때때로 동작대에 올라와, 내가 잠든 서릉西陵의 무덤가를 바라보아라."

게다가 또 이렇게 말했다.

"남은 향들은 뭇 부인들에게 나누어 주도록 하라. 여러 희첩들 가운데

특별히 할 줄 아는 재주가 없는 여인들은 신발을 삼는 일을 배워 팔도록 하라. 내가 관직에 있으면서 얻은 인수는 모두 옷장 안에 두었다. 내가 남긴 의복들은 따로 보관하도록 하고, 그리 할 수 없는 것들은 형제들이 함께 나누어 가져라."

- 《문선》 권60 〈조위무제문〉

육기는 천하의 영웅인 조조가 죽음을 앞두고 규방의 여성들에게 연약한 계집애처럼 마음을 빼앗기고, 여러 부인에게 향을 나누어 주라는 말을 남기고, 첩들이 신발을 만드는 일에까지 미주알고주알 신경을 쓰고 있는 것은 지나치게 자잘한 면모라고 생각하고 있다. 육기는 또 그것을 현인으로서는 있을 수 없는 모습이라고 비판한다.

이처럼 자신의 몸 바깥 사물에 마음을 묶어두고, 규방 여성들을 향한 그리움을 곡진하게 말해두는 것은 **현인으로서 갖추어야 할 모습이 아니다.** 그리하여 나는 마침내 비분강개한 마음이 넘쳐 이렇게 조문을 지어 바치는 것이다. 조조가 가족의 장래에 마음을 빼앗긴 것이 나에게는 애석하고, 유언이 너무 상세해 지루한 것이 나에게는 안타깝다. **광대한 뜻이 신발 장식에 얽매였고, 청아하게 맑은 정신이 남은 향으로 더럽혀졌다.**

- 《문선》 권60 〈조위무제문〉

육기는 조조의 '분향매리'分香売履(향을 나누어주고 신을 팔게 함)에 대해, 그리고 규방 아낙들에게 너무 자잘한 마음을 쓰고, 연약한 계집애 같은 유언을 남긴 것은 현인답지 않다고, 반은 분노하면서 비탄에 젖은 글을 끝낸다.

진수의 《삼국지》에 남겨진 조조의 유언은 '제왕의 마지막 말'로서 당당하기 그지없는 데 반해, 육기는 조조의 유령遺令을 '계집애처럼 기개가 없다'고 비분강개한다. 물론 육기처럼 파악하지 않고, 사랑했던 여성들을 걱정하는 조조의 '사랑'을 거기서 찾아도 좋다. 육기는 의도적으로 조조를 폄하하고 있기 때문이다.

한편, '막내아들 조표'라고 한 것은 역사적으로 잘못됐다. 조표는 조조의 막둥이가 아니고, 조조 임종 자리에 조비를 포함한 네 아들(조비·조창·조식·조웅)이 입회했을 리 없다는 것은 《삼국지》를 읽으면 알 수 있다. 동생 육운은 진수의 《삼국지》를 읽고, 《오서》의 부족함을 형에게 보고하고 있다. 육기는 《삼국지》를 읽지 않았던 것일까? 육기는 조위 이래의 흐름을 이어가는 중원의 귀족들에 대한 대항 의식에서 〈조위무제문〉을 허구가 포함된 '문학'으로 저술한 것이다.

강동의 '오소리 종놈'은 왜 서진에 충성하였는가?

서진을 건국한 '사마의의 손자' 사마염司馬炎(236~290)은 '슬기로운 동생' 사마유司馬攸가 아니라, 우식愚息(자기 아들에 대한 겸칭. 실제로 사마충은 백치 황제로 유명했다) 사마충司馬衷(혜제惠帝)을 후계자로 정했다. 유교는 적장자 상속이 원칙이다. 그리고 혜제가 즉위하자 '외척' 양준楊駿이 실권을 장악했다.

그러나 영평永平 원년(291), '가충賈充의 딸' 가황후買皇后(혜제의 비)는 혜제의 동생인 초왕 사마위司馬瑋·백부 동안왕東安王 사마요司馬繇 등과 결탁하여 양준을 죽이고 실권을 빼앗는다. 이에 대응해 영강永康 원년(300), 혜제의 큰 숙부 조왕趙王 사마륜司馬倫은 '혜제의 사촌 동생' 제왕齊王 사마경司馬冏과 모의하여 가씨賈氏를 타도하고, 또한 가황후를 지지하는 장화를 살해했다.

여기서부터 협의의 '팔왕八王의 난'이라 불리는, 서진을 쇠퇴시키는 사마씨 제후들의 패권 다툼이 본격화되었다.

황제에 즉위한 조왕 사마륜에 반대해, 제왕 사마경, 성도왕成都王 사마영司馬穎, 하간왕河間王 사마옹司馬顒이 거병한다. 이른바 '삼왕기의'三王起義이다. 삼왕의 공격에 패한 사마륜은 혜제를 맞이하고 스스로 황제의 자리에서 내려왔으나 죽임을 당했다. 성도왕 사마영으로부터 보정輔政 자리를 물려받은 제왕 사마경은 당초 고영顧榮(고옹의 손자) 등 오나라의 옛 신하를 많이 추천하는 정책을 펴 큰 기대를 모았으나, 결국 교만한 정치를 펼치자 귀족들이 등을 돌렸다.

이런 가운데 성도왕 사마영과 하간왕 사마옹은 장사왕 사마예司馬乂를 꾀어 제왕 사마경을 타도했다. 제왕 사마경은 장사왕 사마예에게 살해당했지만, 권력 독점을 획책하던 하간왕 사마옹은 성도왕 사마영과 함께 이번에는 장사왕 사마예를 타도하기 위해 군사를 일으켰다. 하간왕 사마옹은 장방張方을 도독으로 삼았고, 육기는 이때 사마영에게 발탁되었다. 그동안 사마씨 왕들의 분쟁에 휘말리지 않아 여력이 있던 강동 세력에게 기댄 것이다.

이때 육기와 함께 수도 낙양으로 상경했던 고영 등은 육기에게 오吳 땅으로 돌아갈 것을 권유했으나 육기는 출전을 선택했다. 그때의 생각을 《진서》晉書〈육기전〉은 이렇게 전하고 있다.

"육기는 그 재능과 명망에 의지해 난세를 바로잡는 데 뜻을 두었다."

육기는 '오'라는 지방에 머물러 살기보다 중원에서 귀족으로 천하의 어

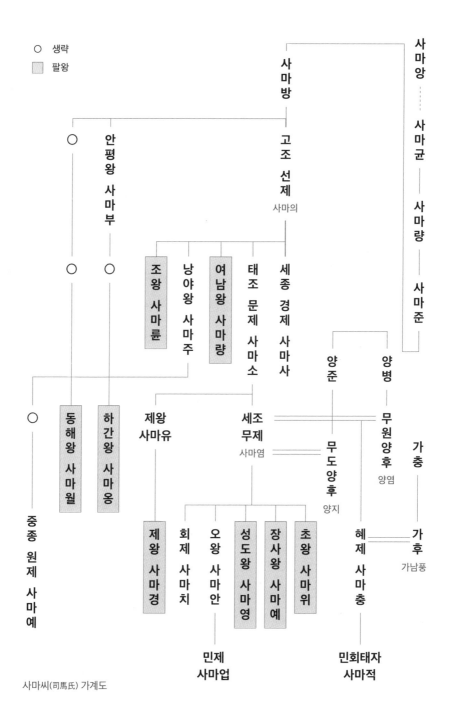

사마씨(司馬氏) 가계도

지러움을 구제하는 길을 선택한 것이다. 할아버지 육손과 아버지 육항이 지역(오)과 함께 살려고 한 것에 반해, 천하를 구하려는 웅지였다.

육기는 패권을 쥔 성도왕 사마영을 위해 귀족에게 '실제 봉토'를 나눠줘야 지방통치를 재건할 수 있다는 〈오등제후론〉五等諸侯論을 저술해, 자신의 정책 구상을 세상에 타진했다. '오나라 망국 군주' 손호가 시행한 '강동의 소중화'라는 이념에 영향을 받은 건지도 모른다.

때마침 찾아온 한랭 기후의 영향과 중원에서 전쟁이 지속된 탓에 인구가 강동으로 이동하여, 중국에서 강동의 실력 비중이 높아졌다는 것은 확실하다. 육기는 〈오등제후론〉에서 과거 〈조위무제문〉에서 중원에 대한 콤플렉스를 드러내던 때와는 확연히 다른 '재망'才望을 자신하고 있다. 사실 성도왕 사마영은 육기의 실력에 전투의 승패를 맡겼다.

성도왕 사마영은 육기를 후장군·하북대도독으로 임명하고 병사를 위임했다. 그런데 '강동 출신' 육기의 지휘를 얕잡아 보고 따르지 않던 맹초 孟超에게 이런 소리를 들었다.

"학노貉奴가 어찌 도독이 될 수 있단 말인가?"《진서》〈육기전〉

'학노'란 '오소리 종놈'이라는 뜻으로, 북방 출신자가 남방 출신자를 차별하여 부르는 멸칭蔑稱이었다. 그런데도 육기는 맹초의 형 환관 맹구孟玖가 성도왕 사마영의 총애를 받고 있었기 때문에 자기 휘하의 맹초를 죽이는 것조차 마음대로 할 수 없었다. 전쟁 중 맹초는 가볍게 무장을 하고 나간 싸움에서 전사했다. 그러자 맹구는 그 죽음을 육기 탓이라고 원망하며 성도왕 사마영에게 참언하였다.

이런 와중에 육기는 칠리간七裏澗 전투에서 장사왕 사마예에게 대패했다. 육기는 결국 성도왕 사마영에게 주살되었다. '군주 복'이 없는 불우한

횡사였다.

앞서 오吳 땅으로 돌아가 있던 고영은 '팔왕의 난' 때문에 혼란스러운 화북을 무시하고, 마침내 서진西晉이 유연劉淵의 전조前趙에 멸망한 후, 원제 元帝 사마예司馬睿가 '서진의 명맥을 잇는' 동진東晉(317~420)을 건국하자, 이에 협력했다. '강동'이란 '지역'에서 생존하려고 한 것이다. 그러나 동진의 실권 은 왕도王導 등 북래 귀족들에게 장악되었다. 오군의 성씨들은 참을 도리밖 에 없었다. 강동을 위해 살아온 '육손의 손자' 육기가 서진이라는 통일국가 에서 귀족제 개혁을 위해 '오등제후론'을 개진하고, 중원 쟁패를 위해 칠리 간 전투에서 총지휘를 맡은 것도 그 까닭이었다.

제6장 | 서진西晉,
조직을 제압하다

오장원五丈原의 낙성석落星石.
제갈량의 진영에 떨어졌다는 운석으로,
사마의가 그것을 보고 추격했다.

1

신분 귀족제와 사마씨의 인맥

신분제의 고착화

소설 《삼국지연의》에서 사마의司馬懿(179~251)는 계산이 빠르고 교활한 인물로 자주 그려진다. 사마의를 포함한 사마씨의 인맥 형성 및 그 이용이 배경이라고 생각한다.

위진남북조 시대에 발단이 된 '중국 귀족제'의 특징 중 하나로 '신분에 따른' 내혼제內婚制가 있다.

내혼제는 특정 집단의 구성원끼리 결혼하도록 규정된 것이다. 그 당시 사士(귀족)와 서庶(평민)에게는 각각 내혼제가 존재했다. 이 내혼제는 둔황에서 발견된 〈천하성망씨족제〉天下姓望氏族譜에서 나타나듯이, 당나라 시대까지도 계승되었다. 귀족과 서민은 태생이 달랐고, 결혼 상대도 달랐던 셈이다.

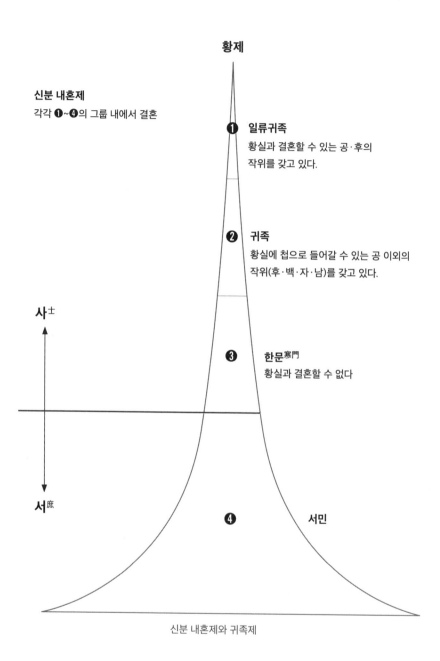

황제

신분 내혼제
각각 ❶~❹의 그룹 내에서 결혼

❶ 일류귀족
황실과 결혼할 수 있는 공·후의
작위를 갖고 있다.

❷ 귀족
황실에 첩으로 들어갈 수 있는 공 이외의
작위(후·백·자·남)를 갖고 있다.

사士

❸ 한문寒門
황실과 결혼할 수 없다

서庶

❹   서민

신분 내혼제와 귀족제

인맥을 형성하는 방식 중 가장 강력했던 '혼인 관계'는 귀족끼리만 결혼하는 신분적 내혼제 형태로 전개되었다. 이러한 혼인 관계를 통해 구축된 신분의 제도화는 서진을 건국한 사마씨의 혼인 관계를 기본으로 한다. 이후 인명을 나열한 것을 보면, 귀족제를 형성한 사마씨의 그물망 같은 인척 관계를 실감할 수 있을 것이다.

혼인으로 세력을 넓힌 사마씨

서진을 건국한 사마씨의 조상은 초楚의 은왕殷王 사마앙司馬卬이다. 사마앙의 8세손이 후한의 정서장군征西將軍 사마균司馬鈞, 균의 아들이 예장태수豫章太守 사마량司馬量, 량의 아들이 영천태수潁川太守 사마준司馬儁, 준의 아들이 경조윤京兆尹 사마방司馬防이다.

서진의 기초를 닦은 사마의는 사마방의 둘째 아들이다. 사마의의 혼인 상대는 사마의와 같은 하내군河內郡 출신인 장춘화張春華였다. 그녀의 아버지 장왕張汪은 소위를 섬겼지만, 조읍粟邑 현령에 이르렀을 뿐이다. 어머니는 나중에 '죽림칠현' 중 한 명인 산도山濤를 낳은, 같은 하내군의 산씨山氏 출신이다. 산씨는 산도에 이르기까지 '소족'小族으로 놀림을 받던 가문이고, 산도의 아버지 산요山曜도 원구冤句 현령에 그쳤을 뿐이다. 사마균 이래 '세세 이천석'世世二千石(대대로 군국의 행정장관을 배출한 집안)의 벼슬아치를 배출한 사마씨와 비교하면 다소 격이 떨어지지만, 장춘화도 호족 출신이라고 봐도 좋다.

사마의의 혼인은 후한에서 흔히 볼 수 있는 같은 군 호족끼리의 혼인이다. 사마의에게는 사師·소昭·간幹·남양공주南陽公主를 낳은 정실 장춘화 외에, 양亮·주伷·경京·준駿을 낳은 복태비伏太妃, 융肜을 낳은 장부인張夫人, 윤倫을 낳은 백부인柏夫人이 있었지만, 모두 출신은 불명확하다. 본처 이외에는 가문을 가늠할 만한 행적이나 기록이 없고, 사마의의 혼인 관계에서는 신분적 내혼제를 엿볼 수 없다.

사마의는 맏아들 사마사司馬師에게 처음에는 하후상夏侯尚의 딸 하후휘夏侯徽를 처로 맞이하도록 하였다. 하후씨를 조씨曹氏의 준準 종실이라고 생각한 사마의가 애초부터 조씨 왕실에 접근하려고 했다는 것을 알 수 있다.

그러나 사마의의 지위는 머지않아 조씨 위나라의 신하에 머물지 않게 되었다. 제갈량이 오장원의 진중에서 사망한 청룡靑龍 2년(234), 사마의가 '위나라의 충신'이 아니라는 걸 알게 된 하후휘는 죽임을 당했다. 그 대신 사마의는 사마사로 하여금 오질吳質의 딸을 아내로 얻도록 하였다. 오질은 문학적 재능이 뛰어나 위문제 조비의 총신이 된 인물로, 진군陳羣·사마의·주삭朱鑠과 함께 조비의 '사우'四友로 불린다. 조조에서 비롯된 문학 선양에 대응해 재빨리 새로운 문화를 익히려고 한 의도였다.

사마의는 이윽고 그녀 또한 물리치고 사마사에게 태산군泰山郡 양도羊衜의 딸인 양휘유羊徽瑜를 처로 맞이하도록 하였다. 태산 양씨는 '세세 이천석'의 집안이며, 양휘유의 외할아버지는 후한 말기 3대 유생 중 한 명인 채옹이다. 유교를 중심으로 한 문화적 가치를 존립기반으로 삼는 명사를 결집하고, 현학玄學(노장사상을 유교의 틀 안에서 재편한 학문)을 선양하는, 조상曹爽 정권에 대항한 사마의의 정치적 입장을 그대로 표현한 혼인 관계였다. 참고로 조상은 대장군 조진의 아들로, 명제 조예가 죽으면서 사마의와 함께 뒷일을 부탁한 인물이다.

이처럼 사마사의 혼인 관계 상대자 변화에는 조위曹魏에 대한 사마의의 위치가 반영되어 있다. 처음에는 조씨 종실과의 관계를 다지려 하고, 이어 문학적 대응을 고려하고, 최종적으로는 사마씨와 같은 유교를 수련한 명사와의 결속을 중시한 것이다. '완벽한' 혼인 관계의 전개라고 할 수 있겠다.

게다가 사마의는 또 사마사의 동생인 사마소에게는 왕숙王肅의 딸인 왕원희王元姬를 얻게 했다. 왕숙은 한나라 정현에 대항해 많은 경전에 주를 단 경학자이다. 왕숙은 《공자가어》孔子家語를 통해 준종실 살해가 된 사마사의 하후현夏侯玄 살해, 사마소의 위나라 소제少帝(재위 239~254, 조방曹芳) 폐위를 정통화했다.

또 '사마소의 아들' 사마염이 서진을 건국하고 '유교 국가'의 재편을 시도하자 왕숙의 예설禮説은 구체적 정책에 반영되어 갔다. 또 사마소의 이복동생 사마융에게는 왕기王基의 딸인 왕찬王粲을 아내로 얻게 하였다. 왕기는 왕숙과 치열하게 논쟁을 벌였던 정현학의 계승자이다. 사마씨는 왕숙 학설을 유교 국가 재편의 중심 학설로 삼으면서, 또한 정현 학설에도 관심을 가지고 살펴본 것이다. 그러한 상황을 이해할 수 있는 혼인 관계이다.

사마소의 동생 시마간은 만총滿寵의 딸을 아내로 얻고, 이복동생 사마주는 제갈탄의 딸을 처로 맞이했다. 이처럼 사마의는 같은 군 호족끼리의 결혼부터, 사마사·사마소 세대에는 군을 초월한 명사 가문과 혼인을 맺었다. 특히 왕숙처럼 국가정책을 정통화하는 이념을 제공할 수 있는 상대와 결합함으로써 세력 확대의 수단으로 삼은 것은 물론이거니와 국가이념 창출에까지 혼인 관계를 이용하였던 것이다.

인맥을 이용하다

혼인 관계를 여러 목적으로 이용한 경향은 사마씨 딸들의 결혼에서도 찾아볼 수 있다.

'사마의의 딸' 고양공주高陽公主는 두예杜預에게 시집갔다. 두예는《춘추좌씨경전집해》를 펴내 사마소의 고귀향공高貴鄕公 조모曹髦(폐제廢帝, 재위 254~260) 살해를 정통화하였다. 두예는 또 사마사의 부인 양휘유의 동복동생 양호羊祜의 방침을 계승해 오나라를 정복, 서진의 중국 통일에 큰 무공을 세웠다.

또 사마의의 또 다른 딸은 순익苟翼에게 시집갔다. 순익은 순욱의 아들이다. 순욱─진군陳羣(순욱의 사위)의 계보를 이어받아 명사 규합을 도모한 것이다. 그리고 이는 조씨에게 대항한 사마의에게는 큰 의미를 지닌 혼인 관계였다.

게다가 사마사의 딸과 사마소의 딸 경조장공주京兆長公主가 차례로 시집을 온 견덕甄惪도 위진 혁명에 큰 역할을 하였다. 사마소는 소제 조방을 폐위했을 때도, 이어 즉위한 조모를 살해했을 때도 곽황태후郭皇太後의 조서로 사태를 수습하였다. 이때 견덕은 원래 곽씨郭氏 출신으로 사마씨와 곽황태후를 잇는 순종적인 가교의 역할을 하였다.

사마소의 딸 상산공주常山公主가 시집간 왕제王濟는 명문 '태원太原 왕씨' 출신이다. 할아버지 왕창王昶은 조위의 사공司空이 되었고, 아버지 왕혼王渾은 두예와 함께 오나라 정복에 공을 세워 벼슬이 사도·녹상서사에 이르렀다. 특히 양호·두예·왕혼이라는 '손오 정벌파'가 모두 사마씨와의 혼인 관계를 맺었다는 점은 촉한을 정벌했으면서도 반란을 일으킨 종회鍾會가 사마씨와 혼인 관계를 갖지 않는 것과 대조적이다. 인척 관계인 사람과는 두 터운 신뢰가 쌓이는 것이다.

이처럼 사마씨는 세력 확대 과정에서 적극적으로 혼인 관계를 이용해 인맥을 쌓았다. 그 결과 사마의의 혼인 관계는 후한에서 많이 확인되었던 같은 군 호족끼리의 혼인이었던 것에 반해, 아들 세대인 사마사·사마소의 혼인 관계는 출신 지역을 초월한 명사 집안과의 혼인이었다. 그중에서도 왕숙·두예라는 두 명의 경학자와 혼인 관계를 맺고 《공자가어》, 《춘추좌씨경전집해》를 통해 사마씨의 권력을 정통화시킨 것은 '유교 국가'의 재편을 지향하는 사마씨의 혼인 관계를 특징 지웠다.

다만 이들의 혼인 관계는 사마씨가 서진의 군주가 된 이후 맺어진 것이 아니라 어디까지나 동세대끼리의 혼인이었다. 이에 반해 서진을 건국한 사마염의 혼인 관계는 어떤 특징을 지녔을까? 또 그것은 귀족제와 어떤 관계가 있을까?

무제 사마염의 후궁들

왕숙의 딸 왕원희와 사마소 사이에서 태어난 아들이 '서진의 초대황제' 무제武帝 사마염司馬炎(재위 265~290)이다. 사마염은 황제로 즉위하자 양병楊炳의 딸 양염楊艶(황태자 사마충의 친모)을 황후로 세웠다. 이후 양병·양염이 죽은 후 두 번째 황후로 '양염의 친사촌' 양지楊芷를 아내로 맞았다. 양지의 아버지 양준楊駿은 '사세 삼공'을 배출한 '홍농 양씨'의 본류이다. 후한의 '사세 삼공'에는 두 가문이 있었다. 하나는 원소·원술을 배출한 '여남 원씨',

또 하나는 '홍농 양씨'이다.

양씨는 환관 일족과 협력해 세력을 확장한 '여남 원씨'에 비해서 그 '청렴결백'이 높은 평가를 받았다. 후한 말기 원씨의 본류인 원술과 원소가 멸망하자, 서진에서는 홍농 양씨가 가장 전통 있는 '청렴'한 집안이었다. 무제는 그녀를 여성 신분의 정점인 황후로 삼고, 후궁 계급제를 형성해 갔다.

무제는 황태자 사마충司馬衷의 우매함을 보완하기 위해 번병藩屛(직할지)의 왕으로 봉한 동생을 견제하는 것을 목표로 많은 첩을 궁중에 들였다. 그 결과, 무제는 앞뒤로 10명의 공주 외에 26명의 황자를 낳아 혜제惠帝 사마충(서진의 제2대 황제, 무제의 적장자)·회제懷帝 사마치司馬熾(사마충의 이복동생, 제3대 황제, 무제의 25번째 아들) 외에 16명을 왕으로 삼았다. 그러나 첩을 배출한 집안은 결코 높은 가문이라고 말할 수 없었고, 그 일족은 무제의 발탁으로 비로소 고위직에 올랐다.

신분이 황후 아래인 세 명의 부인은 호방胡芳, 제갈완諸葛婉, 이엽李曄이다. 호방은 진군대장군이 되는 호분胡奮의 딸인데, 호분의 아버지 호위胡遵는 사마의의 요동 원정에서 별동대를 지휘하였고, 동생 호열胡烈은 평촉후平蜀侯 종회의 난 때 종회를 따르지 않고 난을 평정하였다.

제갈완은 정위廷尉가 되는 제갈충諸葛沖의 딸인데, 충의 아버지 제갈서諸葛緖는 촉한을 토벌하던 중 종회를 따르지 않고 실각당했다. 이엽은 사도가 되는 이윤李胤의 딸인데, 이윤은 촉한 평정 때 서중랑장西中郎將·독관중제군사督関中諸軍事로 관중을 견고하게 지켰다. 즉 황후 다음의 세 부인은 모두 촉한 정벌과 종회의 난 평정에 관여했던 집안에서 선정되었다. '손오 정벌파'가 모두 사마씨와 혼인 관계에 있었던 것을 감안하면 세 부인은 군사적으로 사마씨에게 충성한 집안을 포상하기 위해 간택되었다는 것을 알 수 있다.

무제는 세 부인의 부모형제를 삼공인 사도나 구경으로 발탁하고, 군사적으로 충성을 다한 장군 집안을 후궁 계급과 호응시켜 관료제도 안으로 포섭하였다. 그것은 귀족 관료로서의 지위 고하는 황제가 편성하는 국가 질서와 같아야 했기 때문이다. 무제는 황실과의 혼인 관계를 통해 귀족 관료의 지위 고하를 위치 지우려고 했던 것이다. 그럼 무제의 자녀 혼인 관계에서도 이런 방침을 찾아볼 수 있을까?

무제의 가족들

무제의 장남인 혜제 사마충은 가충賈充(태위·노군공)의 딸 가남풍賈南風을 황후로 맞이하고, 그 후 양현지羊玄之(상서우복야·흥진공)의 딸 양헌용羊獻容을 아내로 삼았다.

사마염의 딸들을 보자. 형양장공주榮陽長公主는 화항華恒(표기장군·원릉현공)을, 무안공주武安公主는 온유溫裕(아버지는 대릉현공 온선溫羨)를, 양성공주襄城公主는 왕돈王敦(승상·무창군공)을, 번창공주繁昌公主는 위선衛宣(아버지는 난릉군공 위관)을, 형양공주榮陽公主는 노심盧諶(아버지는 무강후 노지盧志)을 각각 남편으로 맞이했다.

사마염의 세 부인의 부형들 작위는 이윤 광륙후広陸侯가 최고위인 것에 반해, 혜제 사마충과 공주들의 남편은 군공郡公·현공縣公 작위를 갖고, 후侯보다 상위자임을 알 수 있다. 아버지 사마소가 시행한 오등작五等爵은 공公·군공·현공·후侯·백伯·자子·남男 순서로 서열이 높다. 오등작을 가진 자는 모두 귀족들이었지만, 사마염의 자녀들이 혼인하는 상대는 당시 '일류귀족' 뿐이었던 것이다.

또한, 무제 사마염의 손자 사마휼司馬遹(민회태자愍懷太子, 혜제의 장남)은 왕연王衍(태위·무릉후)의 딸 왕혜풍王惠風을 얻고, 같은 손자인 사마업司馬鄴(민제愍帝, 제4대 황제)은 순집荀輯(위위·파북군공)의 딸을 아내로 삼았다.

무제 사마염의 동생인 사마유司馬攸(제왕齊王)는 혜제 사마충과 마찬가지로 가충의 딸인 가전賈筌, 무제와 동세대인 사마옹司馬顒(하간왕河間王)은 무윤繆胤(태복)의 여동생, 사마월司馬越(동해왕東海王)은 배순裴盾(백부는 거록군공 배수裴秀)의 여동생, 사마방司馬勞(조왕趙王 사마윤司馬倫의 세자)은 유곤劉琨(태위·광무후)의 여동생, 사마근司馬覲(낭야왕 사마주司馬伷의 세자)은 하후장夏侯莊(회남태수·청명정후)의 딸을 아내로 얻었다.

이처럼 무제의 일족들도 공주와 거의 비슷한 혼인 관계 경향을 엿볼 수 있다. 즉 무제는 친족의 혼인 상대를 당시 일류귀족 중에서만 선택했던 것이다.

더불어 사마씨 친족 상호 간의 혼인 관계를 살펴보면 사마씨의 인척 관계에는 몇 가지 특징이 있다.

첫째, △무제의 후궁 집안은 부형父兄의 작위가 떨어질 뿐만 아니라, 사마씨 집안과의 혼인 관계에서도 배제되고 있다. 유일하게 복수의 혼인 관계를 맺고 있는 '낭야 제갈씨'는 이미 낭야왕 사마주司馬伷와 혼인 관계가 있으며, 후궁의 집안으로는 예외에 속한다.

그밖에 △요동 이씨와 △장락 풍씨는 그들끼리의 혼인이고, △천수 조씨는 무원양황후武元楊皇後의 외가쪽 친정이라기보다 황후의 부름으로 입궐한 것이기 때문에, 후궁이지 황후가와 혼인 관계를 맺은 것은 아니다. 즉 무제의 후궁은 황후나 제왕·공주의 인척과는 혼인 관계를 갖지 않고, 더 하층의 귀족으로부터 차출되었다는 것을 알 수 있다.

둘째, '서진西晉 시대에 복수의 혼인 관계를 맺은 가문'에는 태원 왕씨, 홍농 양씨, 낭야 왕씨, 범양 노씨, 하동 배씨 등 남북조 시대까지 이어지는 일류귀족들이 상당수 포함되어 있다. 이들은 태원 왕씨를 제외하고는 모두 무제 시기의 인척이다. 무제가 황후나 제왕·공주의 인척으로 삼았던 집안은 이후 '신분 내혼제'를 형성해 가는 일류귀족들이다. 또 이들이 상호 혼인 관계를 맺고 있는 것도 중요하다. 이미 서진 시기에 그 '폐쇄적인 혼인 관계'가 형성되기 시작하였는데, 그것은 무제의 혼인정책과 큰 연관성을 갖고 있다는 것을 알 수 있기 때문이다.

셋째, 사마의의 인척과 사마사·사마소의 인척은 왕숙을 배출한 '동해 왕씨'를 제외하고 복수의 혼인 관계가 없다. 사마의, 사마사·사마소 때의 혼인은 '폐쇄적인 통혼권'을 가진 귀족제 질서를 형성하기 위해 맺어진 것이 아니란 걸 확인할 수 있다.

폐쇄적 혼인 정책

이처럼 사마씨의 인척을 검토하면, 크게 나누어 ①사마씨 황실을 중심으로 폐쇄적인 통혼권을 형성해 나가려는 일류귀족 집단, 그 아래에 위치한 ②사마소까지의 인척이나 무제 사마염의 첩을 배출한 것처럼 서열이 조금 낮은 귀족집단이라는 두 개의 집단으로 분류할 수 있다.

여기에 더해 ③황제 가문과 결혼을 할 수 없는 한문寒門 집단이 이어진다. 그리고 ①에서 ③의 계층과는 '하늘과 땅 차이'라고 불릴 정도의 거리감을 가지고, '사서구별'士庶區別을 통해 국가적 신분으로서 사士와의 혼인을 금지당한 ④'서'庶가 광범위하게 존재한다. 서진 왕조 때 무제의 혼인정책을 계기로 '혼인에 기초한 계층적 질서', 즉 '신분 내혼제'가 형성되어 간 것이다.

후한에서 삼국 시대까지 다양한 방법으로 연결되었던 인맥은 이렇게 해서 혼인 관계를 통해 고착화되었다. 바꿔 말해서 '인맥이 귀족제라는 제도로 조직화'되어 갔다고 해도 좋다. 명사의 시대였던 삼국 시대와 귀족제의 시대가 된 서진 시대의 차이를 명확하게 이해할 수 있다.

사마씨는 조위 때에 수많은 명사 동료들과 어깨를 나란히 할 만한 명사 집단의 일원이었다. 사마의부터 사마사—사마소 때까지 맺은 혼인 관계에 그것이 여실히 드러나 있다. 그러나 무제 사마염은 명사 사회에서의 제1인자에 안주하지 않았다. 적극적인 혼인정책으로 사마씨 자신들을 정점으로 하는 혼인 관계로 신분이 정해지는 '혼인 신분제' 국가 질서를 만들고, 이를 계층적 신분제인 귀족제에 철저하게 반영하려고 시도했다.

인사 제도 개혁

인사를 둘러싼 다툼과 사마의에 의한 '주대중정 제도'

일찍이 조조는 인사를 하는 데 있어서 명사 집단에 대항하기 위한 수단으로 '문학'을 선양했다. 이것은 명사들이 가치 기준으로 삼고 있는 유교를 상대화하기 위해서였다.

그러나 조조 사후, 문제文帝 조비가 즉위하자 진군의 헌책에 따라 제정된 구품중정제(구품관인법)는 군郡에 설치된 중정관中正官이 관료 취임 희망자에게 향리의 명성에 따라 1품에서 9품의 향품鄕品과 장狀(조정에 올리는 인물평가 상신서)을 주고, 향품에서부터 원칙적으로 4품 아래 관품인 기가관起家官(초임관)에 취임하는 제도였다. 따라서 명사는 위나라에서도 유교를 중심으로 한 명사의 가치 기준에 입각한 인사 제도를 통해 지배층에 오를 수 있었다.

이것은 군주 권력 쪽에서 보면 인사권을 제약받는 제도였다. 그래서 명제明帝 조예가 붕어하고, 사마의와 함께 뒷일을 부탁받은 조상曹爽은 사마의를 핵심으로 하는 명사 세력이 군주권을 능가할 정도의 힘을 갖는 현상을 타개하고자 하였다. 특히 하안何晏에게 새로운 가치 기준으로 현학玄學을 선양하게 하고, 하후현夏侯玄에게는 구품중정제도의 개혁안을 제출하도록 하였다.

하안은 후한 말기의 외척 하진의 손자이고, 모친 윤씨가 조조의 부인이 되었기에 궁중에서 자랐으며, 조조의 총애를 받았다. 하후현은 조상의 숙모의 아들이다. 조상은 이렇게 조씨 인맥으로 측근을 형성하고, 사마의를 관직은 높지만 실권이 없는 태부로 추대하여 조정 권력을 장악하는 데 성공했다. 조상 정권 밑에서 정책 이념을 고안해낸 자가 하안이었다.

현학이란 《노자》, 《장자》, 《주역》이라는 '삼현'三玄을 존중하는 철학으로, 유교의 틀 안에서 노장사상을 복권시키는 학문이었다. 때마침 후한 '유교 국가'의 붕괴를 계기로 노장사상을 재평가하는 풍조가 일어났다. 조상은 인사권을 담당하는 이부상서에 하안을 임명했다. 하안은 《노자》와 《주역》을 해석하는 데 탁월한 능력을 지닌 왕필王弼을 높이 평가하며 추천을 하는 등 새로운 문화적 가치인 현학을 존중하는 인사를 단행하였다. 명사들은 일찍이 하안의 의붓아버지 조조가 '문학'을 존중했을 때처럼 '현학'을 습득하고자 하였다.

하후현과 하안의 명성은 당시에 드높았다. **사마경왕**司馬景王**(사마사)도 그들과 교유하였다.** 하안은 일찍이 이렇게 말하였다.

"표면에 드러나지 않는 도리를 궁구한 것이 오롯이 '심'深(깊음)하다. 이 때문에 천하의 뜻에 통달할 수 있다. 하후태초夏候泰初(하후현)가 바로 이러하다. 미세한 작용을 알아채는 것이 오롯이 기幾(기묘)하여, 이 때문에 천하의 일을 완성하다. 사마자원司馬子元(사마사)이 바로 이러하다. 오롯이 신神(신비)하여, 서두르지 않는데 빠르고, 가지 않은 데 다다른다. 나는 그의 말을 들었지만, 아직 그 사람을 보지 않았다."

아마도 하안 스스로가 '신비'하다고 자평했을 것이다.

- 《삼국지》〈조진전〉부附〈조상전〉의 '배송지 주'에 인용된 《위씨춘추》

이처럼 '정적'政敵 사마의의 아들인 사마사도 현학을 배워 하안의 높은 평가를 받았다. 하후현에게는 '심'深, 사마사에게는 '기'幾, 하안 스스로에게는 '신'神하다고 평가한 것은 모두 《주역》〈계사〉繫辭를 전거로 했다. 종래의 인물평가가 유교 경전의 명료한 어휘를 사용한 것에 반해, 하안의 현학 선양을 계기로 '인물 평어'는 철학적, 추상적으로 변해갔다. 현학은 탁월성을 보증하는 새로운 문화적 가치로 명사들에게 수용되어 유교를 대신하는 새로운 명성의 연원으로 보급되었다.

이리하여 하안은 현학을 가치 기준으로 하는 인사를 추진하였다. 그 규범인 '순임금의 무위無爲'는 인사의 중앙집권화를 이상으로 삼았다. 그 구체적인 정책은 하안의 맹우盟友 하후현의 '중정관 개혁'으로 나타났다. 하후현은 정적 사마의에게 구품중정제도의 문제점을 다음처럼 말했다.

원래 재능 있는 자를 관료로 삼고 현명한 자를 인재로 등용하는 것은 국가의 권한입니다. 이 때문에 **인사권을 상서대**尚書臺**가 완전히 장악하는 것**

은 **국가에서 해야 할 몫**입니다. 향리마다 효성이 지극한 인재가 있으니 그 우열을 향인에게 맡기는 일은 군의 중정관의 몫입니다. 무릇 맑은 교화를 신중하게 살펴 인재를 잘 선택하려면 위와 아래의 역할 분담을 분명히 하고 서로 간섭하지 않도록 해야 합니다.

주군^{州郡}의 중정관이 '1품에서 9품까지'로 관료가 될 인재를 평가한 이래 햇수가 수년이 되었습니다만, 만든 이의 기준에 의견이 엇갈리고 매우 혼란하여 지금까지도 제도가 정비되었다는 말을 듣지 못했습니다. 어찌 위아래의 직책이 구별되지 않고 마구 섞여 각기 제도의 기본이 되는 요점을 잃은 데서 기인한 것이 아니겠습니까?

……어찌하여 **중정관이 아래에서 인재 선발의 직권을 요구**하고, 집정자가 위에서 권한을 위임하며 상하가 함께 서로 다투며 월권행위를 하여 분규와 혼란을 거듭하고 있는 것입니까?

- 《삼국지》〈하후현전〉

구품중정제를 도입하기 이전에 인사권은 황제의 전권이었다. 다만 실제로는 황제에 직속된 상서대가 인사를 관장하였다. 그런데 군^郡의 중정관이 부여하는 향품이 관품과 연동되는 구품중정제도에 따라 인사권을 중정관에게 빼앗기는 바람에 혼란이 계속되고 있다고, 하후현은 분석하고 있다. 하후현은 구품중정제도를 통해 인사권이 군^郡의 중정관으로 넘어간 것을 비판하며, 인사권을 황제 직속의 상서^{尚書}(상서대의 장관)가 회수하여 인사를 상서성으로 '일원화'하는 것을 목표로 삼았다.

당시 상서성은 인사를 관장하는 이부상서에 하안이 임명된 것을 비롯해 조상 일파가 장악하고 있었다. 하후현의 개정안은 조상이 인사권을 장악할 수 있도록 하는 노림수가 숨어 있었던 것이다. 진군이 명사들의 명성을 향품에 반영함으로써 명사들에게 유리하도록 하는 제도로 성립시킨 구품중정제도를 뒤엎으려는 개혁이었던 셈이다.

이에 대해 명사 집단이 지지기반인 사마의는 하후현의 구품중정제 개혁안은 명사의 기득권을 현저하게 훼손하는 아이디어라며, 자신도 개정안을 제출했다. 그것이 바로 명사들의 지지를 이끈 '주대중정제'州大中正制이다.

진晉 선제宣帝(사마의)가 9품을 내려주는 주州에 대중정大中正을 두자고 의논하였다. ······9품의 장狀(인물평가서)을 살펴보니, 많은 군의 **중정관은 아직 인재를 헤아릴 수 없었다.** 그래서 생각해 보니, 9품을 내려주기 위해서는 주에 대중정을 두어야만 한다.

- 《태평어람》太平御覽〈직관부職官部 중정中正〉

하후현은 국가가 '재능'을 살펴야만 하며, '효' 등의 인품을 평가해야만 하는 군의 '중정'이 관료가 될 인재들의 재능을 헤아리지 못하고 있다고 주장하였다. 그리고 인재들의 재능을 가늠하여 관료로 등용하는 인사를 결정하는 것은 국가, 구체적으로는 '상서대'가 담당해야만 한다고 주장하였다.

하지만 사마의는 하후현의 제언 중 군의 중정관이 재능을 헤아리지 못하고 있다는 부분만 오려낸다. 그리고 관료 후보자의 재능은 지금까지의 군의 중정관 위에 설치할 주州의 대중정大中正이 결정하게 해야 한다고 주장했다. 위나라는 구주九州로 구성돼 있으며, 각각의 주마다 설치된 '주대중정'州大中正은 소수의 명사만 점유할 수 있게 한다는 것이다. 상서대를 장악하여 인사를 일원화하려고 한 조상 일파에 대항하여, 인물평가로 표현되는 명성을 존립기반으로 삼는 명사의 기득권을 유지하려고 한 사마의 일파, 인사권을 둘러싼 이 두 파의 힘겨루기가 이렇게 시작되었다.

사마의, '정시의 정변'으로 조정을 장악하다!

명사의 기득권을 지키려는 사마의의 제안인 '주대중정'에 대해, 조상의 동생 조희曹羲는 주州를 단위로 하는 대중정은 주州 인사의 모든 것을 평가할 수 없고, 결과적으로 군郡의 견해를 구할 수밖에 없게 된다며, 주대중정제의 비현실성을 지적하였다.

또 하안은 주대중정을 비판하기 위해, 사마씨의 출신 주를 비판하는 〈기주론〉冀州論을 저술하였다. 조조가 주의 구분을 '구주九州로 개편함에 따라 사마씨의 출신지인 하내군은 당시에 기주에 포함되어 있었다. 하안은 기주를 공격하고, 주를 단위로 하는 여론에 개입함으로써 주의 여론의 자율성을 타파함과 동시에, 인사 기준은 주가 아니라 '황제 직속'의 상서가 담당해야만 한다고 구체적으로 제시하려고 한 것이다.

이에 대해, 노식盧植의 아들 노육盧毓은 기주를 폄훼하는 하안을 향한 반론으로 똑같은 제목인 〈기주론〉을 써서, 기주를 높이 평가한 사마의 그리고 주대중정을 옹호하였다. 일찍이 최염崔琰에 의해 기주 주부主簿에 추천되었던 노육은 사마의를 대신해 기주를 변호함과 동시에 주의 여론에 대한 상서의 개입을 차단하려고 한 것이다.

하안은 그렇게 주의 뿌리 깊은 여론이 강하다는 것에 무관심했다. 하안은 조조의 총애를 받아 궁중에서 자랐다. 그래서 군을 단위로 한 호족 집단이 지지하는 명사, 군급 명사의 명성을 발판으로 탄생하는 주의 명사, 그 정점에 전국적 명성을 지닌 명사가 존재한다는 지연과 명성과의 관계를 중시하지 않았다. 귀공자 하안은 현학이라는 신기한 문화적 가치를 무기로, 처음부터 '중앙의 명사'가 되었기 때문이다.

이에 반해 사마의의 주대중정은 각 행정단위급 명사의 기득권을 지키는 방안이었다. 따라서 대세는 이미 기울었다고 봐도 무방했다. 조상이 명사들의 기득권을 억압하자, 사마의가 드디어, 결심을 한 것이다.

조상 형제가 황제 조방을 수행해 고평릉高平陵(명제 조예의 능)으로 참배를 나간 틈을 타, 사마의가 쿠데타를 단행했다. 바로 '정시正始의 정변(249)'이다. 참고로, 사마의는 곽황태후에게 조상 형제의 해임을 상주하고 윤허를 받자, 황태후의 영으로 낙양성 안의 모든 성문을 걸어 잠그고 '황제 직속 부대' 금군을 장악했다. 이어서 황제를 맞이하기 위해 낙수 근처에서 진을 치고 조상을 탄핵하는 상주문을 애제哀帝 조방曹芳(재위 239~254)에게 올렸다. 조상은 부하들이 결사 항전을 주장했음에도, 면관하는 것으로 그치겠다는 시마의의 달콤한 말에 속아 항복했다. 사마의는 불과 하루 만에 무혈 쿠데타로 조정 권력을 장악했다. 조상 일파는 타도되고 조상과 하안도 죽임을 당했다.

하안이 현학적 가치 기준에 기초해 인사권을 행사하였던 이부상서, 그 후임자는 '명사' 노육이었다. 이리하여 명사 집단은 주군을 단위로 하는 명성과, '유교'라는 한나라 이래 문화적 가치의 존중이라는 기득권을 보전할 수 있었다.

사마소는 왜 오등작제를 만들었나?

아버지 사마의과 형 사마사의 패권을 승계한 사마소는 함희 원년(264) 3월, 촉한을 멸망시킨 공적으로 위魏 제국의 진왕晉王이 되었다. 그리고 사마소는 다가올 서진 '유교 국가'의 예의·법률·관제를 정비하게 하고, 촉한 병합에 대한 논공행상을 계기로 '오등작제'五等爵制를 시행했다.

> 함희 원년(264) 가을 7월, 문제文帝(사마소)는 상주문을 올려 "사공 순의荀顗에게 예법을 정하게 하고, 중호군 가충賈充에게 법률을 바르게 하고, 상서 복야 배수裵秀에게 관제를 의론하게 하고, 태보 정충鄭沖에게 이를 총재總裁하게 하십시오."라고 아뢰었다. **처음으로 오등작을 만들었다.**
>
> -《진서》〈문제기〉

'작위'爵位란 신분을 나타내는 칭호이다. '관위'官位는 직무가 있고 세습을 못하는 데 반해, 작위는 세습할 수 있었다.

사마소는 오등작제의 시행으로 무엇을 노렸던 것일까?

> 진왕 사마소의 명에 따라 배수는 오등작의 제정을 의론했다. **기독騎督 이상의 6백여 명이 모두** 오등작에 봉해졌다.
>
> -《진서》〈배수전〉

'기독'이라는 무관을 기준으로 삼은 것은 바로 전 해에 열렸던 촉한 정벌에 대한 논공행상의 역할이 오등작제에 포함되어 있었기 때문이다. 사마소는 우선 무공에 상을 줄 필요가 있었던 것이다.

기독은 위나라와 진나라 모두에서 5품관이고, 5품관은 주周나라 제도에서는 대부大夫에 해당했다. 천자의 대부가 오등작에서는 자작·남작에 해당한다. 그에 따라 오등작은 5품관 이상에게 작위를 수여하고, 작위를 받는 자는 《예기》〈곡례〉에서 말하였듯이, 예적 질서에 의해서 규정되는 존재이며 형벌의 대상이 아니었다.

사마소는 본질적으로는 5품관 이상 6백여 명에게 주나라의 경과 대부에 준하여 오등작을 수여함으로써 새로운 작제적 질서를 형성하려 했던 것이다. 그렇다면 사마소는 오등작 수여로 구축한 공·후·백·자·남이라는 계층제를 가진 작제적 질서에 따라, 귀족제에 무엇을 담으려고 하였을까?

사마소가 오등작제를 시행한 함희 원년(264)부터 서진의 무제 사마염 시기까지 작위를 받은 이들을 검토해 보면, '공公·후侯'의 작위를 받은 이들은 대부분 '서진 건국의 공신'과 '촉한·손오 평정'에 커다란 공을 세운 신하, 그리고 사마씨와 혼인 관계를 맺은 신하들이었다. 이에 비해서 '자子'의 작위를 받은 이는 위나라의 삼공·구경급 고위층 자제들이 많았다. 그러나 이들이 자신들의 조상처럼 삼공·구경으로까지 출세할 수 있었던 것은 아니다. 또 마찬가지로 위나라 공신의 후손이었지만 사마씨에게 협력해 자작보다 높은 작위를 받은 사례도 있다.

이처럼 서진의 오등작은 단순히 조위에서의 지위를 세습하는 본령안도本領安堵가 아니라, 사마씨가 오등작제를 통해서 만들어낸 새로운 귀족 질서를 구축하기 위해 부여되었다. 즉 서진의 귀족제에서는 공·후에는 서진 건국 공신이나 혼인 관계를 가진 자들이 많았고, 조위 공신의 후손은 자작을 받는 등 상대적으로 낮은 위치를 차지하였다.

한나라의
이십등작제

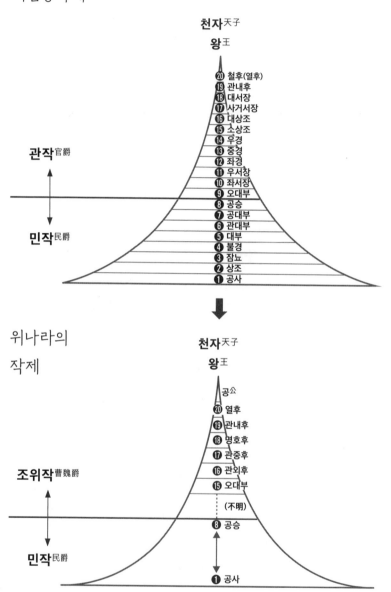

천자天子
왕王

관작官爵

민작民爵

⑳ 철후(열후)
⑲ 관내후
⑱ 대서장
⑰ 사거서장
⑯ 대상조
⑮ 소상조
⑭ 우경
⑬ 중경
⑫ 좌경
⑪ 우서장
⑩ 좌서장
⑨ 오대부
⑧ 공승
⑦ 공대부
⑥ 관대부
⑤ 대부
④ 불경
③ 잠뇨
② 상조
① 공사

위나라의
작제

천자天子
왕王

공公

조위작曹魏爵

민작民爵

⑳ 열후
⑲ 관내후
⑱ 명호후
⑰ 관중후
⑯ 관외후
⑮ 오대부

(不明)

⑧ 공승

① 공사

서진의
오등작제

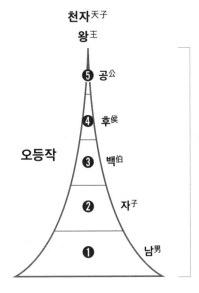

천자天子
왕王

❺ 공公

❹ 후侯

오등작 ❸ 백伯

❷ 자子

❶ 남男

국가가 정한
귀족제

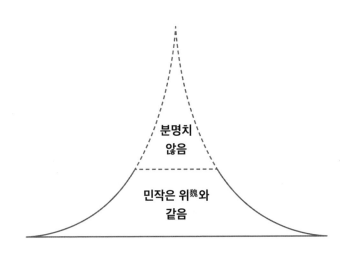

분명치
않음

민작은 위魏와
같음

요컨대 사마소는 다가올 서진의 성립을 위해 '공–후–백–자–남'이라는 계층제로 이루어진 오등작의 수여를 통해서 귀족과 군주 권력의 긴밀성을 표현하고, 귀족을 국가 신분제로 서열화했던 것이다. 이렇게 형성된 국가 신분제를 '귀족제'라 부른다.

귀족들은 명사 이래 문화를 독점함으로써 얻은 '명성'이라는 '군주권력으로부터의 자율성'을 유지하는 장에 존립기반을 두어 왔다. 그런데 사마소는 귀족제를 형성함으로써 군주 권력과의 '거리'를 통해서 귀족들을 서열화하고, 그 자율성을 박탈하려고 했던 것이다.

결론적으로 서진의 귀족제 형성을 위해 사마소가 창조한 오등작제에서는, 귀족이 천자나 왕에 오를 수 없다. 군주 권력으로 서진의 귀족을 서열화하려고 한 '작제'爵制 질서는 동시에 '천자'인 사마씨의 지위를 유일무이한 권력으로 끌어올리는 것이기도 했다. 한나라 시대의 이십등작제二十等爵制와 마찬가지로, 서진의 작제도 천자를 포함한 '국가 신분제'였던 것이다.

그리하여 사마소는 서진이 성립되기 한 해 전인 함희 원년(264), 오품관 이상의 신하에게 오등작을 수여함으로써 '작제 질서'에 따라 귀족을 서열화함과 동시에 천자가 되어야 할 사마씨를 귀족과 차별화시킨 것이다. 사마의가 발안한 주대중정이 향품에 호응하는 관품을 정하는 '황제의 아래 행정단위에서 이루어진 관료임용제도'라면, 오등작의 작위 수여는 '천자가 (손수) 행하는 국가 신분체계 질서의 형성'이었던 셈이다. 거기에서 귀족의 자율성이나 여론은 고려할 필요가 없었다. 또한, 오등작과는 별도로 서진의 건국과 함께 민작民爵도 수여되었다.

이로써 서진에는 두 가지의 작제 질서가 병립하게 되었다. 하나는, 귀족이 서열화 되는 오등작 질서로, 형벌의 대상이 되지 않고 국자학國子學에 자제가 입학할 수 있는 '사士'의 신분이다. 또 하나는, 형벌의 대상이 되고 태학太學에 자제가 입학할 수 있는 '서庶'의 신분이다. 그리고 오등작에도, 민작에도, 포함되지 않는 '천자·왕' 사마씨는 만백성의 성씨와는 다른 '유일무이한 공권력'임을 작제 질서로 표현하여, 황제 지위의 절대성을 오등작제에 확립시켰다.

그렇다면 사마소가 '작위爵位 제도 질서'를 통해서 귀족을 서열화한 오등작제는 구품중정제도와 어떤 관계가 있을까?

> 진晉의 관품. 제1품은 공公, 여러 지위에서 공에 준하는 자, 개국開國의 군공郡公·현공縣公의 작위이다. 제2품은 특진特進, 표기장군, 거기장군, 위장군, 여러 대장군大將軍, 여러 지절도독持節都督, 개국의 후·백·자·남의 작위이다.
>
> - 《통전》通典〈직관〉職官

개국의 오등작은, 군공·현공은 제1품, 후·백·자·남은 제2품의 관품으로 여겨졌다. 구품중정제도에서는 관품에서 원칙적으로 4등급 낮은 향품부터 출발한다. 따라서 "진晉나라 때 명문가에서 국國에 봉해진 자는 관료로 출발할 때 대다수가 원외산기시랑員外散騎侍郎(5품)에 배명 받았다《송서》宋書〈사홍미전〉謝弘微傳》"라고 하듯이, 오등작의 작위를 받은 자는 '5품으로 기가(5품 초임관)'하는 경우가 많았다.

함희 원년(264) 사마소에게 오등작을 수여 받은 자는 6백여 명에 이른다. 진晉의 내외 문무관은 6,836명이었으므로, 작위를 받은 자 600여 명은 약 10%에 해당한다. 이들이 모두 1품과 2품의 관품을 가지고, 5~7품부터 기가를 한다면, 바야흐로 "상품上品에 한문寒門은 없는" 상황이 발생할 것이다.

게다가 관위(관직)는 그대로 세습할 수 없지만, 작위는 세습이 가능하다. 따라서 오등작을 수여하는 것을 통해 황제가 형성한 작제 질서에 기초한 국가적 신분제는 주대중정 제도와 결합하여, 세습성을 띤 관료제도 운용이라는 중국 귀족제의 특징 중 하나를 낳았던 것이다. 사마씨는 오등작제와 주대중정을 결합함으로써 '귀족제'라는, 즉 황제가 권력을 장악할 수 있는 제도를 구축한 셈이다.

작위 제도를 둘러싼 황제와 귀족의 줄다리기

구품중정제도는 본래 명사의 자율적 질서의 표현이었던 인물평가를 군郡의 중정관이 '장狀'으로 작성하고, '효'라는 유교적 가치 기준을 바탕으로 운영되어 왔다. 이것은 오등작제와 결합함으로써 크게 변화하지 않을 수 없었다. 귀족들이 '귀족'이라고 여기는 가치 기준과 사마씨가 권력을 장악하기 위해 만든 '귀족제'의 작위 기준이 다른 것이다.

조위에서는 일어나지 않았던 구품중정의 폐지 논의가 일어난 까닭은 바로 이 때문일 것이다.

위관衛瓘은 위나라가 구품중정제도를 세운 것은 임시 제도로서 항상 통용될 수 있는 법도가 아니므로, 옛날의 향거리선으로 되돌려야 한다고 생각했다. 그래서 위관은 태위 사마량司馬亮 등과 함께 상소를 올려 이렇게 아뢰었다.

"…위씨魏氏(조위曹魏)는 전복될 천운을 이어받고, 소란 뒤에 일어났으므로 사람들이 유랑하고 이주하여, 그 인물됨을 향리에서 상세하게 조사할 수 없었습니다. 이 때문에 구품중정 제도를 세운 것이니, 그것은 단지 일시적인 관료 등용의 방법일 뿐입니다. 그래도 처음 만들었을 때에는 **향리의 청의**淸議**(인물평가 의론)는 작위에 구애받지 않고 행해졌고**, 칭찬하고 비판하는 바가 권장하고 격려하기에 충분하여, **오히려 향론의 유풍이 남아 있었습니다.** 그러나 차차 악폐에 물들고, 이리하여 유교를 소홀히 하고, 재능의 많고 적음을 표현하느라 다투고, 풍속을 훼손하니, 그 폐해가 적지 않았습니다.

마침내 '자'資**를 재어 '품'**品**을 결정하게 되었으므로**, 천하는 이를 보고서 오로지 높은 지위에 오르는 것만을 귀하게 여겼으니, 사람들은 덕을 버리고 유교의 가르침을 소홀히 하게 되었습니다. ……구품중정제도를 모조리 폐지하고, 선을 행한 사람을 추천하고 재능 있는 자를 등용하기 위해서는 각각 향론鄕論에 의거해야만 합니다. 그렇게 되면 아래는 그 위를 공경하고, 사람들은 그 가르침에 순종하며, 풍속은 정치와 함께 깨끗하고, 교화는 법률과 함께 할 것입니다."

- 《진서》〈위관전〉

이 상주문은 무제 사마염이 태강太康 7년(286) 정월, 일식日蝕이라는 천견天譴에 대해 공경에게 대책을 올리도록 조서를 내린 데 따른 것이다. 위관의 구품중정제에 대한 비판은 이렇게 정리할 수 있다. 즉 제도가 개시된 당초에는 향리의 청의가 작위에 구애를 받지 않았고 향론의 유풍이 남아 있었지만, 그것이 '자'資를 재어 '품'品을 결정하게 되었으므로 오직 높은 벼슬을 얻는 것만을 '귀'貴라고 여기는 풍조가 만연했다. '자'란 '선천적 자격'

이란 뜻으로 위관의 상주문에서는 '작위'를 가리킨다. 다시 말해 위관은 오등작을 받은 귀족이나 그 자제에게 고위관료를 독점하게 하는 구품중정제도는 폐지되어야 한다고 주장한 것이다.

이에 비해서, "상품에는 한문寒門이 없고, 하품에는 세족勢族(귀족)이 없다"라는 유명한 자구가 들어가 있는, 유의劉毅의 구품중정제도 비판은 오등작제를 건드리지 않는다.

유의의 상주문은 무제 사마염이 오나라를 평정한 태강 원년(280) 직후에 이루어졌으며, 태강 7년(286) 위관이 상주문을 올리기 전이다. 위관의 상주 후라면, 유의는 상서좌복야라는 관직의 고충을 넘어 '오등작제의 폐해'라는 '구품중정제도의 근본적인 장애'를 비판할 수 있었을지도 모른다.

게다가 그는 오등작을 수여받지 않았다. 오히려 사마소의 벽소에 응하지 않다가 위나라에 충성한다는 참언을 당하고, 황급히 응한 신분이 낮은 출신자였다. 그러한 가운데 상서좌복야까지 겨우 도달한 유의에게는 유력자 모두를 적으로 돌릴 위험성을 가진, 오등작제를 완전히 부정하는 상주문은 올릴 수 없었다고 생각해도 좋다.

조금 더 아래인 지위라면 잃는 것을 두려워하지 않고 정론을 논할 수 있었을까? 의랑議郎 단작段灼은 동성제왕同姓諸王의 봉건을 지지하면서 두 차례에 걸쳐 오등작제를 비판하며 폐지를 주장하였다. 첫 번째 상주문을 돌이켜보지 않은 채 단작은 고향에 돌아갈 각오를 하고 두 번째 상주문을 올렸다.

지금 상서대의 선거選擧는 눈과 귀를 없애고 구품중정제도로 인물을 조사하니, 단지 군의 중정관에게서만 듣고 있습니다. 그래서 **상품인 자는 공·**

후의 후손이 아니면 권력자의 일족입니다. ……

지금 국가의 대계는 이성異姓으로 하여금 영토를 찢어 봉읍을 전유하게 하지 않고, 동성同姓으로 하여금 황실을 지키기 위한 땅을 영유하게 하였습니다. 대진大晉의 동성 제왕은 20여 명, 그런데도 공·후·백·자·남은 5백여 국에 이릅니다. 그 나라가 모조리 작다고만 잘라 말할 수 있겠습니까? 신은 이 때문에 오등작제는 좋지 않다고 아뢰는 것입니다.

- 《진서》〈단작전〉

"상품에 한문 없고, 하품에 세족 없다."

유의가 한 말을 풀어 쓰면, "재상이 되는 2품 등의 상품에는 한문寒門이 없고, 6품 아래의 하품에는 귀족이 없다"는 뜻이다. 이를 단작의 말로 바꾸면 "상품에 있는 자는 공·후의 후손이거나 권력자의 일족"이라는 것이다. 단작은 오등작을 수여 받은 공·후의 자손도, 작위를 받은 권력자가 아닌 자도 오로지 재능에 따라 등용하고, 서진의 관료제도를 충실하게 하기 위해서는 오등작제를 폐지해야 한다고 주장한다.

게다가 단작은 오등작제의 폐해가 관료 등용에 그치지 않을 것이라고 지적한다. 공·후 등 오등작을 수여 받은 신하, 즉 사마씨가 아닌 다른 성씨에게 봉건을 하는 것은 그들에게 큰 권력을 주기 때문에 황제에게 위험하다고 역설한 것이다.

이런 단작의 두 번째 상주문을 읽고 무제는 은퇴하려던 단작을 명위장군明威將軍·위흥태수魏興太守로 삼았다. 오등작제의 폐해를 간파한 단작의 재능을 높이 평가한 것이다. 단작 정도의 지위를 가진 사람이 정론을 펴는 것은 허용되었다. 영향력이 적었기 때문이다.

한편 위관은 치양군공和陽郡公이었고, 상주할 때는 사공司空이었다. 이를 테면 오등작제의 혜택을 가장 많이 받은 입장에 있었다. 그런데도 굳이 오등작의 작위를 받은 사람에게 유리한 구품중정제의 폐지를 주장한 까닭은 오로지 위기감 때문이었다.

이 상주문을 올린 후, 위관은 취기를 빌어 황제의 침상을 어루만지며, "이 자리를 마땅히 아껴야 하옵니다"라고 무제에게 아뢰었다. 위관은 서진의 황제 자리를 빼앗기지 않을지, 곧 국가가 멸망할지도 모른다고 생각하고 있었다. 무제의 후계자인 혜제 사마충의 어리석음이 누구의 눈에라도 뚜렷이 보였기 때문이다. 위관의 예상대로 혜제의 아둔함은 '팔왕八王의 난'을 부르고 서진은 단번에 쇠퇴의 나락에 빠졌다.

위관은 그러한 미래를 피하기 위해서는 태어날 때부터 높은 지위에 귀족을 앉혀 버리는 오등작과 주대중정에 의해 변질된 구품중정제도는 폐지되어야 하며, 옛날의 향거리선처럼 향론으로 표현되는 귀족의 자율성을 지키는 동시에 관료제도를 충실하게 하여 국가를 지켜야만 한다고 생각했다.

그러나 무제는 위관의 '구품중정제 폐지' 상주문이 훌륭하다고는 생각했지만, 끝내 기존의 인사 제도를 바꾸거나 폐지할 수는 없었다. 미련하고 우매한 황태자 사마충을 포용한 무제 사마염에게는 그것은 이미 불가능에 가까웠다. 유교의 적장자 상속 원칙에 기초해서 국가를 운용하는 서진 '유교 국가'가 그것을 불가능하게 했다고 할 수도 있다.

결과적으로 서진의 오등작제는 작위 제도 질서에 따른 국가적 신분제를 형성하고, 주대중정제과 결합하여 세습성을 띤 관료제도 운용을 일궈냈다. 벼슬은 그대로 세습할 수 없지만, 작위는 세습이 가능했기 때문이다. 세습성을 띤 관료제도 운용이라는 중국 귀족제의 특징은 서진의 황제 권력에 의해 생겨난 것이다. 주대중정 제도만으로는 향품을 중정관이 결정할 수 있고, 황제는 그것에 개입하기 어렵다. 때문에, 귀족의 자율성을 바탕으로 귀족이 이상으로 삼는 '귀족제'가 형성되었다.

이에 반해 사작賜爵(작위 수여)은 황제의 전권사항이므로, 황제가 정한 질서에 따라 국가적 신분제로 귀족제를 형성할 수 있었다. 즉 귀족은 문화적 가치 전유를 존립기반으로 삼는 '사회적 신분'인 동시에 군주 권력으로부터의 자율성을 가졌지만, 세습적으로 고위 관직을 독점한다는 속성을 지닌 귀족제는 서진의 오등작 수여가 주대중정제와 맞물려 국가적 신분제로 창출된 것이다.

3

유교의 논리가
서진의 운명도 뒤바꾸다!

위나라와 진나라의 토지 제도 변화

사마씨가 만백성 위에 홀립^{屹立}(산처럼 우뚝 섬)하는 천자의 지위를 확립하고, 귀족의 자율적 질서를 부여한 귀족제를 국가적 신분제로 삼을 수 있었던 배경에는 사마씨의 권력 기반으로서 개별 농민에 대한 지배를 바로 세우려는 노력이 있었다. 그것은 서진이 제정한 '태시율령'泰始律令이라 불리는 법체계를 통해서 규정되었다.

먼저 그 이전 조위의 둔전제에 대해 살펴보자. 위나라의 둔전제는 영천군·여남군의 황건적을 토벌해서 얻은 '자업'資業(전답·밭갈이 소·농기구 등)을 바탕으로 허현許縣 주변에서 시작되었다. 조조가 헌제를 맞이하고 허창으로 천도할 무렵에 조기棗祗는 이러한 둔전제를 제안하면서 세금은 정액 부과가 아니라 '분전술'分田術에 따라야 한다고 주장했다. '분전술'이란 호족이 그 지배하의 예속민에 대하여 행하고 있던 징세 방법으로, 수확물의 5~6할을 세금으로 내게 하는 방식이다.

조위의 둔전에는 허도·낙양을 중심으로 하북성 북중부, 섬서성 동부, 산둥성 남부에 집중된 민둔전民屯田(민둔)과, ①회하淮河(하남성에서 발원해 안휘성을 거쳐 강소성에 이르는 중국의 3대 강) 유역, ②섬서성 서부, ③하북성 북부에 분산된 군둔전軍屯田(군둔)이 있었다.

민둔은 군대가 아니라 일반 농민들이 경작하는 토지로서, 수당 시대 균전제均田制의 직접적인 원류가 되었으며, 조위의 튼실한 재정기반이 되었다. 이에 반해 군둔은 군사들이 경작하고 지키는 토지로서, 역사상 많은 시대와 여러 지역에서 이루어졌으며, 오·촉 및 북방민족을 방위하는 전선 기지에 군량을 보급하기 위해 설치되었다.

이 중에 사마의는 촉한 제갈량의 진공을 막는 전투를 통해 ②섬서성 서부의 군둔에 큰 영향력을 행사하였다. 또한, 제갈량이 오장원 진중에서 죽은 후, 요동 공손씨와의 전쟁을 통해 ③하북성 북부의 군둔에 영향력을 가졌다. 위나라 말기, 조씨 황족과 사마씨의 대립이 격화되자 '회남삼반' 淮南三反이라 총칭되는 반反사마씨 반란, 즉 왕릉王凌(251), 관구검(255), 제갈탄 諸葛誕(257)의 반란이 모두 ①회하 유역에서 일어난 이유는 사마의가 ①의 군둔에 대해 영향력을 갖지 못한 때문이었다.

그리고 사마씨가 '회남삼반'을 평정할 수 있었던 것은 조위의 재정기반이었던 민둔전을 폐지하고, 회남淮南에 설치한 둔전을 사마의가 발탁한 등애鄧艾의 헌책에 따라 실행하였기 때문이다.

사마의가 민둔전을 폐지한 이유

사마의가 조위의 민둔전을 폐지한 까닭은 유교가 이상으로 삼는 토지 제도인 '정전井田과 달랐기 때문이었다. '학교', '봉건'과 함께 유교의 3대 정책으로 꼽히는 '정전' 사상은 《맹자》에 나오는 형태가 가장 오래됐다. 《맹자》〈등문공〉滕文公편에 기재되어 있는 '정전'의 내용은 세법과 경지분배법이라는 두 항목에 집약된다. 특히 경지분배법 중에 '공전'公田(국유지)이 있다는 것이 '맹자 정전' 사상의 특징이다.

조조 정권 아래에서 사마씨는 유교의 체현자로 행동하며 유교적 가치기준을 가진 명사의 지지를 모으려고 노력하였다. 조위의 둔전제는 유교를 이상으로 하는 정전井田이 아니었기 때문에 '사마의의 형' 사마랑司馬朗은 '정전 부활'을 헌책한 것이다.

사마랑은 천하가 붕괴한 까닭은 진秦나라가 오등작五等爵을 폐지하고, 또한 군국郡國이 수렵으로 군사 훈련을 하지 않았기 때문이라고 생각했다. 지금 비록 오등급 작위제를 다시 실행할 수 없을지라도 주와 군으로 하여금 각기 군사를 기르게 하면, 밖으로 사방 오랑캐의 침입을 막고 안으로는 법도를 지키지 않는 사람을 위협할 수 있으니, 이것이 책략 중에서 상책이었다. 또 정전제를 마땅히 회복해야 한다고 생각했다. 과거에 백성들은 각기 대대로 전해져 오는 일이 있었는데, 난리 중에 그것을 빼앗겨 지금에 이르렀다. 지금 큰 혼란이 뒤를 이어 백성들은 흩어졌고, 토지에는 주인이 없고 모두 공전公田이 되었으니 응당 이 기회에 그것을 회복해야 한다는 것이다.

- 《삼국지》〈사마랑전〉

둔전제가 시행되고 있는 조위에서 사마랑의 헌책은 받아들여지지 않았다.

그래서 사마씨는 권력 확립 과정에서 일족이나 부하를 전농관으로 임명하고 전농부둔전典農部屯田(민둔)을 지배하에 두어 자신의 경제적·군사적 기반으로 삼았다. 그리고 '사마염의 부친' 사마소는 263년 촉한을 멸망시키고 종회의 난을 평정하여 진왕晉王에 봉해지며 권력을 확립하자, 함희 원년(264)에 둔전제를 모두 폐지하였다. 모든 백성을 대상으로 토지 제도를 시행할 준비가 된 것이다.

이후 시행된 토지 제도가 점전·과전제였다. 사마랑의 정전 사상은 오등작과 함께 정전을 부흥시키려는 점에 특징이 있다. 왕숙王肅이 중시한 경전 《예기》의 〈왕제〉王制 편을 전거로 한다. 때문에 사마소는 둔전제를 폐지한 함희 원년(264), 배수裴秀의 건의를 받아들여 오등작을 시행하였다. 점전·과전제는 오등작과 일체화된 사마랑의 《예기》 영향을 받은 정전 사상을 배경으로 하고 있는 것이다.

점전占田은 부부 한 쌍에게 100묘畝(1묘는 200평)의 보유 한도를 표시한 것으로, 그 토지는 과세대상이 아니다. 과전課田은 점전의 한도 내에서 부부 한 쌍에게 50묘의 경작을 나누어주고 조세를 거두는 토지이다. 이러한 특징을 지닌 서진의 점전·과전제는 《예기》의 영향을 강하게 받아 성립된 제도였다. 그것은 많은 정전의 계보 중에서 《예기》에만 정전과 오등작의 일체성이 표현되어 있고, 귀족제의 진전에 맞추어 신분에 의한 토지 소유 계층화를 국가 주도로 실시하려고 했던 서진의 정책에 가장 적합한 해석이 있는 경전이었기 때문이다.

이처럼 서진에서는 국가 지배를 위한 많은 정책이 유교의 경의에 전거를 두고 있었다. 유교에 기초한 국가 지배의 세 가지 기둥인 '봉건', '정전', '학교'도 각각 경전에 전거를 갖고 있다.

'봉건'은 두 가지 종류로 나뉜다. 종실宗室(황족)을 왕에 '봉건'해야만 하는 것은 《춘추좌씨전》〈희공전〉僖公傳 11년 조에, 이성異姓(다른 성씨)을 오등작에 '봉건'하는 것은 《예기》〈왕제〉 편에 각각 전거를 갖고 있다. 서진의 '정전(토지 소유의 균분)' 정책인 점전占田·과전제課田制는 《예기》〈왕제〉 편에, 서진에 이르러 처음으로 설치한 '귀족학교' 국자학은 《예기》〈학기〉學記 편에, 그 정통성의 논거를 두고 있었다.

여러 정책에 경전의 전거를 명확하게 갖고 있는 것이 서진 '유교 국가'의 특징이다. 물론 유교의 침투와 그것에 대한 의거가 진전된 결과라고 생각해도 좋다. 이때 경전 해석은 고도의 학문을 갖춘 정현鄭玄의 학설이 아니라, 왕숙王肅의 학설이 기준이었다. 왕숙은 무제武帝 사마염司馬炎의 외조부에 해당했다.

국가의 여러 정책이 경의에 전거를 갖고, 유교 존중정책이 추진되면, 국정을 운용하는 관료들은 유교를 필수적으로 이해해야만 한다. 그래서 서진 정권의 요직에 앉은 벼슬아치는 유교를 가치의 중심에 두는 공·후 작위를 가진 귀족과 봉건된 사마씨 왕들로 구성되었다.

동성同姓의 왕들을 봉건했을 뿐만 아니라 국정에 참여시킨 것이 서진의 특징이다. 그것은 종실을 박해하다 쇠퇴한 조위의 전철을 밟지 않도록, 군주 권력 강화를 통해 국가 권력의 집권성을 영구히 하고자 했기 때문이다. 또한, 사마씨 왕들의 봉건을 통해 중앙집권화 정책을 추진한 배경에는 무제 사마염을 가장 괴롭혔던 문제, 곧 황태자 사마충이 어리석고 우매하다는 문제가 있었다.

사마염, 후계자를 고민하다

이야기는 거슬러 올라간다. 무제(사마염)에게는 사마유司馬攸라는 현명한 동생이 있었는데, 조부 사마의의 눈에 띄어, 아들이 없었던 사마사司馬師의 양자가 되었다. 사마염의 아버지 사마소는 형 사마사의 패권을 승계했다는 부채감을 안고 있었다. 이 때문에 일찍부터 자신의 후계는 '형의 후사' 사마유에게 넘겨주겠다는 생각을 하고 있었다. 하지만 하증何曾·배수裵秀·산도山濤·가충 등의 반대와 설득으로 사마소가 생각을 바꿨고, 그리하여 아들 사마염이 후계자가 되어 서진을 건국할 수 있었다. 그런데 무제 사마염의 후계자인 황태자 사마충의 어리석음이 널리 알려지자, 무제의 동생 사마유를 후계자로 세워야 한다는 목소리가 높아졌다.

무제의 현명한 동생 사마유를 후계자로 바라는 목소리의 중심에는 양호羊祜가 있었다. 양호의 손위 누이는 '사마사의 비' 홍훈태후弘訓太后이므로, 양호는 사마사의 양자가 된 사마유의 외삼촌에 해당한다. 태시泰始 3년(267), 사마충이 태자로 책립되자, 사마유를 후계자로 세워야 한다는 움직임이 본격적으로 일어났다. 이런 구도에 대응해, 무제는 태시 5년(269)에 양호를 도독·형주제군사荊州諸軍事로 출진시키고, 그곳에서 막부를 열도록 했다.

그럴듯하게 양호의 체면을 깎지 않으면서 낙양에서 추방한 것이다. 더욱이 무제는 태시 7년(271), 딸 가전賈荃을 사마유에게 시집보냈던 가충을 관중으로 출진시키려고 했다. 가충은 딸 가남풍을 사마충에게 시집보냄으로써 출진을 면했으나, 사마유와 사마충 양쪽에 딸을 시집보내게 됨으로써 사마유와 상대적으로 소원해졌다.

한편 형주로 간 양호는 그곳에서 인심을 얻고 토지 800여 경頃(1경은 2만 평)을 개간하여 부임 당초에는 100일 치의 군량조차 없던 양양襄陽 지역에 10년 치의 군량을 비축했다. 손오의 명장 육항陸抗과 대치하면서도 서로 존중하는 사이가 되었는데, 육항은 양호를 악의樂毅와 제갈공명에 비유하며 높게 평가하였다. 이리하여 양호는 형주를 거점으로 오나라 정벌 준비를 착착 진행했다.

태시 10년(274)에는 손오의 명장이자 호적수인 육항이 병사하고, 양호가 어릴 적부터 후원해주던 심복 익주자사 왕준王濬이 장강을 따라 내려가며 공략할 수군을 확보했다. 오나라를 평정할 준비가 완벽하게 갖춰진 것이다. 함녕鹹寧 4년(278), 양호는 병을 무릅쓰고 입조하여 무제에게 오나라 토벌을 유세하였다. 그러나 병이 악화되어 그대로 사망하고 말았다. 양호는 자신의 후임으로 두예杜預를 추천했다. 두예는 형주로 부임해 오나라 토벌의 적당한 시기를 살폈다.

이러한 가운데 무제는 '사마충의 생모' 양원황후楊元皇後(양염楊艶)에게 황태자(사마충) 폐위를 타진했다. 그러나 양원황후가 《춘추공양전》 은공隱公 원년 조의 "적자를 세울 때는 장유의 서열에 따르고, 어짊과 어리석음에 의거하지 않는다"를 전거로 황태자 폐립을 거부하자, 무제는 이를 뒤집을 수가 없었다. 유교 경전에서는 황태자 폐위를 정당화해줄 '논리'를 찾아낼 수 없었기 때문이다. 또 귀족들이 밀고 있는 사마유를 세우지 않음으로써 군주 권력을 강화하려는 목적도 있었다. 이에 무제는 '맏아들' 사마충을 후계자로 삼기 위한 길로 돌진하였다.

함녕 3년(277), 사마유를 포함해 사마씨 뭇 왕들을 서진의 각 번병藩屏 (직할 영지)에 출진시키기 시작하였다. 결국 '팔왕의 난'을 일으킨, 이른바 '종왕宗王(사마씨 종실 왕) 출진'이다. 무제가 이것을 추진한 까닭은 종왕 출진 주장이 '경經의 논리'에 바탕을 두고 있기 때문이다. 이것을 제안한 양요楊珧는 《시경》〈국풍·주남〉을 전거로 하여 뭇 왕들의 출진을 주장하였다.

이러한 '경의 논리'를 내세우면서 무제 사마염은 아들 사마충을 위해, 그리고 군주 권력 확립을 위해 귀족이 지지하는 동생 사마유를 낙양에서 추방하려 했다. '백치' 사마충의 어리석음을 잘 알고 있는 귀족들은 대부분 사마유를 황제로 옹립하는 길을 계속 모색하였다. 그러나 그것에 전거를 대줄 '경의 논리'가 없었다. 이런 상황에서 무제는 단호하게 사마충을 후계자로 확정했다. 사마유를 옹립하려는 귀족층의 움직임을 봉쇄하고 황제 권력만을 강화하려는 이러한 무제의 자의적 행동을 귀족들은 용인하지 않을 수 없었다. 그것은 자신들의 국가적 신분제(귀족제)까지도 규정하고 있는 '경의 논리', 즉 '적장자 상속' 원칙이 사마충의 후계자 승계를 정당화했기 때문이다.

그래서 양호의 유촉遺囑(죽은 뒤의 일을 부탁함)을 받은 두예는 사마유가 오나라 토벌을 맡도록 해 위명威命을 높임으로써 황위 계승을 유리하게 하려는 계획을 세웠다.

그러나 사마염은 그것을 허락하지 않았고, 오히려 가충賈充에게 오나라 토벌의 총사령관을 맡겼다.

유교의 한계가 서진의 운명도 뒤바꾸다!

태강 3년(282) '사마충의 보호자'이자 동시에 '사마유의 보호자'였던 가충이 병사하자, 무제는 조정 신하들의 뜻을 무시하고 성가신 사마유를 강제로 제齊 땅으로 귀번歸藩시킨 후 황태자 사마충의 후계를 확정했다. 오나라는 이미 평정되고, 무제의 군주 권력은 더욱 공고해졌다. 귀족들이 이런 무제의 행동을 인정하지 않을 수 없었던 까닭은 '경의 논리'가 그것을 정통화하고 있었기 때문이다.

'경의 논리'는 이렇게 서진의 명운을 미련하고 우매한 혜제 사마충에게 맡겼다. 많은 귀족의 예상대로 정치는 극도로 혼란해져, 291년부터 306년까지 이어진 내란, 즉 '팔왕八王의 난'이 발발했다.

이 서진의 사마씨 골육상잔 내란이 최고조일 때 조왕趙王 사마륜司馬倫은 황실 내에서 혁명에 성공해 혜제(사마충)를 폐위시키고 황제가 되었다. 이에 대항해 제왕齊王 사마경司馬冏·성도왕成都王 사마영司馬穎·하간왕河間王 사마옹司馬顒이 거병하였다. 이때 성도왕 사마영의 모사꾼이 된 노지盧志(노식盧植의 증손)는 황제 사마륜 타도를 권유하면서, 두예의 《춘추좌씨전》 해석을 근거로 사마륜이 설령 황제가 되었더라도 무도하면 군주를 시해해도 무방하다고 유세했다. '경의 논리'는 군주 권력의 자의적 행사뿐 아니라, 그 타도도 역시 정당화했던 것이다.

서진 '유교 국가'는 태시율령뿐만 아니라, 대부분의 정책과 국정 운용에 유교 경전의 전거를 갖고 있었다. 그러므로 설령 그것이 국가 권력 전체를 위한 것이 아니라, 황제 권력만을 강화하는 것일망정, 황태자의 후계를 보장하는 '경의 논리'가 있는 이상, 유교를 가치 기준의 근저에 두는 귀족들은 황태자 폐위를 주장할 수 없었다.

여기에서 '경의 논리'를 따르는 서진 '유교 국가'의 한계를 발견할 수 있을 것이다.

조조가 끊임없이 도전했던 유교의 한계는 이렇게도 드러났다. 5세기에 화북을 통일한 북위北魏는 도교, 6세기 말에 중국을 통일한 수나라는 불교를 국교로 했다. 두 나라 모두 멸망은 빨랐다.

수나라를 대체한 당나라는 한편으로는 조조가 구상한 국가 지배 재건책을 현실화하고 율령체제를 구축하면서, 다른 한편으로는 조조가 맞선 유교를 지배이념으로 재정비했다. 이윽고 유교에 의한 국가의 정통화가 당나라에서도 국가 지배를 이완시키고, 새로운 국가가 구축되는 사이에는 또다시 유교가 요구되었다.

그러한 상황에서 남송南宋의 주희朱熹가 집대성한 주자학朱子學은 정현학鄭玄學을 대체함과 동시에 중국뿐만 아니라 조선·일본을 포함한 동아시아 차원에서 관학官學으로 수용되어 갔다. 주자학이 관학이었던 명·청 시대에 '위·촉·오 삼국시대' 이야기는 주자학의 의義를 널리 퍼뜨리는 이야기, 즉 나관중의 소설 《삼국지연의》로 정리되어 동아시아 전체에 《삼국지》를 보급시켰다.

에필로그

인사와 인맥으로 본
삼국지 인재전쟁

후한後漢이 쇠퇴하기 시작한 환제桓帝(재위 146~168) 시기의 인구는 약 5천만 명이었다. 이와 비교해서 삼국시대(황건적의 난(184)~오나라 멸망(280))는 위·촉·오 삼국을 합쳐도 1천 2백만 명 가량이었다고 여겨진다.

단순하게 뺄셈하면, 3천8백만 명이나 죽은 셈이다. 그러나 황건적의 난과 그 뒤에 이어진 난세가 아무리 심했다 쳐도, 그렇게나 많은 사망자가 나올 리 없다. 어찌된 일일까?

애초부터 호적을 얼마나 잘 파악하고 있느냐 하는 것은 국가의 역량이다. 인구를 한 자릿수까지 조사할 수 있는 국가는 그 지배력이 강하다는 증거인 것이다. 반대로 조사할 수 없어 파악할 수조차 없거나, 혹은 호戶(집)마저 알 수 없어 인구의 어림수조차 세지 못하는 국가는 그 통치력이 허약하다고 말할 수 있다.

앞에 약 5천만 명이나, 1천2백만 명 가량이라는 숫자가 있는데, 바꿔 말하면 이것은 국가가 파악할 수 있었던 인구수이다. 단순하게 봐서 삼국을 합친 국력은 후한의 '4분의 1'에 불과했다. 삼국을 대략 위나라 6: 촉나라 1: 오나라 3 가량으로 나누면, 각각 황제 권력이 후한과 비교해 얼마나 약체였는지 이해할 수 있을 것이다.

이 때문에 삼국시대부터 서진 시대에 걸쳐, 사회지도층을 형성한 명사와 귀족은 '유교'를 근저로 한 문화를 존립기반으로 삼아 인맥을 넓히며, 군주 권력으로부터 자율성을 유지할 수 있었다. 이에 반해 군주 권력은, 가령 조조의 건안문학, 조상의 현학$\bar{\Xi}$學처럼 새로운 문화를 선양해 '절대적 통치이념'인 유교의 가치를 상대화하려고 하거나, 사마소의 오등작제처럼 국가적 신분제 안에 귀족을 편입시켜 그 자율성을 빼앗으려고 하였다.

그 결과 서진에서는 귀족과 귀족제가 분리되어 갔다.

본래 삼국시대의 명사에서 성장한 귀족은 '문화 독점'을 존립기반으로 두고, 황제 권력에 대응해 자율성을 유지하였다. 이에 반해 황제 권력은 자신의 질서에 입각한 '국가적 신분제'로서의 '귀족제'를 구축하고, 귀족을 그 안에 둠으로써 자율성을 빼앗으려고 했다. 더불어 귀족으로서의 자질이 결여된 자신의 일족이나 인척은 귀족제에 참여시켰다. 훗날 오호십육국五胡十六國 시대를 통일한 선비족 탁발씨가 건국한 북위北魏(386~534))에서 행해진 성족분정姓族分定(어느 일족에서 태어났는지에 따라 귀족제에서의 지위를 정하는 제도)이나 당나라의 《씨족지》氏族志(어느 가문이 귀족제 안에서 상위를 차지하는지를 따지는 국가 서적) 편찬은 그런 시도 중 하나이다.

사마씨가 유교를 핵심으로 한 문화를 독점하는 명성을 존립기반으로 삼는 귀족을 사마씨와의 근접성에 바탕을 둔 작위爵位를 통해 귀족제로 재편성하려고 한 것은 관료제로 표현되는 군주와 귀족의 관계를 '종적'인 군신 관계로 수렴하려 했기 때문이다. 즉 군주 권력은 군주 이외에 신하들끼리 '횡적' 연계를 맺는 것을 배제하려고 했다. 간단하게 말하면, 신하들이 파벌을 조성하지 못하도록 한 것이다. 파벌을 중국에선 '당'黨이라고 한다.

모두 환관에 의해 쇠퇴하는 '후한·당나라·명나라'라고 하는, 다시 말해 한족漢族이 건설한 중국 왕조는 '당파' 싸움 탓에 쇠락해져 갔다. 벼슬아치는 송宋(960~1279) 왕조 때 완성된 과거科擧를 통해 한 사람 한 사람씩 황제의 문생門生으로 복무해야지, 횡적인 연결고리인 '당'을 가져서는 안 되었다. '당', 즉 계파를 조성하는 짓은 그 자체로 '악'惡을 뜻했다. 황제 한 명이 만백성을 지배하는 중국의 전근대는 파벌을 일소하는 정치를 이상으로 여겨 왔다.

이 때문에 근대에 이르러, 영국의 의회제도를 견학하러 간 청나라 관료들은 격노하며, 영국을 미개하고 야만적인 나라라고 멸시했다. 여왕이라는 군주가 있음에도 불구하고, 신하들이 '당'黨을 공공연하게 조직하고 자신들의 정치를 펼쳤기 때문이다. 대청제국이 이토록 미개한 국가(영국)에 패배한 까닭은 무언가 잘못된 일이라고 분개했다.

그렇게까지 전제專制 정치에 물들어 있었던 중국에서, '민주주의는 과연 꼭 필요한 이상 정치인가'라고 물음표를 던지는 사고방식이 21세기인 오늘날에도 존재하는 것은 전혀 놀라운 일이 아니다. 오히려 중국에서는 항상 위로부터의 강압적인 전제 지배를, 아래에서 어떻게 대응하면서 생존해 나갈 것인가? 그것이 더 중요한 문제였다. 오늘날에도 흔히 쓰이는 "위에 정책이 있으면 아래에는 대책이 있다"上有政策 下有對策라는 유명한 말은 '인맥'에 의해, 또한 '국가권력'에 의해 되풀이되는 강권 통치 발동에 맞서온 중국인의 지혜인 셈이다.

이렇듯 인맥은 '삼국지' 시절이라는 아주 먼 옛날부터 형성되어 왔다. 그리고 순욱이나 제갈량이 조조나 유비와 대치하는 상황부터, 군주에 대해 자율적 권위를 가진 '귀족'이라는, 유구한 중국 역사에서도 보기 드문 지배층이 형성되기 시작한 때, 그것이 《삼국지》의 시대였다.